utb 3893

utb.

Eine Arbeitsgemeinschaft der Verlage

Böhlau Verlag · Wien · Köln · Weimar
Verlag Barbara Budrich · Opladen · Toronto
facultas · Wien
Wilhelm Fink · Paderborn
A. Francke Verlag · Tübingen
Haupt Verlag · Bern
Verlag Julius Klinkhardt · Bad Heilbrunn
Mohr Siebeck · Tübingen
Nomos Verlagsgesellschaft · Baden-Baden
Ernst Reinhardt Verlag · München · Basel
Ferdinand Schöningh · Paderborn
Eugen Ulmer Verlag · Stuttgart
UVK Verlagsgesellschaft · Konstanz, mit UVK/Lucius · München
Vandenhoeck & Ruprecht · Göttingen · Bristol
Waxmann · Münster · New York

Tanja Sturm

Lehrbuch Heterogenität in der Schule

2., überarbeitete Auflage

Mit 15 Abbildungen

Ernst Reinhardt Verlag München Basel

Prof. Dr. *Tanja Sturm* lehrt Inclusive Didaktik und Heterogenität an der Pädagogischen Hochschule der Fachhochschule Nordwestschweiz, Basel.

Bibliografische Information der Deutschen Nationalbibliothek

Die Deutsche Nationalbibliothek verzeichnet diese Publikation in der Deutschen Nationalbibliografie; detaillierte bibliografische Daten sind im Internet über <http://dnb.d-nb.de> abrufbar.

UTB-Band-Nr.: 3893
ISBN 978-3-8252-4615-0
2., überarbeitete Auflage

© 2016 by Ernst Reinhardt, GmbH & Co KG, Verlag, München

Dieses Werk einschließlich seiner Teile ist urheberrechtlich geschützt. Jede Verwertung außerhalb der engen Grenzen des Urheberrechtsgesetzes ist ohne schriftliche Zustimmung der Ernst Reinhardt, GmbH & Co KG, München, unzulässig und strafbar. Das gilt insbesondere für Vervielfältigungen, Übersetzungen in andere Sprachen, Mikroverfilmungen und die Einspeicherung und Verarbeitung in elektronischen Systemen.

Printed in Germany
Einbandgestaltung: Atelier Reichert, Stuttgart
Covermotiv: ©istockphoto.com / Kudryashka
Satz: SatzBild, Ursula Weisgerber

Reinhardt Verlag, Kemnatenstr. 46, D-80639 München
Net: www.reinhardt-verlag.de E-Mail: info@reinhardt-verlag.de

Inhalt

1	**Einleitung**	9
2	**Differenzen in Schule und Unterricht**	14
2.1	Heterogenität in der Schule – eine Definition	14
2.2	Heterogenität von Milieus	19
2.2.1	Zugehörigkeit zu Milieus	19
2.2.2	Milieus im sozialen Raum	26
2.3	Schule als Organisation	33
2.4	Übungsaufgaben	39
2.5	Literaturempfehlungen	40
3	**Schule: Institutionelle Bearbeitung und Herstellung von Differenzen**	42
3.1	Funktionen der Schule in der Gesellschaft	42
3.2	Differenzbearbeitung durch die Schule im Wandel der Zeit	44
3.2.1	Umbruch: Lösung vom Ständeprinzip und Einführung des Leistungsprinzips	45
3.2.2	Ausweitung formaler Gleichheit, bestehende Ungleichheit	50
3.2.3	Entwicklungen und Diskurse seit 2000	53
3.3	Differenzherstellung und -bearbeitung durch Schule am Beispiel schulischer Leistungsbewertung	57
3.4	Übungsaufgaben	63
3.5	Literaturempfehlungen	64
4	**Heterogene Milieus in Schule und Unterricht**	65
4.1	Sozio-ökonomische Heterogenität im Kontext von Schule und Unterricht	66

4.1.1	Sozio-ökonomische Heterogenität	67
4.1.2	Benachteiligungen und Schlechterstellung in Schule und Unterricht	72
4.2	Geschlechterbedingte Heterogenität im Kontext von Schule und Unterricht	80
4.2.1	Geschlechtsbedingte Heterogenität	81
4.2.2	Benachteiligungen und Schlechterstellung in Schule und Unterricht	85
4.3	Migrationsbedingte Heterogenität im Kontext von Schule und Unterricht	94
4.3.1	Migrationsbedingte Heterogenität	95
4.3.2	Benachteiligungen und Schlechterstellung in Schule und Unterricht	101
4.4	Behinderungsbedingte Heterogenität im Kontext von Schule und Unterricht	108
4.4.1	Behinderungsbedingte Heterogenität	109
4.4.2	Benachteiligungen und Schlechterstellung in Schule und Unterricht	118
4.5	Leistungsdifferenzen im Kontext von Schule und Unterricht	125
4.6	Übungsaufgaben	128
4.7	Literatur- und Websiteempfehlungen	129
5	**Inklusion als Perspektive schulischer und unterrichtlicher Bearbeitung von Heterogenität**	**131**
5.1	Inklusion als pädagogisches Rahmenkonzept	133
5.2	Lern- und Bildungsprozesse – eine Definition	141
5.3	Diagnostik: systematische Annäherung an Lern- und Bildungsprozesse	146
5.4	Unterricht: Anforderungen an die Initiierung von Lern- und Bildungsprozessen	153
5.4.1	Didaktik – eine Definition	153
5.4.2	Unterricht als Milieu	155

5.4.3	Unterrichtliche Herausforderung: Vermittlung zwischen widersprüchlichen Erwartungen	161
5.5	Übungsaufgaben	171
5.6	Literatur- und Websiteempfehlungen	171
Literatur		174
Sachregister		185

Hinweise zur Benutzung dieses Lehrbuches

Zur schnelleren Orientierung werden in den Randspalten Piktogramme benutzt, die folgende Bedeutung haben:

!   Merksatz

🧩   Fallbeispiel

📖   Literaturtipps

🖱   Websiteempfehlungen

✏   Übungsaufgaben

Für die Inhalte dieses Buches gibt es zwei Formen der Lernzielkontrolle:

1. Am Ende jedes Kapitels gibt es Übungsaufgaben mit offenen Fragen. Musterlösungen zu diesen Fragen finden Sie auf der Homepage des Ernst Reinhardt Verlages und der UTB GmbH bei der Darstellung dieses Titels: www.reinhardt-verlag.de, www.utb.de
2. Direkt passend zum Buch ist darüber hinaus eine Lern-App erhältlich, die weitere Lernaufgaben in Form von Multiple-Choice-Fragen, Single-Choice-Fragen sowie Lückentexten u.a. enthält. So können Sie sich optimal auf Ihre Prüfung vorbereiten! Über folgenden Link gelangen Sie zu dieser App:

www.utb.de/mehr-wissen/heterogenitaet

1 Einleitung

„Heterogenität" ist ein zentraler Begriff des schulpädagogischen Diskurses, der allgemein auf Unterschiede zwischen Schüler/-innen verweist. Vorwiegend wird der Terminus im Zusammenhang mit Ungleichheit in Schule und Unterricht genannt, also mit Benachteiligungen, die Kinder und Jugendliche im schulischen und unterrichtlichen Kontext erfahren. Dieser Fokus wird auch hier gesetzt.

Heterogenität wird zumeist in Differenzkategorien gefasst, die soziale Gruppen umschreiben. Diese Beschreibungen bringen das Dilemma mit sich, einerseits auf einzelne soziale Dimensionen fokussierende Zugehörigkeit zu erzeugen, fortzuschreiben und zu bestätigen und andererseits zum Erkennen und Beschreiben systematischer, gruppenbezogener Benachteiligungen notwendig zu sein.

Die Diskussion um Heterogenität wird in Bildungspolitik und Erziehungswissenschaft mit der Erwartung verknüpft, die aktuell bestehenden Ungleichheiten der Beteiligung an schulischen Bildungsgängen zwischen sozialen Gruppen zu überwinden. Die bestehende Chancengleichheit im Zugang zu Bildungsgängen liegt lediglich formal vor, was sich beispielsweise darin zeigt, dass Kinder und Jugendliche aus sozio-ökonomisch nicht privilegierten Familien im Vergleich zu privilegierten Gleichaltrigen deutlich seltener das Gymnasium besuchen. Von der Realisierung des demokratischen Anspruchs, einen von der familiären Sozialisation unabhängigen Zugang zu Bildung zu ermöglichen, ist die Schule in Deutschland, Österreich und der Schweiz weit entfernt. Benachteiligung besteht über den Zugang zu Bildungsgängen hinaus auch hinsichtlich des fachlichen Kompetenzerwerbs. So weisen Schüler/-innen mit Migrationshintergrund niedrigere Kompetenzwerte im Lesen auf als ihre Peers ohne einen solchen. Die Schule nimmt bei der Reproduktion sozialer Ungleichheiten in struktureller und kultureller Hinsicht eine Schlüsselstellung ein, da sie die Legitimationsgrundlage für den weiteren Schulbesuch sowie berufliche Perspektiven schafft. Dies bezieht sich auf alle Schulformen und Schulstufen der Bildungsorganisation Schule.

Das vorliegende Buch möchte einen Beitrag dazu leisten, die strukturellen und kulturellen Herstellungs- und Bearbeitungsformen von Differenzen in Schule und Unterricht sowie die dabei hervorgebrachten Praktiken von systematischer Benachteiligung sozialer Gruppen zu reflektieren. Es wird eine theoretische Folie bereitgestellt, um Strukturen und Praktiken, die zu Ausgrenzung und Marginalisierung in Schule und Unterricht führen (im Kontext ihres gesellschaftlichen Zusammenhangs), zu erkennen und eigene unterrichtliche Planungen hieran zu kontrastieren. Mit anderen Worten, Heterogenität bzw. Differenzen werden nicht nur von außen an Schule und Unterricht herangetragen, sondern in ihnen selbst hervorgebracht.

Dass Schule und Unterricht und ihre Akteur/-innen dabei selbst als Produzierende von Heterogenität bzw. Differenzen agieren, ist eine zentrale Linie dieses Buches. Die Akzeptanz des Beteiligtseins an Prozessen von Differenzerzeugung und Benachteiligung ist die Grundlage für einen reflektierten Umgang mit den widersprüchlichen An- und Herausforderungen in Schule und Unterricht. Dies erfolgt hier mithilfe der wissenssoziologisch fundierten Begriffe der „Pädagogik kollektiver Zugehörigkeiten" (Nohl 2010, 145 ff). Diese Begriffe werden für den Kontext der pädagogischen Organisation Schule aufgegriffen, um Überlegungen zur Einbindung von Milieus in gesellschaftliche Machtverhältnisse erweitert und in einem Ansatz inklusiver Pädagogik spezifiziert. Dies erfolgt mit einem doppelten Anspruch: Die aktuelle Situation der Benachteiligungen in Schule und Unterricht in ihrer Entstehung nachvollziehbar zu machen und Perspektiven für zukünftige Gestaltungsformen und Praktiken aufzuwerfen. Beides orientiert sich am Abbau bestehender Bildungsungleichheit als Voraussetzung und Notwendigkeit für ein demokratisches Miteinander in einer pluralen Gesellschaft.

Die Ausführungen sollen es ermöglichen, Strukturen und Praktiken mithilfe des begrifflich-theoretischen Werkzeugs zu betrachten, einzuordnen und zu reflektieren. Es wird eine begrifflich-theoretische Perspektive eingenommen, die entsprechend exemplarisch bleiben muss, wenn es um spezifische Formen von Heterogenität in der unterrichtlichen und schulischen Bearbeitung geht. Dies erfolgt entlang darzustellender Möglichkeiten einer Bearbeitung, welche die pädagogischen Professionen zwar herausfordern, nicht aber überfordern oder als alleinig verantwortlich verstehen. Vielmehr wird Heterogenität als ein wünschenswerter und notwendiger Teil einer demokratischen Gesellschaft gesehen, die sich egalitär begegnen. In Schule und Unterricht treffen vielfältige Milieus aufeinander und können in Austausch miteinander gelangen. Dieser eröffnet die Möglichkeit eines pädagogisch reflektierten Miteinanders unterschiedlicher Personen bzw. Milieus.

Vornehmlich adressiert das Buch Studierende, deren Ziel es ist, als Lehrer/-innen bzw. in anderen pädagogischen Professionen in der Organisation Schule zu arbeiten. Es richtet sich gleichermaßen an interessierte Personen, die bereits im schulischen Feld tätig oder mit der (Aus-)Bildung von Lehrkräften betraut sind, sei es in der ersten, der zweiten oder der dritten Phase der Lehrerbildung.

Die vorliegende Einführung bietet eine wissenschaftlich fundierte Form der Auseinandersetzung mit der Praxis und ihrer Reflexion. Dennoch ist hervorzuheben, dass es sich um ein Studienbuch handelt, das als solches nur einen begrenzten Umfang hat, sodass nur ausgewählte Themen platziert werden und Darstellungen keine vergleichbare Tiefe aufweisen können, wie dies in spezifischer Fachliteratur möglich ist; auf entsprechende Fachliteratur wird jeweils am Ende der Kapitel verwiesen. Mit dieser Einführung möchte ich zur Auseinandersetzung mit dem komplexen Themenfeld „Heterogenität in Schule und Unterricht" einladen und neugierig machen, sich anschließend mit der Thematik weiter und tiefgehender auseinanderzusetzen.

Meine eigene berufliche Tätigkeit, in Form von Forschung und Lehre an Universitäten und Hochschulen in Deutschland, Österreich und der Schweiz, verdeutlicht mir in mehrfacher Hinsicht, dass der schulgesetzliche ebenso wie der schulstrukturelle Kontext und die Gestaltung der Lehrerbildung erheblichen Einfluss auf die Praxis der Differenzherstellung und -bearbeitung im Unterricht haben. Dass diese Punkte nicht in allen Einzelheiten in diesem Buch diskutiert und miteinander verglichen werden können, gibt der begrenzte Rahmen einer grundlegenden Einführung vor. Zugleich fordert eben dieser zu einer abstrakteren Betrachtung heraus, in der Gemeinsamkeiten deutlich werden. An jenen Stellen, an denen die konkreten Rahmenbedingungen ausgeführt werden, wird dies explizit angeführt.

Das Ziel des Buches, Reflexionsebenen und -inhalte darzustellen und in ihrem Zusammenspiel vorzustellen, findet sich in seinem strukturellen Aufbau wieder, der in aufeinander aufbauenden Einheiten konzipiert ist: Im Anschluss an diese Einleitung wird im *zweiten Kapitel* eine allgemeine Definition von Heterogenität gegeben, die auf die Perspektive der praxeologischen Wissenssoziologie aufgebaut, und um die Theorie sozialer Felder erweitert wird. Gemeinsamkeiten und Unterschiede werden entsprechend von Milieus gedacht, deren Angehörige bei der Strukturierung ihres Alltags auf vergleichbare Erfahrungen zurückgreifen. Das Kapitel endet mit der Einführung in die Spezifität, mit der sich Milieus in gesellschaftlichen Organisationen begegnen und ihre gemeinsame Praxis gestalten.

Im *dritten Kapitel* wird dies für die Bildungsorganisation Schule konkretisiert. Die Funktionen, welche die Schule in der Gesellschaft übernimmt, werden vorgestellt, ebenso der historische Prozess, in dem sich diese Funktionen in ihrer heutigen Konkretheit herausgebildet haben. Diese Betrachtung der formalen Seite der Schule nimmt deren strukturelle Verfasstheit in den Blick, die eine Rahmenbedingung innerschulischer Herstellung und Bearbeitung von Heterogenität darstellt. An der Vergabe von Noten wird dies konkretisiert.

Das *vierte Kapitel* zeigt entlang von vier ausgewählten Differenzdimensionen auf, wie sich Benachteiligungen in Schule und Unterricht zeigen. Das Zusammenspiel struktureller und kultureller Bearbeitung wird entlang der sozialen Gruppen sozio-ökonomisch bedingter, migrationsbedingter, geschlechtsbedingter und behinderungsbedingter Heterogenität konkretisiert, unter besonderer Berücksichtigung von Benachteiligungen, die mit ihnen einhergehen. Diese vier Kategorien wurden ausgewählt, da sie besonders aussagekräftig in der Reproduktion von Ungleichheit in und durch Schule und Unterricht sind, und um die der Leistung ergänzt. Letztere stellen schul- und unterrichtsspezifische Formen von Differenz dar.

Das *fünfte Kapitel* widmet sich einer perspektivisch ausgerichteten Zusammenfassung, indem Inklusion als Möglichkeit für Reflexion über Heterogenität und Bearbeitung von Heterogenität in Schule und Unterricht insgesamt aufgeworfen wird. Das Konzept der Inklusion wird anhand erziehungswissenschaftlicher Orientierungen veranschaulicht. Eine konkrete Reflexionsfolie für das Erkennen und die Bearbeitung von Heterogenität im Unterricht, die an der Überwindung von Benachteiligung orientiert ist, wird aufgegriffen. In dem Kapitel fließen die Darstellungen der vorangegangenen Kapitel zusammen, da Unterricht jener Interaktionsraum ist, in dem die sozialen Milieus der Schüler/-innen und Lehrpersonen aufeinandertreffen – mit dem Ziel von Erziehung und Bildung im organisatorischen Kontext der Schule. Entlang dieses Ziels wird zunächst zusammengefasst vorgestellt, was Lern- und Bildungsprozesse charakterisiert. Anschließend wird deren Spezifität im schulischen Kontext beleuchtet und schließlich vorgestellt, wie sich Lehrpersonen diesen Prozessen systematisch annähern können. Darauf aufbauend werden Bezüge für die Reflexion von Heterogenität im Unterricht, aus der Perspektive von Lehrkräften, betrachtet.

Die Gestaltung einer inklusiven Schule, die perspektivisch formuliert wird, stellt zugleich die Chance und Herausforderung für angehende Lehrer/-innen dar, diesen Prozess aktiv mitzugestalten. Die Möglichkeit besteht, eine schulische Lernkultur zu gestalten, die zwar im Spannungsfeld von Inklusion und Exklusion angesiedelt ist, jedoch die Mitgliedschaft und Verteilung von Privilegien nicht in vergleichbarer Weise reproduziert, wie es aktuell zu beobachten ist. Ziel dieses Buches ist es, einzuladen, an dieser Gestaltungsaufgabe zu partizipieren.

Mit diesem Vorhaben möchte dieses Buch dazu anregen, Heterogenität als Chance für Schul- und Unterrichtsentwicklung zu begreifen, ihren Anteil an der systematischen Benachteiligung sozialer Gruppen zu erkennen und Alternativen zu entwickeln. Dies erfordert, dass die Leser/-innen sich zuweilen darauf einlassen, ihre bisherigen Vorstellungen von Schule und Unterricht irritieren zu lassen. Es sollen Perspektiven aufgeworfen und Neugierde geweckt werden, sich weitergehend mit der Thematik auseinanderzusetzen; hierfür werden Literaturhinweise gegeben und Übungsaufgaben bereitgestellt. Letztere sollen zum Diskutieren anregen und so gleichermaßen eine vertiefte Auseinandersetzung herausfordern. Das Buch möchte einen Anlass für eine reflektierte Auseinandersetzung und Bearbeitung von Heterogenität in Schule und Unterricht schaffen.

Basel, im August 2015

2 Differenzen in Schule und Unterricht

„Heterogenität" ist etwa seit dem Jahr 2000 zu einem zentralen Begriff geworden, wenn es um die Beschreibung schulischer und unterrichtlicher Realität geht (Budde 2012). Dieser Abschnitt möchte in das Verständnis von Heterogenität und Homogenität respektive von Differenz und Gleichheit einführen. Ziel dieser einleitenden Überlegung ist es, eine Analysefolie bereitzustellen für pädagogische, v. a. für unterrichtliche Zusammenhänge, zu denen Bildungs-, Lern-, Erziehungs- und Sozialisationsprozesse zählen. Die aufzuführenden theoretischen Konzepte sollen dabei helfen, den Blick für Heterogenität in Schule und Unterricht zu schärfen.

Im ersten Abschnitt wird eine allgemeine Definition von Heterogenität vorgenommen. Diese Perspektive wird im darauffolgenden Abschnitt um eine sozialkonstruktivistische und wissenschaftssoziologische Perspektive, die wesentlich auf der Konzeption der „Pädagogik kollektiver Zugehörigkeiten" Arnd-Michael Nohls (2010, 145) aufbaut, differenziert und anhand der Überlegungen zu Milieus als Felder im sozialen Raum erweitert.

2.1 Heterogenität in der Schule – eine Definition

Heterogenität hat sich etwa seit der Jahrtausendwende zu einem zentralen Bezugs- und Erklärungspunkt in (schul-)pädagogischen Zusammenhängen entwickelt (Budde 2012; Schroeder 2007, 33). In diesem Abschnitt soll Heterogenität als Beschreibungsansatz im schulischen und unterrichtlichen Kontext in allgemeiner Hinsicht erklärt werden. Die Definition orientiert sich an einem sozial-konstruktivistischen Verständnis und unterscheidet sich folglich von Perspektiven, die aus anderen theoretischen Positionen heraus Heterogenität definieren. So verweist diese Definition, im Gegensatz zu kognitionspsychologischen Überlegungen darauf, dass Differenzen nicht aufgrund von Dispositionen bestehen, die sich in verschiedenen Merkmalen verdichten, sondern in sozialen Interaktionen hergestellt und bearbeitet werden (Trautmann/Wischer 2011, 42 f).

Sozial-konstruktivistische Überlegungen definieren Heterogenität mehrheitlich, z.T. auch mithilfe anderer Begriffe, anhand der folgenden vier Punkte: *relativ, sozial-kulturell eingebunden, sozial konstruiert* und *partial* (Lang et al. 2010, 315 f; Prengel 2006, 30 ff; Wenning 2007). Sie werden nachfolgend für die Definition herangezogen. Die Kriterien werden hier zwar analytisch voneinander getrennt, sind jedoch aufeinander bezogen und erlangen im Zusammenspiel einen definitorischen Charakter.

„Heterogenität" kommt aus dem Griechischen, bedeutet übersetzt „Ungleichartigkeit" und bezeichnet somit Unterschiede oder Differenzen. Diese können dann erkannt und beschrieben werden, wenn mindestens zwei Aspekte oder Eigenschaften miteinander in Beziehung gesetzt, also verglichen werden. Dies erfolgt mithilfe eines Maßstabs, der an die zu vergleichenden Aspekte angelegt wird und so ihre Relation zueinander beschreibbar macht. Das Ergebnis dieses Vergleiches lautet dann gleich oder ungleich respektive homogen oder heterogen.

relativ

Eine Differenz beschreibt also die Relation von mindestens zwei zueinander in Beziehung gesetzten Eigenschaften oder von anderen verglichenen Aspekten. Das Resultat des Vergleiches ist eine Relation (Lang et al. 2010, 315).

Ein Aspekt wie die schulisch erbrachte Leistung kann folglich nicht per se heterogen sein. Erst der Vergleich konkretisiert, auf welchen Aspekt schulischer Leistung genau Bezug genommen wird und worin die Verschiedenartigkeit besteht. In der Schule wird die Relation häufig zwischen den Leistungen eines Schülers zu unterschiedlichen Zeitpunkten bestimmt, gegenüber der Klasse oder Lerngruppe (soziale Bezugsnorm), oder gegenüber einer formalen, objektiven Bezugsnorm (Schuck 2004, 353 f). Letzteres wird in Bildungsstandards und/oder Klassenzielen festgeschrieben. Je nachdem, wie verglichen wird, kann die Relation anders ausfallen.

der Vergleichsmaßstab

Der Grundschüler Paul verfügt zu Beginn des dritten Schuljahres über keinerlei Englischkenntnisse. In der dritten Klasse beginnt der Englischunterricht. Zu den Herbstferien, also etwa zwei Monate später, kann Paul einige Obstsorten und die Farben auf Englisch bezeichnen. Ein Vergleich seiner Englischkenntnisse zu den zwei Zeitpunkten zeigt, dass diese different sind. Seine Lehrerin, Frau Ackermann, vergleicht Pauls englischsprachliche Leistungen im Herbst mit denen seiner Mitschüler/-innen – sie nimmt seine Lerngruppe als Vergleichsgruppe (soziale Bezugsnorm). Dabei erkennt sie, dass einige Schüler/-innen zwar die Obstsorten, nicht aber die Farben im Englischen benennen können; zudem stellt Frau Ackermann fest, dass es Kinder gibt, die auch die englische Bezeichnung einiger Tiere kennen. Hier werden, bezogen auf die einzelnen Schüler/-innen einer Schulklasse, heterogene Lernstände im Vergleich ersichtlich.

Ein Vergleich der Englischkenntnisse Pauls mit denen des Bildungs- und Rahmenplans für den Englischunterricht in der Grundschule kann zeigen, dass er die erwarteten Leistungen erfüllt (objektive Bezugsnorm). Seine Kompetenzen und die schuladministrativ gesetzten Erwartungen sind identisch oder homolog zueinander.

Wechselspiel von Gleichheit und Verschiedenheit

Vergleiche setzen ihrerseits Gleichheit voraus. Heterogenität und Differenzen sind nur zu bestimmen und zu erkennen, wenn Homogenität, also Gleichheit, auf einer übergeordneten Ebene vorhanden ist.

So kann die Feststellung, dass zwei Personen unterschiedliche Sprachen sprechen – Deutsch und Italienisch – nur dann erfolgen, wenn davon ausgegangen wird, dass beide sich linguistischer Symbolsysteme bedienen, um mit anderen Menschen in Interaktion zu treten. Diese Gemeinsamkeit gesprochener Sprachen ist die Basis des Vergleiches, mit dem festgestellt werden kann, dass es sich um unterschiedliche, also differente Sprachen handelt.

Eine Gleichheit, auf die Bezug genommen wird, ist bei der Feststellung von Heterogenität und Homogenität auf übergeordneter Ebene notwendig. Folglich kann nur Gleiches mit Gleichem verglichen werden. Eigenschaften oder Dinge, die auf abstrakterer Ebene gleich sind, können zueinander in Relation gesetzt werden, die dann als gleich/ungleich beschrieben wird. Homogenität und Heterogenität sind folglich dialektisch aufeinander bezogen und miteinander verbunden, da sich das eine nicht ohne das andere beschreiben lässt. Ein solcher vergleichsinterner und zu bestimmender Maßstab wird auch „tertium comparationis" genannt (Prengel 2009, 141).

Im schulischen Kontext besteht Homogenität, also die Vergleichsgrundlage, zunächst darin, dass alle Kinder und Jugendlichen als Schüler/-innen gesehen werden (Wenning 2008, 6). Als solche werden sie miteinander verglichen, zueinander und/oder zu anderen Maßstäben in Relation gesetzt. Diese Form der Homogenisierung hat eine positive und eine negative Seite, die miteinander verbunden sind – wie die zwei Seiten einer Medaille: Positiv ist, dass damit für alle Schüler/-innen das Recht auf vergleichbare Teilhabe an Schule und Unterricht ermöglicht wird – im Vergleich zu einem nach sozialen Ständen differenzierten Schulwesen; negativ ist, dass die Unterschiede, anhand derer sie sich unterscheiden, ausgeblendet werden (müssen). Homogenität und Heterogenität beziehen sich in Schule und Unterricht häufig nicht auf eine absolute Gleichheit, wie im vorherigen Sprachbeispiel. Vielmehr wird Homogenität als Streuung um eine Norm verstanden, die als gleich angesehen wird (Gomolla 2009, 22). Das, was jeweils als homogen verstanden wird, unterscheidet sich je nach dem kulturellen, historischen und sozialen Kontext, in dem eine Aussage formuliert wird.

Vergleiche, deren Ergebnis Gleichheit oder Unterschiedlichkeit darstellt, finden immer in sozialen und historischen Kontexten statt. Als solche sind sie nicht neutral, sondern eingebunden in die Bedeutungen und Werte des jeweiligen Kontextes. Die Vergleiche werden aus einer Perspektive heraus vorgenommen, die durch spezifische kulturelle und soziale Bedeutungen gekennzeichnet ist, in denen die Ergebnisse mit positiverer oder negativerer Bedeutung (Wenning 2008, 6) bzw. mit Rangordnungen und Hierarchien (Prengel 2006, 34) verbunden sind. So ist in der Organisation Schule die Unterscheidung relevant, ob und wie viele Aufgaben ein Schüler/eine Schülerin in einer Klassenarbeit richtig und falsch bearbeitet hat. Dieser Vergleich wird in eine Punktzahl überführt, die anschließend in eine Zensur übersetzt wird. Irgendwo wird eine Grenze als Maßstab und Bedeutung festgelegt, die besagt, ob die Klassenarbeit bestanden wurde oder nicht. Dies ist eine Unterscheidung, die eher im sozialen Rahmen der Schule eine Bedeutung hat und insofern hierarchisch aufgeladen ist, als sie mit einer Besser-/Schlechterstellung im Schulsystem einhergeht. **soziale und kulturelle Rahmungen**

Das Ergebnis eines Vergleiches ist verbunden mit Konsequenzen, die im jeweiligen Kontext daraus gezogen werden. Diese Bedeutung ist spezifisch für die Schule; andere Unterschiedlichkeiten, wie die Schuhgrößen einer Schulklasse, sind im Rahmen der Bildungsorganisation nicht relevant. Dass Merkmale, Eigenschaften oder andere Aspekte miteinander verglichen werden, steht in einer Wechselbeziehung zu den Bedeutungen und Werten innerhalb des sozialen Zusammenhangs und der spezifischen Interessen, die in dem kulturellen und sozialen Rahmen bestehen (z. B. der Klärung, ob jemand aufgrund seiner Leistung Teil einer spezifischen Lerngruppe bleiben kann oder nicht); aus den jeweiligen Zusammenhängen gehen sie hervor und bleiben zugleich mit ihnen verbunden. Sowohl die Maßstäbe, die herangezogen werden, um Differenzen zu erkennen und zu beschreiben, als auch die Wertung der Ergebnisse unterscheiden sich in kultureller, sozialer und auch in historischer Hinsicht, und sie sind nicht statisch, sondern wandelbar.

Aus kontinuierlich vorgenommenen und in einem sozialen Zusammenhang relevanten Vergleichen heraus können sich feste Begriffe oder Kategorien entwickeln, die zur Beschreibung herangezogen werden. Diese Verdichtungen werden auf sprachlicher Ebene durch Begriffe und Wörter repräsentiert. Auf nonverbaler Ebene stellen Sym- **sozial konstruiert** bole kultureller Repräsentationen solche Verdichtungen dar (Nohl 2010, 146 f).

So stellt die Beschreibung Geschlecht, die in der Regel zwischen männlich und weiblich unterscheidet, eine begriffliche Verdichtung für Unterschiede bzw. kontinuierlich vorgenommene Vergleiche dar. In unserer derzeitigen Gesellschaft sind mit dieser Unterscheidung diverse kulturelle Repräsentationen verbunden, wie beispielsweise Kleidung und Frisuren.

In gesellschaftlichen und somit auch in schulischen Zusammenhängen haben Differenzen zugleich eine distinktive Funktion (sie dienen der Abgrenzung gegenüber anderem und anderen) und eine konjunktive, auf Gemeinsamkeiten bezogene Bedeutung *(siehe Kapitel 2.2)*.

Heterogenität und Homogenität sind Konstruktionen, die perspektivisch gebunden hergestellt und wahrgenommen werden, da sie immer von einem Standpunkt aus, d. h. vor dem Hintergrund individueller Erfahrungen vorgenommen werden (Seitz 2008, 228). Als solche wirken sie zugleich distinktiv, also abgrenzend, da Differenzen und Unterschiede durch sie sichtbar werden, und konjunktiv, also Gemeinsamkeit stiftend, die durch sie erkennbar wird. Abgrenzungen gegenüber anderem und Zugehörigkeit zu Eigenem bzw. zu Gleichem sind zwei Seiten von Differenzkonstruktionen.

Differenzen werden aus einer konkreten sozialen Position heraus gesehen, in der die zu erkennende Unterscheidung bedeutsam ist. In dieser Bedeutungszuschreibung wird zugleich die Differenz, da sie als relevant genutzt wird, reaktualisiert und damit auch reproduziert. Dies kommt in den Praktiken, die auf die Unterscheidung folgen und auf sie aufbauen, auch zum Ausdruck.

Dies erfolgt z. B. in der Art und Weise, wie auf jemanden zugegangen wird: So werden Kinder von Erwachsenen anders adressiert als dies Erwachsene untereinander tun. Die Differenz, die zwischen den Generationen besteht, wird also in einem Gespräch zwischen den Generationen produziert und reproduziert.

Die sozialen Prozesse der Produktion und Reproduktion von Differenzen sind nicht abgeschlossen, sondern fester Bestandteil jeder menschlichen Interaktion (West/Fenstermaker 1995, 9).

Heterogenität ist partial

Heterogenität, die als sozial konstruiert verstanden wird, ist immer auf einzelne Aspekte bezogen, auf konkrete Differenzen. Im schulisch-unterrichtlichen Kontext wird der Terminus „heterogen" häufig auf eine Lerngruppe bezogen; gemeint sind jedoch einzelne Aspekte, anhand derer eine konkrete Gruppe als different beschrieben wird (Klafki/Stöcker 1976, 497). Identifizierte Heterogenität oder auch Homogenität besteht für einen konkreten Zeitpunkt, da die Unterschiede zwischen den Vergleichsobjekten jederzeit veränderbar sind. So führt Lernen dazu, dass die Diskrepanz zwischen etwas nicht Gekonntem zugunsten von Können überwunden werden kann. Die Feststellung, ob etwas heterogen und homogen ist, ist die zeitlich begrenzte Beschreibung eines Zustandes, dessen Ergebnis sich durch Entwicklung verändern kann (Wenning 2007, 23). Differenzen in schulischen Leistungen stellen folglich keine stabilen Merkmale dar. Sie sind veränderbar, wie das Beispiel über die Englischkompetenzen des Schülers Paul oben zeigt. So kann sich durch Lernen die Relation zwischen Verglichenem verändern.

2.2 Heterogenität von Milieus

Im Anschluss an diese allgemeine und begriffliche Definition von Heterogenität soll sie, anknüpfend an die Ausführungen der „Pädagogik kollektiver Zugehörigkeiten" von Arnd-Michael Nohl (2010) konkretisiert und durch Ausführungen zum sozialen Raum der Gesellschaft von Bourdieu (1987, 2009) erweitert werden. Arnd-Michael Nohl hat seine Ausführungen an die Überlegungen zur praxeologischen Wissenssoziologie von Karl Mannheim (1980) und Ralf Bohnsack (2010) aufgebaut.

Heterogenität und Homogenität werden in dieser theoretischen Position mithilfe des Milieubegriffs erklärt. Zunächst soll jedoch der Grundbegriff der Perspektivität von Milieus *(siehe Kapitel 2.2.1)* besprochen werden. Dann werden Bourdieus (1992) Überlegungen zum relationalen Zusammenhang von Milieu und sozialem Feld im sozialen Raum der Gesellschaft beschrieben *(siehe Kapitel 2.2.2)* und anschließend die besondere Situation von Milieus in Organisationen vorgestellt.

2.2.1 Zugehörigkeit zu Milieus

Um Differenzen aus der Perspektive der praxeologischen Wissenssoziologie heraus zu betrachten, ist es notwendig, zwischen zwei unterschiedlichen Wissensformen zu unterscheiden: der *kommunikativ-generalisierten* und der *konjunktiven bzw. handlungspraktischen*. Kommunikativ-generalisiertes Wissen steht v. a. sprachlich auf wörtlich-begrifflicher Ebene zur Verfügung und ist milieuübergreifend

zwei Wissensformen

zugänglich (Nohl 2010, 149 f). Seine Verwendung setzt eine Distanz gegenüber den umschriebenen Gegenständen und Sachverhalten sowie Abstraktheit voraus. So wissen andere, wenn wir den Begriff „Buch" verwenden, dass wir uns auf ein Bündel gebundener Blätter beziehen, die mit Schrift und/oder Bildern bedruckt sind.

Das handlungspraktische Wissen beschreibt hingegen Erfahrungswissen, das einzelne durch die Beziehung zu anderen Personen und/oder zu Gegenständen gemacht haben; so beispielsweise die Kindheitserfahrung, aus Büchern vorgelesen zu bekommen. In der je konkreten Situation wird die Erfahrung der Beziehung, gemeinsam eine Geschichte zu verfolgen, einer „Kontagion" (Mannheim 1980, 208), gemacht – einer existenziellen Bezogenheit auf den Gegenstand „Buch", der diese bereithält. Derartige Erfahrungen, die Mannheim als „konjunktive" Erfahrungen (Mannheim 1980, 215) bezeichnet (einander existenziell verbindende Erfahrungen), stehen nicht notwendigerweise begrifflich reflexiv zur Verfügung. Sie machen jedoch einen wesentlichen Teil menschlichen Wissens aus und sind zugleich orientierende Grundlage für Praktiken und Handlungen, in die sie einfließen.

Definition:

Das *handlungspraktische Erfahrungswissen* ist jenes, das in der Auseinandersetzung mit der sozialen und materialen Welt gesammelt wird. Aus dieser Erfahrung ergibt sich ein praktisches Verhältnis der Menschen zur Welt, das vorbegrifflich zur Verfügung steht. Dieses Praxiswissen steht nicht unmittelbar reflexiv zur Verfügung (Mannheim 1980, 205 ff). Das in eigener Handlungspraxis erworbene Erfahrungswissen wird in Handlungssituationen reaktualisiert.

Folglich fungiert es als „*Praxissinn*" (Bourdieu 1998, 41, Herv. im Original), also aus selbst erfahrener Handlungspraxis heraus wird die Praxis generiert.

Praxis   Dass Menschen über unterschiedliche Erfahrungen verfügen, zeigt sich in ihren je verschiedenen alltäglichen Praktiken. Die Gestaltung des Alltags umfasst jegliche Bereiche menschlichen Lebens, u. a. sich ernähren, sich kleiden, einer Arbeit nachgehen, die Freizeit gestalten. Für und in den unterschiedlichen Bereichen haben Menschen Praktiken entwickelt, die sie zwar nicht notwendigerweise explizit beschreiben können, die jedoch handlungsleitend sind. Diese Orientierung erfolgt auf der Erfahrungsgrundlage entlang des inkorporierten Wissens, das den Praktiken zugrunde liegt und in konkreten Erlebniszusammenhängen generiert wurde (Bohnsack 2010, 43). Innerhalb pluraler

Gesellschaften finden sich unterschiedliche Formen der Lebenspraxis, die als „Milieus" (Nohl 2010, 148) bezeichnet werden.

Definition:
Milieus stellen Kulturen der praktischen Lebensführung und der Alltagsgestaltung dar, die auf der Grundlage kollektiver Erfahrungen basieren (Nohl 2010, 145).

Milieus stellen gelebte Praxis innerhalb kollektiver Zugehörigkeiten dar, welche die Angehörigen durch Einbindung in vergleichbare, *homologe, soziale Lebenszusammenhänge* erwerben. Diese strukturidentischen Erfahrungen fungieren als eine Art Brille, durch die der Alltag betrachtet und Partizipation daran eröffnet wird. Die milieubezogenen Erfahrungen, die „kollektiven Erlebnisschichtungen" (Bohnsack 2010, 63), müssen nicht in konkreten, gemeinsamen Erlebnissen gemacht werden, sondern lediglich gleichartig sein. Die Erfahrungen verbinden die Angehörigen eines Milieus miteinander, sie stellen die „Konjunktion", eine Verbindung, zwischen ihnen her und dar. Das geteilte Erfahrungs- und Orientierungswissen wird auch als „konjunktives", also verbindendes Erfahrungswissen bezeichnet. Es ermöglicht den Angehörigen eines Milieus, sich untereinander unmittelbar zu verstehen (Mannheim 1980, 217 ff).

Verstehen

Erfahrungen zwischen den Angehörigen unterschiedlicher generationeller Milieus, beispielsweise in Bezug auf die Nutzung von und den selbstverständlichen Zugang zu digitalen Medien, können sich unterscheiden. Die generationelle Differenz kann sprachlich zum Ausdruck kommen, in der Nutzung von Fachtermini und/oder handlungspraktisch, wie die Medien im Alltag genutzt und herangezogen werden.

Die Erfahrungen erlauben es den Angehörigen eines Milieus, in vergleichbarer Weise materiale und soziale Gegenstände bzw. Zusammenhänge zu betrachten und so auf sie in ihrem Alltag Bezug zu nehmen, da sie in gemeinsamen oder vergleichbaren Erlebnissen gewonnen wurden. Die Zusammenhänge müssen nicht weiter expliziert werden, sie werden verstanden, da sie in ihrer Existenz verstanden werden, die innerhalb des konjunktiven Erfahrungsraums besteht. Die Zugehörigkeit zu Milieus kann zwar reflexiv zugänglich sein, ist es jedoch im Alltag üblicherweise nicht (Bohnsack 2010, 63).

In diese Praxen werden Menschen hineingeboren und einsozialisiert. Milieus sind entsprechend der Individualität der/des Einzelnen vorgeordnet, da sich Individualität nur innerhalb von Milieus entfalten kann. Das konjunktive Wissen, über das ein Milieu zur Bearbeitung des Lebensalltags verfügt, wird v. a. in mimetischer Hinsicht sowie durch Beobachten und Aushandeln erlernt und zur Bearbeitung der eigenen Lebenspraxis herangezogen. Dabei determiniert ein Milieu die Handlungen und Praxen einzelner Personen nicht derart, dass konkrete Handlungen vorgegeben sind. Vielmehr eröffnen Milieus Optionen und Variationen. Die individuellen Spielräume ergeben sich auch durch und für die Zugehörigkeit von Menschen zu mehreren Milieus, die sich in je spezifischer Art überlagern (Nohl 2010, 149). Nohl (2013, 55) nennt die „gesellschaftlich etablierten Dimensionen von Heterogenität" (Nohl 2013, 55), zu denen beispielsweise Geschlecht und die sozial-ökonomische Situation zählen. Dass entsprechende Milieuerfahrungen mit unterschiedlichen Handlungspraktiken einhergehen, konnte empirisch-rekonstruktiv nachgewiesen werden (z. B. Bohnsack et al. 1995; Schittenhelm 2005). Von diesen zu unterscheiden sind Milieus, die noch im Entstehen sind und/oder die noch nicht rekonstruiert wurden (Nohl 2013, 60).

Mehrdimensionalität von Milieus

Die Mehrdimensionalität von Milieus ergibt sich aus der Überlappung unterschiedlicher Erfahrungsdimensionen, wie beispielsweise der geschlechtlichen Erfahrungsdimension mit der des sozio-kulturellen Milieus.

Folglich ist nicht von einem eindimensionalen – und totalen – Verständnis von Milieu auszugehen, vielmehr überlagern sich Milieudimensionen. Die unterschiedlichen Erfahrungen, aus denen sich das handlungsleitende Wissen einzelner speist, können in Konflikt oder Widerspruch miteinander stehen. In diesen Konflikten liegt das Potenzial für bildende Entwicklung und Neugestaltung von Milieus. Die Überlappung der Milieus in einer konkreten Person führen ebenso zur Individualität respektive zu einem individuellen oder persönlichen Habitus wie die unterschiedlichen Lösungs- und Bearbeitungsformen des Alltags, die Milieus aufgrund ihrer Vielschichtigkeit und Mehrdimensionalität inhärent sind (Nohl 2010, 166).

Milieus sind weder einheitlich noch statisch, sondern vielfältig, dynamisch und damit wandelbar. Unterschiedliche Erfahrungen überlagern sich, sodass verschiedene Erfahrungsdimensionen zusammenkommen. Einen Menschen auf die Zugehörigkeit zu nur einem Milieu zu reduzieren, wäre eine Verkürzung seiner Realität (Nohl 2010, 174). Derartige Reduktionen auf eine Milieuzugehörigkeit werden häufig praktiziert. Auch Forschung und Wissenschaft sind hiervon nicht frei.

Die Mehrdimensionalität von Milieus eröffnet eine Perspektive der Betrachtung von Differenzen, die über eindimensionale Zuschreibungen hinausgeht. Dennoch finden in der Gesellschaft häufig eindimensionale Betrachtungen und Zuschreibungen statt, bis hin zu einer kategorialen Verfestigung, wie sie z. B. in „die Männer" zum Ausdruck kommt. Dass dieser einseitige Blick auf Heterogenitätsdimensionen häufig eingenommen wird, lässt sich mithilfe der „Übersetzung" konjunktiven Erfahrungswissens in kommunikativ generalisiertes Wissen erklären (Nohl 2010, 168 f), die häufig dann und dort erfolgt, wenn die Angehörigen unterschiedlicher Milieus sich einander erklären.

Es bestehen Differenzen zwischen unterschiedlichen und innerhalb erfahrungsbezogener Milieus. Sie fußen auf den verschiedenartigen Erfahrungen, die Menschen machen, und bieten Zugehörigkeit zu einer Lebenspraxis, also zu Konjunktionen, die es erlauben, den komplexen Alltag zu bewältigen. In den *Konjunktionen* sind zugleich *Distinktionen* enthalten, da Zugehörigkeit zu einem Milieu immer auf Abgrenzung gegenüber anderen Milieus verweist (Nohl 2010, 147).

Konjunktion und Distinktion

Der wissenssoziologischen Perspektive folgend, besteht neben dem Praxiswissen, den konjunktiven Erfahrungen und ihren Gehalten, die nur innerhalb des Milieus verständlich sind, also in der existenziellen Gemeinschaft, in der sie generiert wurden (Nohl 2010, 149), *wörtlich-begriffliches* und *nonverbales, symbolisches Wissen* über die soziale wie materiale Welt und somit auch über die Milieus selbst. Anders als konjunktives Erfahrungswissen, das auf *unmittelbarem Verstehen* (Bohnsack 2010, 55 ff) basiert, ist das kommunikativ-generalisierte auf *Interpretationen* angewiesen. Dort, wo über die Grenzen von Milieus und geteilten konjunktiven Erfahrungen hinweg kommuniziert wird, wird kommunikatives Verstehen notwendig. Die Verständigung ist darauf angewiesen, dass milieugebundene Selbstverständlichkeiten überkonjunktiv expliziert werden. Um die Bedeutung von etwas zu erklären, ist es erforderlich, konkrete Erfahrungen in abstrakte Sprachlichkeit zu übersetzen. Hierfür bedarf es der Kommunikation auf explizit-begrifflicher Ebene, die auf Abstraktionen von der milieugebundenen Perspektive angewiesen ist (Nohl 2010, 150).

überkonjunktiver Zusammenhang

Neben verbalen Formen liegt dieses auf der Ebene kultureller Repräsentationen vor (Nohl 2010, 145 ff). Sie korrespondieren mit kommunikativ-generalisierten Bedeutungen, sind in sprachlicher und in symbolischer sowie nonverbaler Hinsicht vorhanden. Wörter und Begriffe der sprachlichen Ebene finden als explizite Äußerungen ihr Äquivalent auf nonverbaler symbolischer Ebene in materialer und sozialer Hinsicht. Sie bestehen aus Selbst- und Fremdzuschreibungen der Zugehörigkeit zu kulturellen Gruppen. Die Kleidung stellt eine

kulturelle Repräsentationen

solche kulturelle Repräsentation dar, die uns Hinweise z. B. auf das Geschlecht einer Person gibt. Zuschreibungsprozesse finden überwiegend auf der Grundlage kultureller Repräsentationen statt, die aufgrund der Eindeutigkeit, mit der sie von allen erkannt werden können und sollen zugleich von der Vielfalt abstrahieren, die in Milieus anzutreffen ist (Nohl 2010, 147 f). Dabei wird die Vielfalt der milieuspezifischen Repräsentation häufig verdichtet und es werden eindimensionale Reduktionen vorgenommen, die sich in stereotypisierenden Zuschreibungen zuspitzen können. Durch die Reaktualisierung der eigenen kollektiven Zugehörigkeit, durch Abgrenzungen und Distinktionen in der Beschreibung verstärkten sich diese (Nohl 2010, 168 f).

Sozialisation **Zugehörigkeit zu Milieus:** Milieus bestehen durch die und in den Lebenspraxen ihrer Angehörigen. Die Aktualisierung und Weitergabe milieuspezifischen Wissens an die nächste Generation, mittels Sozialisation, erfolgt durch die Reaktualisierung in Alltagspraktiken. Sozialisation verläuft dabei nicht linear; Milieus sind weder statisch noch eindimensional, sondern dynamisch und mehrdimensional, da mehrere Differenzdimensionen in ihnen aufgehen (Nohl 2010, 177). Folglich sind keine homogenen Milieus denkbar, in die Kinder und Jugendliche einsozialisiert werden. Die frühe familiäre und außerfamiliäre Sozialisation beschreibt jenen Prozess, in dem implizites Wissen eines Milieus an die jüngere Generation weitergegeben wird; ohne dass Sozialisation je als abgeschlossener Prozess verstanden werden kann, da eine kontinuierliche, erfahrungsbezogene Differenzierung im Laufe des Lebens stattfindet. Im Vergleich zu Erziehung ist Sozialisation, die in den unterschiedlichen gesellschaftlichen Institutionen und Organisationen wie Familie, Kita und Schule vollzogen wird, nicht bzw. nur selten intentional (Marotzki et al. 2006, 138 ff).

schwach heterogene Milieus Mehrdimensionalität findet sich auch in sogenannten „schwach heterogenen Milieus" ebenso wie in „stark heterogenen". Zu schwach heterogenen Milieus gehören in der aktuellen Gesellschaft jene, die lediglich in Bezug auf die Generation und – je nachdem – das Geschlecht verschiedenartig sind (Nohl 2010, 180). Für die Bewältigung einer generationsbezogenen Weitergabe handlungspraktischen Wissens, wie in der Adoleszenz, stellen die schwach heterogenen Milieus Vorbilder und Modelle bereit, an denen sich die Kinder bzw. Jugendlichen orientieren können. Milieus, die auf diese Weise tradiert werden, zeichnen sich durch *biografische Dauerhaftigkeit und Kontinuität* aus, auf die sich ihre Mitglieder beziehen können (Nohl 2010, 158; 179).

Liegen keine derartigen Orientierungsmodelle und Vorbilder handlungspraktischen Wissens vor bzw. sind diese nicht mit den gesellschaftlichen Erwartungen zu vereinbaren, vor die die nachwachsende Generation gestellt ist, spricht man von „stark heterogenen Milieus". Diese verweisen darauf, dass zwischen Erwachsenen und Kindern mehr als geschlechts- und ggf. generationsspezifische Unterschiede bestehen. Dies kann beispielsweise durch die Erfahrung von Migration oder durch gesamtgesellschaftliche Umbrüche, wie dem „Fall der Berliner Mauer" bedingt sein. Solche Ereignisse, die biografische Brüche oder Diskontinuitäten für die Betroffenen darstellen, können (so sie von mehreren Personen erfahren werden) die Entwicklung neuer Milieus eröffnen. Deren Genese findet dort statt, wo die ältere Generation praktisch anwendbare Vorbilder der Lebensbewältigung nicht an ihre Kinder weitergeben kann und die nachwachsende Generation individuelle Handlungsweisen hervorbringt (Nohl 2010, 180 ff).

stark heterogene Milieus

Aus der Erfahrung heraus, keine Rollenvorbilder oder Modelle zu haben, werden neue Orientierungen entwickelt, um den Alltag zu bewältigen. In diesen neuen Formen werden die differenten Erfahrungen, die unterschiedlichen Sphären (wie beispielsweise die der Familie und die der Schule), aufeinander bezogen und so ihre Bewältigung vorgenommen. Dies gelingt zunächst durch eine Trennung der Sphären und den in ihnen enthaltenen Erwartungen an die Akteurinnen und Akteure. Die Abgrenzung eröffnet zum einen Handlungsfähigkeit und ermöglicht zum anderen die Entwicklung eigener neuer Bearbeitungsformen (Nohl 2010, 158). Neben den durchaus schwierigen Herausforderungen, welche die Gestaltung und Etablierung neuer Milieus für die davon betroffenen Menschen mit sich bringen, eröffnen sich zugleich Räume und Möglichkeiten für Kreativität und Entwicklung (Nohl 2010, 180 ff).

Der Fall der Berliner Mauer stellt ein Beispiel hierfür dar: Die ehemaligen DDR-Bürger/-innen sind in einem politischen und gesellschaftlichen System sozialisiert worden, vor dessen Hintergrund sie Praktiken zur Bewältigung des Alltags entwickelt haben. Zu DDR-Zeiten bestehende Selbstverständlichkeiten, entlang derer der Alltag organisiert wurde, unterschieden sich jedoch von denen der BRD. Die damalige Kinder- und heutige Erwachsenengeneration erhielt nicht in vergleichbarem Maße Modelle und Vorbilder, wie der Alltag praktisch bewältigt werden kann, wie ihre Peers aus der ehemaligen Bundesrepublik.

Die Gesellschaft ist an sich heterogen und besteht aus mehrdimensionalen Milieus (Nohl 2010, 160). Die Differenzierung der Gesellschaft in Milieus steht auch in Relation zu den unterschiedlichen Zugangsmöglichkeiten zu gesellschaftlichen Gütern.

2.2.2 Milieus im sozialen Raum

Milieus und Habitus Die ausgeführten Überlegungen der praxeologischen Wissenssoziologie zum Milieu werden mit den theoretischen Ausführungen Bourdieus (1982; 1998) zum Habitus verknüpft. Bourdieus empirische Annäherung an diesen (1982; 1998) erfolgt wesentlich über Kapitalien und ihre Zusammensetzung, die Akteurinnen und Akteuren zur Bewältigung ihres Lebensalltags zur Verfügung stehen. Kapitalkonfigurationen unterschiedlicher Milieus betrachtet er in Relation zueinander und anhand der Macht- und Herrschaftsverhältnisse, die darin enthalten sind.

Gemeinsam ist den theoretischen Positionen, dass sie davon ausgehen, dass die soziale Situation oder Lage von Menschen sich in ihren Handlungen und Orientierungen niederschlägt. Dies zeigt sich, davon wird ebenfalls in beiden Ansätzen ausgegangen, auch in der praktischen Seite des Handelns. Vor diesem Hintergrund ist es möglich, mit Hilfe der Ansätze die Dichotomie zwischen Mikro- und Makroebene zu überwinden. Ergebnisse und Resultate, die makroanalytisch betrachtet werden, wie z.B. die unterschiedliche Teilhabe von Schüler/-innen mit/ohne Migrationshintergrund an schulischen Bildungsgängen, finden sich in unterrichtlichen Interaktionen, also Praktiken und Diskursen der Mikroebene wieder.

Die Verknüpfung beider theoretischer Perspektiven soll es ermöglichen, die Bedeutung der sozio-ökonomisch unterschiedlichen Lebensbedingungen, die Bourdieu fokussiert und denen innerhalb der erziehungs- und bildungswissenschaftlichen Forschung eine entscheidende Bedeutung im Zusammenhang mit (schulischem) Bildungserfolg zugeschrieben wird, in die bisherigen Überlegungen zu integrieren.

Die Bedingungen für die Gestaltung von Lebenspraxen unterscheiden sich und entwickeln zugleich eigene Dynamiken. Das, was Nohl (2007, 66) als „konjunktives Erfahrungswissen" eines Milieus definiert, zeigt Parallelen zu Bourdieus Habituskonzept, insbesondere dem Praxissinn, der zwischen Feld und Habitus vermittelt. Dieser praktische Sinn, der Habitus, erlaubt es Menschen, in ihrem Alltag auf spezifische Art und Weise handlungsfähig zu sein (Bourdieu 2009, 139 ff).

Die entwickelte Praxis eines Milieus sieht Bourdieu (1982) in engem Zusammenhang mit den Kapitalien, die den Menschen – zur Bewältigung ihres Alltags – zur Verfügung stehen. Mithin eröffnet und verschließt (immer in Relation zu anderen Gesellschaftsmitgliedern respektive Milieus gedacht) die Verfügung über Kapitalien Möglichkeiten der Lebensführung und Gestaltung.

Der Habitus fungiert somit als Muster, mit dem die Welt betrachtet wird und in dem gleichzeitig Praktiken begründet werden, ohne jedoch konkrete Handlungsschritte vorzuschreiben. Vielmehr werden Handlungsmöglichkeiten und -optionen eröffnet (Bourdieu 1987, 100 ff). Die Ausprägung des Habitus ist eng an die Lebensbedingungen gebunden, die Bourdieu anhand des Kapitals, das zur Verfügung steht, beschreibt.

Definition:
Kapital meint akkumulierte Arbeit, die in materieller oder immaterieller – also in verinnerlichter (oder inkorporierter) – Hinsicht vorliegt (Bourdieu 1992, 49).

Menschen investieren Arbeit und Zeit, um Kapitalien zu erwerben, dies gilt gleichermaßen für objektivierte wie für inkorporierte Formen. Der Besitz von viel Kapital eröffnet mehr Zugangsmöglichkeiten zu gesellschaftlich begehrten Positionen und Lebensstilen, als dies bei wenig Kapital der Fall ist. Unterschiedliche Kapitalien, also Ressourcen (ökonomischer, kultureller, sozialer und symbolischer Art), die sich durch ein spezifisches Verhältnis zueinander auszeichnen, sind gesamtgesellschaftlich vorhanden. Sie können gegeneinander getauscht werden, dadurch stehen sie in Relation und Abhängigkeit zu- und voneinander. Die je zur Verfügung stehenden Kapitalien und ihre Zusammensetzung eröffnen und/oder begrenzen den Erwerb spezifischer Werte, Vorstellungen und Lebenspraxen. Diese Optionen führen zu Erfahrungen, die ihrerseits ein Milieu ausmachen (Bourdieu 1992, 49 ff).

Kapital

Kulturelles Kapital: Kulturelles Kapital kann in drei unterschiedlichen Formen vorliegen: inkorporiert, objektiviert und institutionalisiert. Inkorporiertes kulturelles Kapital ist körpergebunden, d.h. der Lernaufwand, der zu seiner Aneignung notwendig ist, muss von dem/der Träger/in selbst geleistet werden. Die Investition von Zeit in ein Studium und/oder in die Schulbildung setzt formal voraus, dass Personen sich lernend auseinandersetzen; dabei handelt es sich um eine Zeit, in der kein Geld verdient oder Freizeit genossen werden kann und die finanziert werden muss, da sie eben nicht für Arbeit aufgewendet werden kann (Bourdieu 1992, 55 ff).

inkorporiertes kulturelles Kapital

Materielle Träger wie Bücher, Gemälde und Musikinstrumente stellen das objektivierte Kulturkapital dar. Neben dem rein materiellen und ökonomischen Wert wohnt ihnen eine kulturelle Bedeutung inne, die nur dann erschlossen werden kann, wenn inkorporiertes Kulturkapital vorliegt, wie z.B. ein Instrument spielen zu können; oder der

objektiviertes Kulturkapital

Einsatz eines technischen Hilfsmittels, wie eines Computers, und geht über den „reinen Besitz" hinaus (Bourdieu 1992, 59 ff).

institutionalisiertes Kulturkapital Wie das inkorporierte ist auch das institutionalisierte Kulturkapital an den Träger/die Trägerin gebunden. Hierzu zählen Bildungszertifikate und akademische Titel. Dieses Kulturkapital unterscheidet sich von (ausschließlich) inkorporiertem Wissen dadurch, dass es in der Regel einfacher umzutauschen und rechtsgültig anerkannt ist. So kann ein Zertifikat wie der „Master of Education" genutzt/getauscht werden, um zunächst einen Referendariats- und später einen Arbeitsplatz als Lehrer oder Lehrerin an einer Schule zu erhalten. Somit eröffnet sich die Option, durch Tausch ökonomisches Kapital zu erwerben. Inhalte, die sich Menschen autodidaktisch angeeignet haben, lassen sich nicht auf vergleichbare Weise transferieren (Bourdieu 1992, 61 ff).

soziale Netzwerke **Soziales Kapital:** Diese Kapitalform bezeichnet soziale Netzwerke zwischen Menschen. Sie können genutzt werden, um materielle und/ oder immaterielle Tauschbeziehungen vorzunehmen. Derartiger Austausch setzt die gegenseitige Anerkennung der Akteurinnen und Akteure eines Netzwerks voraus, das institutionalisiert vorliegen kann und/oder aus dem subjektiven Gefühl der Verpflichtung heraus besteht. Zum sozialen Kapital zählen neben Freundschaften auch die Familie oder eine Parteizugehörigkeit.

Die Zugehörigkeit zu sozialen Netzwerken basiert auf gegenseitigem Anerkennen und eröffnet die Möglichkeit, im Sinne einer Kreditwürdigkeit, auf das Kapital des gesamten Netzwerks zugreifen zu können. Um diese Potenziale nutzen zu können, ist Beziehungsarbeit in Form von Zeit und/oder Geld aufzuwenden. Die Beziehungspflege bedarf Zeit und/oder Geld und schafft Solidarität zwischen den Netzwerkmitgliedern, die in Form von gegenseitigen Einladungen, von Geschenken oder durch anderweitige Gegenleistungen praktiziert werden kann. So kann Nachhilfeunterricht für das Kind einer Freundin mit einer Essenseinladung oder mit dem Gießen der Blumen während des Urlaubs getauscht werden. Der Tausch ist auf Gegenseitigkeit angewiesen, insbesondere dann und dort, wo keine familiären Beziehungen und Verantwortungen zwischen den Akteurinnen und Akteure bestehen.

Soziales Kapital kann in institutionalisierter Form vorliegen (wie die Zugehörigkeit zu einer Partei, einem Verein oder auch einer Arbeitsstelle) und aus dem Gefühl subjektiver Verpflichtungen heraus entstehen (Bourdieu 1992, 63 ff).

Ökonomisches Kapital: Zu ökonomischem Kapital zählen neben Geld all jene Gegenstände und materiellen Güter, die jemand besitzt, wie Immobilien, Kunstwerke, Aktien u. v. m. In Marktwirtschaften können diese unkompliziert mithilfe von Geld getauscht und/oder in Geld verwandelt werden. Die Umwandlung zwischen den unterschiedlichen Kapitalsorten macht einen wesentlichen Bestandteil menschlichen Zusammenlebens aus. Hierbei nimmt das ökonomische Kapital eine Art Schlüsselstellung ein, da mit seiner Hilfe andere Kapitalsorten verhältnismäßig leicht erworben werden können; oder es kann für notwendige Transformationsprozesse eingesetzt werden (Bourdieu 1992, 52).

materielle Güter

Mirkos Eltern verfügen über eine vergleichsweise große Menge ökonomischen Kapitals. Als seine schulischen Leistungen immer schlechter werden, finanzieren sie ihrem Sohn Nachhilfeunterricht. Eine Nachhilfelehrerin soll Mirko helfen, die schulisch von ihm erwarteten Ziele zu erreichen, damit er in die nächste Klassenstufe versetzt wird. Mirkos Eltern sind selbst Lehrer von Beruf und verfügen über das kulturelle Kapital, ihn selbst beim schulischen Lernen zu unterstützen. Sie haben sich aber entschieden, Mirko eine Nachhilfelehrerin zu finanzieren, da sie selbst wenig (Frei-)Zeit zur Verfügung haben; und diese wenige Zeit wollen sie lieber Tennis spielend mit ihren Kindern verbringen.

Stefans schulische Leistungen sind vergleichbar mit denen Mirkos. Seine Familie verfügt jedoch weder über das ökonomische noch über das kulturelle Kapital wie Mirkos Familie. Stefans Mutter bittet ihre Schwester, ihren Sohn bei den Hausaufgaben zu unterstützen. Im Gegenzug möchte sie für die Schwester Hausarbeit erledigen. Stefans Mutter greift auf soziales, familiäres Kapital zurück und bietet zugleich eine Tauschleistung an.

Symbolisches Kapital: Die vierte Kapitalform, das symbolische Kapital, unterscheidet sich von den drei anderen dadurch, dass sie ihnen innewohnt. Symbolisches Kapital stellt die wahrgenommenen und anerkannten Eigenschaften der drei anderen Kapitalsorten dar. Erst durch das symbolische Kapital erhalten die anderen Kapitalsorten ihren Wert, ihre Anerkennung. Die Allgemeine Hochschulreife, das Abitur, der Realschul- und/oder Hauptschulabschluss sind anerkannte Bildungsabschlüsse. Zugleich entstehen durch das symbolische Kapital Relativierungen und Unterscheidungen. So ist der Hauptschulabschluss zwar ein anerkannter Bildungsabschluss, er verfügt im Vergleich zur Hochschulreife über weniger Prestige und eröffnet ihr gegenüber einen eingeschränkteren Spielraum für weitere Bildungswegentscheidungen (Bourdieu 1998, 108 f).

Anerkennung

Es ist festzuhalten, dass die jeweils zur Verfügung stehenden Kapitalien in Art und Umfang den Habitus von Menschen prägen, d. h. ihre „Wahrnehmungs-, Denk- und Handlungsschemata" (Bourdieu 1978, 101), mit denen sie die materielle Welt und das soziale Miteinander betrachten und bewerten und die gleichzeitig ihre Handlungen in dieser materiellen Welt strukturieren. Die praktischen Lebensvollzüge von Milieus stehen in ihrer Genese mit diesen Rahmenbedingungen in Zusammenhang.

Soziale Felder und Feld der Macht: Soziale Felder stellen Räume dar, die sich aus einem Netz relativ zueinander stehender Positionen aufspannen und in Relation zu deren Kapitalvolumen stehen. Hierfür wird auf das kulturelle und das ökonomische Kapital Bezug genommen. Dies lässt sich in einem zweiachsigen Raum abbilden (siehe Abbildung 1).

großes Kapitalvolumen

kulturelles Kapital ←——————→ ökonomisches Kapital

niedriges Kapitalvolumen

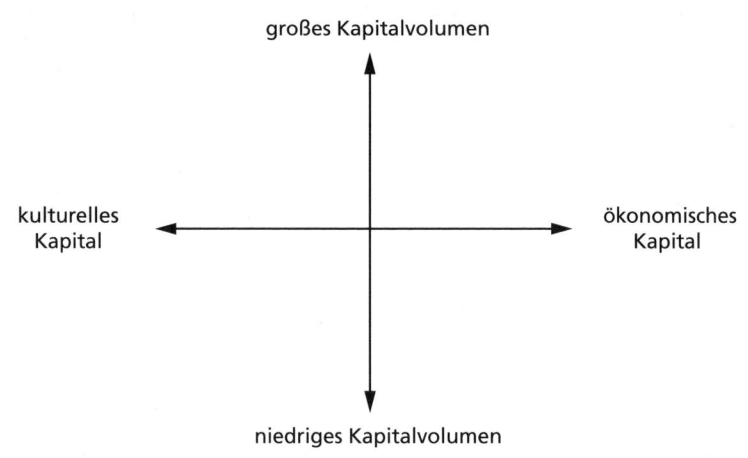

Abb. 1: Struktur des sozialen Raums (nach Bourdieu 1998, 19)

Struktur des sozialen Raums Die vertikale Achse beschreibt das Gesamtvolumen an kulturellem und ökonomischem Kapital einer Gesellschaft und die horizontale die Struktur des Kapitals. Letztgenannte verweist auf die Relation von ökonomischem zu kulturellem Kapital über die jemand (respektive ein Milieu) verfügt. Innerhalb des sozialen Raums, der die Gesellschaft beschreibt, können unterschiedliche Positionen als unterschiedliche Milieus – im Sinne der Annahmen der praxeologischen Wissenssoziologie – gefasst werden. Milieus, die insgesamt über viel Kapital verfügen, sind beispielsweise Hochschullehrkräfte und Unternehmer/-innen. Die zwei Gruppen unterscheiden sich jedoch in der Zusammensetzung, der Struktur des Kapitals: Während erstgenannte über mehr kulturelles als ökonomisches Kapital verfügen, ist dies bei der zweitgenannten Gruppe andersherum. Hilfsarbeitende und Personen, die in der Landwirtschaft tätig sind, verfügen im Vergleich zu den beiden anderen Gruppen über wenig ökonomisches und/oder kulturelles Kapital (Bourdieu 1998, 16 ff).

In differenzierten Gesellschaften gibt es innerhalb des gesamtgesellschaftlichen Raums zahlreiche Felder, wie z. B. die Schule als Bildungsorganisation, die über relative Freiheiten bzw. Autonomien verfügen und zugleich in relationaler Weise mit den anderen Feldern verbunden sowie in das gesellschaftliche Feld der Macht eingebunden sind (Bourdieu 1998). Das Schul- und Bildungssystem kann als ein solches Feld verstanden werden. Bourdieu (1993) vergleicht Felder mit Spielfeldern, in denen Spielende entlang je feldspezifischer Regeln um einen oder mehrere Gegenstände, Werte oder Güter sowie um deren Definitionsmacht kämpfen. Die Spielenden verfügen über unterschiedliche Ressourcen – Kapitalien – die sie im Spiel zum Einsatz bringen (können), um ihre jeweilige Position im Feld gegenüber den anderen Spieler/-innen zu erhalten bzw. zu verbessern.

soziale Felder

Bourdieu (1993) verbindet die Möglichkeit, sich an dem Spiel zu beteiligen mit dem jeweiligen Kapitalbesitz.

Positionen im Feld

Soziales Feld als Spielfeld
Innerhalb der Spielmetapher bleibend, lassen sich die Kapitalsorten mit Jetons in einem Roulettespiel vergleichen: Für die Beteiligung am Spiel, das die Vermehrung von Kapital – und damit verbundene Annehmlichkeiten im Leben – verfolgt, ist das Ziel, möglichst viele und unterschiedliche Jetons zu erhalten (Bourdieu 1993, 110 ff). Je weniger Kapital ein Mensch im Vergleich zu anderen besitzt, umso weniger kann er an dem Spiel teilnehmen bzw. für ihn ist dann das Risiko des Spieleinsatzes erheblich höher als für jemanden, der über viele Kapitalien verfügt. Menschen, denen viel Kapital zur Verfügung steht, sind es beispielsweise gewohnt, auswählen zu können. So können sich reiche Menschen (also jene, die über viel Kapital verfügen) überlegen, was sie gerne essen oder wie sie sich gerne kleiden möchten. Der Preis stellt für sie kein Auswahlkriterium dar. Verfügen Menschen hingegen über wenig ökonomisches Kapital, so

> schränkt der Preis von Lebensmitteln und Kleidung auch deren Auswahl ein. Kinder und Jugendliche, die in ein Milieu einsozialisiert werden, in dem allein der Geschmack und nicht der Preis entscheidend sind, lernen, quasi nebenbei und unter der Bedingung ihrer Lebenssituation, Entscheidungen zu treffen. Menschen, die nicht über vergleichbares Kapital verfügen, müssen z.B. jene Lebensmittel kaufen, die am preisgünstigsten sind, das Gleiche gilt für die Kleidung. Diese Menschen handeln aus der Notwendigkeit heraus. Neben den unterschiedlichen Stilen im Auftreten, die sich so herausbilden, ist das Milieu jener Personen, die über viel ökonomisches Kapital verfügen, von der Erfahrung geprägt, auswählen zu können, ohne durch das Kapitalvolumen (einer oder mehrerer Kapitalien) eingeschränkt zu werden. Diese Erfahrung wird – wie es häufig im offenen Unterricht zu beobachten ist – von der Schule bzw. den Lehrpersonen erwartet.

Charakteristisch für Felder sind mindestens zwei unterschiedliche und miteinander konkurrierende Positionen um die Herrschaft bzw. Definitionsmacht im Feld. Diese werden als „orthodox" und „häretisch" oder als „konservativ" und „subversiv" bezeichnet (Bourdieu 1993, 110 f). Gemeinsam ist den unterschiedlichen Positionen die Anerkennung des Spielgegenstandes, d.h. die Anerkennung der Wichtigkeit einer Sache, für die es sich zu kämpfen lohnt. Bourdieu nennt dies auch die „illusio", also eine zentrale materielle oder soziale Bedeutung eines Feldes, die von allen anerkannt wird (Bourdieu 1998, 142).

Im Fall der Schule ist dies zunächst die Tatsache, dass Bildung, Erziehung und Lernen fundamentale Prozesse der Gesellschaft sind, die an die nächste Generation weitergegeben werden sollen. Wie dies in der Schule geschehen soll, welche Aspekte zu Bildung zu zählen sind, wie die pädagogische Organisation prinzipiell zu verstehen ist, kommt in unterschiedlichen Positionen des Feldes zum Ausdruck; dies kann im Feld der Erziehungswissenschaft und/oder dem der Bildungspolitik erfolgen wie auch in der Schule selbst. Die Differenz zwischen ihnen ist relational.

Felder haben eine Handlungsgeschichte; sie „lebt" in den Strukturen und Objekten fort, die das Feld hervorgebracht hat und die Ausdruck von Auseinandersetzungen seiner Genese (Entstehung) sind.

Diese Geschichte enthält die Bedeutungen vorangegangener Auseinandersetzungen (Bourdieu 1998, 56 f; 141 f).

Das gesamtgesellschaftliche Feld ist zugleich als ein Machtfeld konstituiert. Es unterscheidet sich von anderen Feldern dadurch, dass diese in ihm angesiedelt sind und es sich durch unterschiedliche Machtpositionen auszeichnet. Die symbolische Bedeutung und Macht von Kapitalsorten stellen den Gegenstand der Auseinandersetzungen dar. Der relative Wert sowie der Tauschwert von Kapitalsorten steht hier auf dem Spiel. Einfluss und Macht werden in diesem Feld durch das Verfügen über bürokratische Instanzen erlangt und ausgeweitet. Ein Beispiel hierfür ist die Häufigkeit der Vergabe von Bildungstiteln: Je seltener ein Bildungstitel vergeben wird, desto höher ist sein Wert. Wird der Bildungstitel häufiger vergeben, sinkt dieser Wert, da er nicht mehr in vergleichbarem Maße gesellschaftliche Privilegien absichert.

Feld der Macht

Das *Hervorbringen und Bearbeiten sozialer Differenzen* in der Schule ist ebenfalls eingebunden in Konkurrenz um Macht und Vorteile innerhalb der Gesellschaft. Für die in diesem Lehrbuch bearbeitete Thematik bedeutet dies, dass Unterscheidungen und Differenzen im Kontext hierarchischer Beziehungen konstruiert und mit Bewertungen verbunden werden (Diehm / Radtke 1999, 63).

2.3 Schule als Organisation

Milieu und Organisation: Sozialisations-, Bildungs- und Lernprozesse finden nicht allein in sozialen Milieus statt, sondern zu einem nicht unerheblichen Teil in gesellschaftlichen Organisationen wie der Schule. Die Definition von „Organisation" erfolgt hier als Unterscheidung zum bereits bekannten Verständnis von „Milieu". Organisationen und Milieus ist zunächst gemeinsam, dass sich in ihnen und durch sie *überindividuelle Handlungsweisen* entwickelt und herausgebildet haben. Sie unterscheiden sich hinsichtlich der Art und Weise, wie diese Regelmäßigkeiten moderiert sind bzw. zur Verfügung stehen und, damit im Zusammenhang stehend, wie die Teilhabe an ihnen funktioniert.

Im vorangegangenen Abschnitt wurden Milieus als kollektive Formen der Lebenspraxis vorgestellt, denen konjunktive, homologe Erfahrungen ihrer Angehörigen zugrunde liegen. Die Angehörigen eines Milieus folgen impliziten Regeln, ohne dass ihnen diese reflexiv zugänglich sind oder sein müssen. Organisationen zeichnen sich hingegen durch *explizite Regeln* aus. Diese sind formal festgehalten

Modi der Teilhabe

und umfassen *Verhaltenserwartungen* sowie *Rechte und Ressourcen*, die an die Mitglieder – nicht als Einzelpersonen, sondern im Modus *sozialer Rollen* – formuliert werden. Mitglieder, die sich nicht an die formalen Regeln der Organisation halten, riskieren ihre Mitgliedschaft (Nohl 2007, 66 f).

In der Schule besteht eine formale Regel, wann der Unterricht beginnt. Zu dieser Zeit haben die Schüler/-innen anwesend zu sein. Missachten die Schüler/-innen diese Regel mehrfach, riskieren sie, über einen Weg von Verwarnungen und Mahnungen ihre Mitgliedschaft in der konkreten Schule. Aufgrund der Schulpflicht gilt dies zwar nicht für den Schulbesuch insgesamt, wohl aber in Bezug auf die konkrete Lerngruppe und die besuchte Schule.

Im Gegensatz zu einem Milieu, das vielschichtig und mehrdimensional aufgebaut ist, ist die Mitgliedschaft in einer Organisation *distinktiv* geregelt; sie liegt vor oder sie liegt nicht vor. Der Beitritt zu einer Organisation erfolgt üblicherweise durch die eigene Zustimmung und die der Organisation. In der Organisation Schule gilt dies für die Schüler/-innen im Vergleich zu den Lehrkräften insofern eingeschränkt, als dass die Schulpflicht in Deutschland ihren Besuch rechtlich regelt. Die Lehrpersonen hingegen sind sich ihrer Mitgliedschaftsrolle und einer relativen Freiwilligkeit bewusst; sie ist insofern relativ zu sehen, da die Tätigkeit (auch) zur Sicherung des Lebensunterhaltes ausgeführt wird.

Lehrkräfte sind sich ihrer organisationalen Mitgliedschaften v. a. in Situationen bewusst, in denen sich ihre (pädagogischen) Überzeugungen gegen die Organisationen richten. Dies kann dann der Fall sein, wenn sie Schüler/-innen Zensuren geben müssen. Widersprechen sie dieser Praxis, welche die Organisation qua formaler Regelungen einfordert, droht ihnen ein Disziplinarverfahren, das die Androhung eines Ausschlusses darstellt. Mitgliedschaft liegt hier, im Vergleich zum Milieu, *reflexiv* vor. Eine Tatsache, die es ermöglicht, die Organisation zu steuern, zu stabilisieren und Veränderungen zu initiieren (Nohl 2010, 195 ff). Für die Zugehörigkeit zu einem Milieu gilt dies nicht; sie ist weder durch einen Willensakt zu erzeugen noch auf diesem Wege veränderbar. Auch kann sie, anders als eine Mitgliedschaftsrolle, nicht „gekündigt" werden. Zugespitzt verweist dies auf Zugehörigkeit zu einem Milieu einerseits und Mitgliedschaft in einer Organisation andererseits. Mitgliedschaft und Zugehörigkeit lassen sich zwar analytisch trennen, beziehen sich aber in den Praktiken innerhalb einer Organisation wechselseitig aufeinander (Nohl 2007, 66 f).

Eine Besonderheit von Organisationen stellen ihre formalen Regeln dar. Diese sind eine Art Rahmen, in dem sich die konkreten Regeln entwickeln, ohne als direkte und unmittelbare Handlungsanweisung zu fungieren, wie etwas ganz genau zu tun ist. Eine formale Regel kann von den Organisationsmitgliedern durch drei unterschiedliche Formen bearbeitet werden: *formale Regeln*

- toleriertes Unterleben
- milieugeprägte Umgangsweisen mit formalen Regeln
- informelle Regeln des Organisationsmilieus

Die formalen Regeln können unterlaufen werden, indem sie nicht beachtet werden, ihnen also zuwider gehandelt wird. Dies ist beispielsweise der Fall, wenn die Schüler/-innen im Unterricht untereinander Gespräche führen, während die Lehrperson der gesamten Lerngruppe etwas erklärt. Die formale Regel, dass die Schüler/-innen der Lehrperson zuhören, wird hier unterlaufen, es entsteht ein Unterleben. Dieses Unterleben kann akzeptiert und damit erlaubt werden, oder es kann vonseiten der Lehrperson sanktioniert werden (Nohl 2010, 199 ff). *Unterleben*

Die Mitglieder einer Organisation gehören sozialen Milieus an. Wenn habituelle Handlungsweisen und Praktiken, ihre milieugeprägte Alltagsgestaltung, das Handeln der Mitglieder auch im organisatorischen Kontext der Schule kennzeichnen, liegen milieugeprägte Umgangsweisen mit formalen Regeln vor. Dies erfolgt dann problemlos, wenn die formalen Regeln der Schule mittels des konjunktiven Erfahrungswissens verstanden und die damit verbundenen Erwartungen in den Praktiken realisiert werden. *milieugeprägter Umgang mit den Regeln*

Hannah ist in einer Familie sozialisiert, in der sie in ihrem Alltag herausgefordert ist, Entscheidungen zu treffen, z.B., ob sie lieber einen Apfel oder eine Banane essen möchte. Wird sie von ihren Eltern oder ihren älteren Geschwistern dazu aufgefordert, kann Hannah ihre Auswahl für das eine oder das andere auch begründen. Wenn Hannah im Unterricht aufgefordert wird zu begründen, warum sie sich im Rahmen der Wochenplanarbeit für Aufgaben aus dem Fach Mathematik entschieden hat, kann sie dies. Sie wendet die von zu Hause gewohnte Praktik an, Entscheidungen zu treffen und sie zu begründen. Hannah kann die formale Regel, ihre Arbeitsschritte zu begründen, aus ihrem Milieu heraus verstehen und bearbeiten.

Die dritte Variante der Bearbeitung formaler Regeln besteht in ihrer Konkretisierung durch informelle Regeln im Sinne eines Organisationsmilieus. Dieses Prinzip findet sich dort, wo mittels konjunktivem *informelle Regeln*

Verständnis der Organisationsmitglieder eine formale Regel in die Praxis übersetzt wird. Praktiken, die sich dabei als erfolgreich erweisen und sich derart durchsetzen, dass sie überindividuellen Charakter annehmen, werden als „Organisationsmilieu" bezeichnet. Sie stellen eine Konkretisierung der formalen Regel dar, die sich von einer direkten Handlungsbeschreibung unterscheidet. Sie bedürfen, wie für Milieus typisch, keiner Explikation, sondern beruhen auf Verstehen (Nohl 2007, 69 f).

Sezen ist mit ihrer Familie in eine andere Stadt gezogen und besucht eine neue Schule. Die Art und Weise wie ihre neue Lehrerin, Frau Stein, Schüler/-innen auswählt, die im Morgenkreis etwas berichten dürfen, unterscheidet sich von der, die sie aus ihrer alten Schule kennt. Sezen kann sich an den anderen Schüler/-innen orientieren, sie kann diese und ihre Praktiken, die informellen Regeln folgen, beobachten. Dies kann mimetisch und vorreflexiv erfolgen und ist nicht auf explizite Kommunikation angewiesen.

Organisationsmilieus
Die Entwicklung von Organisationsmilieus kann – langfristig – in die Formulierung formaler, neuer Regelungen münden. Hier manifestiert sich neues habituelles Handeln in der Organisation. Es ist dem eines Milieus vergleichbar, da es durch die Beobachtung anderer und mimetischer Lernprozesse angeeignet wird und den Akteuren und Akteurinnen in der Regel ausschließlich vorreflexiv zur Verfügung steht (Nohl 2010, 203 f).

Die kollektiv geteilten Regeln der Interpretation formaler Regeln beinhalten die impliziten Wissensbestände, die in der Organisation neu entstanden sind. Das so entstandene Organisationsmilieu wird folglich erst durch die Mitgliedschaft zur Organisation möglich. Die *Mitgliedschaftsrolle* ist also notwendige Voraussetzung für die Entwicklung einer organisationalen Milieuzugehörigkeit. Wie soziale Milieus auch, sind Organisationsmilieus vielschichtig und mehrdimensional. Innerhalb einer Schule lässt sich z. B. das Organisationsmilieu der Lehrkräfte von dem der Schüler/-innen unterscheiden, das wiederum in sich vielschichtig ist bzw. sein kann. Dass Schulen sich stark voneinander unterscheiden, ist Ausdruck unterschiedlicher Organisationsmilieus (Nohl 2007, 70).

Milieus in Organisationen
Die Handlungspraktiken innerhalb einer Organisation sind entsprechend durch zwei unterschiedliche Milieutypen bedingt: jene sozialen Milieus, denen die Organisationsmitglieder *angehören* und die sie in die Organisation einbringen und jene, die sich *in der Organisation selbst entwickeln*. Diese sind nicht identisch, stehen jedoch in Relation zueinander respektive sind aufeinander bezogen (Nohl 2010, 206).

Schule als Ort milieuübergreifender Verständigung und systema-   Diskriminierung
tischer Benachteiligungen sozialer Gruppen: Sowohl die Strukturen, d. h. die formale Ebene, als auch die Praktiken in Organisationen bergen Risiken systematischer Benachteiligungen und Schlechterstellungen spezifischer Schülergruppen. Innerhalb von Organisationen kann dies als „Diskriminierung" bezeichnet werden. Nohl (2010) hat unter Bezugnahme auf die soziologischen Arbeiten Luhmanns, Goffmans, Ortmanns und Bohnsacks ein Verständnis von „Organisation" und „Diskriminierung" entwickelt, das dies zu fassen ermöglicht (Nohl 2010, 195 ff). Die Ausführungen Bourdieus (1998) erweitern die Überlegungen Nohls (2010) um den expliziten Verweis auf die historische Entstehung formaler Regeln, in denen vorangegangene Auseinandersetzungen und Machtpositionen enthalten sind. Dies spiegelt sich zum einen in den Strukturen der Organisation der Schule wider, zum anderen in den kulturellen Praktiken, die im und durch das Organisationsmilieu tradiert werden.

Die Organisation der Schule eröffnet mithin Potenziale, um Lernen, Bildung und Sozialisation über die Grenzen von Milieus hinweg zu gestalten, und birgt zugleich Risiken systematischer Benachteiligung, also der Diskriminierung von Schüler / -innen bzw. von Schülergruppen. Eindimensionale Betrachtungen, die nur *eine* Milieudimension in den Blick nehmen, werden als „totale Identifizierung" bezeichnet. Wird diese Reduktion auf eine Erfahrungsdimension herangezogen, um die Handlungen und Praktiken einzelner Personen infrage zu stellen – und entlang dieser Zuschreibungen auch den Zugang oder die Mitgliedschaft innerhalb einer Organisation –, so ist dies diskriminierend. Im Rahmen von Organisationen finden diese Diskriminierungen im interaktiven Austausch der Beteiligten statt und können zugleich durch den organisatorischen Prozess hervorgebracht werden; als solche sind sie hochkomplex, da sich mehrere potenzielle Dimensionen miteinander verbinden und auch konfligieren können. Jenseits totaler Identifizierungen finden sich jene Identifizierungen, die nicht im Vorwege, sondern im *Nachhinein* mit Diskriminierung verknüpft werden, z. B. wenn festgestellt wird, dass eine soziale Gruppe schlechter gestellt ist als eine andere (Nohl 2010, 216 f).

Es gibt soziale Gruppen oder Milieus, die innerhalb von Schule   **Reifizierungs-**
kontinuierlich gegenüber anderen schlechter gestellt sind (Nohl 2010,   **problem**
213). Der Begriff „soziale Gruppe" bezieht sich hier nicht auf real vorhandene, sondern auf *konstruierte* Gruppen, wie beispielsweise „die Mädchen". In der Beschreibung selbst wird das Reifizierungsproblem

deutlich: Dass derartige Gruppen einerseits umschrieben werden müssen, um Diskriminierungspraktiken identifizieren zu können (z. B. in der statistischen Betrachtung von Benachteiligungen der Gruppe von Kindern und Jugendlichen mit Migrationshintergrund im deutschen Schulsystem); durch die Beschreibung der Gruppe wird diese andererseits als solche aber auch konstruiert und – in einer eindimensionalen Perspektive – betrachtet. Derartige Identifizierungen schließen andere Milieudimensionen aus, denen die Schüler/-innen ebenfalls angehören.

habitualisierte Zuschreibungen Die Mitgliedschaft zu Organisationen unterscheidet zwischen Mitgliedern und Nichtmitgliedern. Bezogen auf die Schule als Organisation insgesamt sind fast alle Kinder und Jugendlichen, die in Deutschland leben, Mitglieder in ihr, wenn auch in unterschiedlichen Suborganisationen, den verschiedenen Bildungsgängen bzw. Schulformen (in einigen Bundesländern sind Schüler/-innen ohne legalen Aufenthaltsstatus vom Schulbesuch ausgeschlossen (Gogolin 2011, 55)). Derartige Zuschreibungen können habitualisiert erfolgen, also unreflektiert und sich im Sprachgebrauch niederschlagen.

Die Gründe für diskriminierende Praktiken können auf den unterschiedlichen Ebenen der Organisation Schule greifen: *formale Regeln, informelle Regeln der Organisationsmilieus*, die *milieugeprägten Umgangsweisen mit formalen Regeln* und/oder das in ihr tolerierte *milieubedingte Unterleben*. Diese vier Formen können jeweils durch den Modus totaler Identifizierung einer sozialen Gruppe entstehen oder jenseits dieser (Nohl 2010, 224). Im Kontext der Organisation Schule sind folglich acht Typen systematischer Schlechterstellung zu unterscheiden:

- total identifizierte Diskriminierung: durch formale Regeln, durch informelle Regeln des Organisationsmilieus, durch milieugeprägte Umgangsweisen mit formalen Regeln und durch toleriertes milieubedingtes Unterleben
- Diskriminierung jenseits totaler Identifizierung: durch formale Regeln, informelle Regeln des Organisationsmilieus, milieugeprägte Umgangsweisen mit formalen Regeln und toleriertes milieubedingtes Unterleben (Nohl 2010, 224 ff)

Exklusion und Marginalisierung Ihnen allen ist gemeinsam, dass sie als Formen systematischer Benachteiligung zu Exklusionen, d. h. dem Ausschluss aus Bildungsgängen und/oder Lerngruppen, und/oder zu Marginalisierungen innerhalb dieser führen können. Letztere beziehen sich auf Schlechterstellung bzw. der Einnahme von Randpositionen innerhalb von Bildungsgängen und Lerngruppen.

Die aktuelle Konstitution der Schule als gesellschaftliche Organisation und ihre instituierten formalen Regeln sind Ausdruck historischer Auseinandersetzung, aus denen sie hervorgegangen sind und legitimiert wurden. Sie finden ihren Ausdruck in den heutigen formalen Regeln der Schule sowie den dort gängigen Handlungspraktiken, die sich in Organisationsmilieus niederschlagen. Im nachfolgenden Kapitel werden dieses formale Verständnis von Schule und ihre Aufgaben in der Gesellschaft vorgestellt. Als Teil des Bildungssystems sind der Organisation Schule Vorstellungen inhärent, wie Differenzen zu bearbeiten und herzustellen sind. Im *vierten Kapitel* liegt dann der Fokus auf den Praktiken, mit denen in der Schule systematische Formen der Benachteiligung hervorgebracht werden.

Zusammenfassung

Heterogenität und Homogenität beruhen auf unterschiedlichen bzw. auf gemeinsamen Erfahrungen, die Menschen in ihrem Alltag machen, und sind gleichzeitig Grundlage der Gestaltung ihrer Praktiken. Dieses praktische Wissen, über das Menschen – über explizites Wissen hinaus – verfügen, ist ihnen in der Regel nicht reflexiv zugänglich. Unterschiedliche Milieus kennzeichnen plurale Gesellschaften und stehen (auch) im Zusammenhang mit je verschiedenen Möglichkeiten des Zugangs zu gesellschaftlichen Gütern und der Teilhabe daran.
Werden Differenzen beschrieben, erfolgt dies durch Abstraktion von der Vielschichtigkeit von Milieus und ihren Praktiken. Insbesondere eindimensionale Zuschreibungen von Milieuzugehörigkeit bergen, aufgrund ihrer eingeschränkten Sicht, das Risiko diskriminierender Zuschreibungen. In Organisationen, wie der Schule, können Milieus, soziale Gruppen aufgrund ihrer Milieuzugehörigkeit und oder -zuschreibung systematisch benachteiligt werden.

2.4 Übungsaufgaben

Aufgabe 1 Wie hängen Heterogenität und Homogenität in einer sozial-konstruktivistischen Perspektive zusammen?

Aufgabe 2 Worauf kann sich die Aussage „die Klasse ist sehr heterogen" aus sozial-konstruktivistischer Sicht beziehen?

Aufgabe 3 Erläutern Sie, was innerhalb der praxeologischen Wissenssoziologie mit „Milieu" gemeint ist.

Aufgabe 4 Erstellen Sie eine Abbildung, die den Zusammenhang bzw. die Tauschoptionen der unterschiedlichen Kapitalsorten, die Bourdieu nennt, veranschaulicht.

Aufgabe 5 Nennen Sie Kriterien, anhand derer sich Milieus von Organisationen unterscheiden.

2.5 Literaturempfehlungen

Bohnsack, R. (2010): Rekonstruktive Sozialforschung. Einführung in qualitative Methoden. 8. Aufl. Verlag Barbara Budrich, Opladen/Farmington Hills

Bourdieu, P. (1998): Praktische Vernunft. Zur Theorie des Handelns. Suhrkamp, Frankfurt a. M.

Bourdieu, P. (1992): Die verborgenen Mechanismen der Macht. Schriften zu Politik und Kultur 1. Herausgegeben von Margareta Steinrücke. VSA-Verlag, Hamburg

Bourdieu, P. (1987): Sozialer Sinn. Kritik der theoretischen Vernunft. Suhrkamp, Frankfurt a. M.

Emmerich, M., Hormel, U. (2013): Heterogenität – Diversity – Intersektionalität. Zur Logik sozialer Unterscheidungen in pädagogischen Semantiken der Differenz. Springer VS, Wiesbaden

Gomolla, M. (2009): Heterogenität, Unterrichtsqualität und Inklusion. In: Fürstenau S., Gomolla, M. (Hrsg.): Migration und schulischer Wandel: Unterricht. VS Verlag für Sozialwissenschaften, Wiesbaden, 21–43.

Koller, H. C., Casale, R., Ricken, N. (Hrsg.) (2014): Heterogenität. Zur Konjunktur eines pädagogischen Konzepts. Ferdinand Schöningh, Paderborn

Krais, B., Gebauer, G. (2002): Habitus. transcript, Bielefeld

Lorenz, A., Lépine, R. (2014): Pierre Bourdieu. Philosophie für Einsteiger. Wilhelm Fink, Paderborn

Mannheim, K. (1980): Strukturen des Denkens. Suhrkamp, Frankfurt a. M.

Nohl, A.-M. (2010): Konzepte interkultureller Pädagogik. Eine systematische Einführung. 2. Aufl. Verlag Julius Klinkhardt, Bad Heilbrunn

Trautmann, M., Wischer, B. (2011): Heterogenität in der Schule. Eine kritische Einführung. VS Verlag für Sozialwissenschaften, Wiesbaden

Wenning, N. (1999): Vereinheitlichung und Differenzierung. Zu den „wirklichen" gesellschaftlichen Funktionen des Bildungswesens im Umgang mit Gleichheit und Verschiedenheit. Leske + Budrich, Opladen

Hier gelangen Sie in der Lern-App zum Buch zu weiteren Fragen zu Kapitel 2:

Hex-Code: F

3 Schule: Institutionelle Bearbeitung und Herstellung von Differenzen

In diesem Abschnitt soll die Schule in ihrem Verständnis als Organisation betrachtet werden. Die formalen Regeln, die sie kennzeichnen, werden hierbei fokussiert; dabei wird auf die theoretischen Ausführungen des vorangegangenen Kapitels zurückgegriffen. Im Zentrum stehen jene formalen Regeln, die sich in den Strukturen der Organisation niedergeschlagen haben und Benachteiligungen sozialer Gruppen hervorrufen bzw. beinhalten.

Mit dieser Zielsetzung orientiert sich das Kapitel an dem folgenden Aufbau: In einem ersten Abschnitt werden die gesamtgesellschaftlichen Funktionen der Schule, also ihre Aufgaben konkretisiert *(siehe Kapitel 3.1)*. Anschließend wird die historische Herausbildung jener Strukturen beschrieben, die heute einen wesentlichen Teil im Umgang mit Heterogenität in der Schule ausmachen *(siehe Kapitel 3.2)*. In einem dritten Abschnitt wird die Bedeutung formaler Regeln der Schule für die Unterrichtsgestaltung am Beispiel der Notengebung konkretisiert und illustriert *(siehe Kapitel 3.3)*.

3.1 Funktionen der Schule in der Gesellschaft

Reproduktion und Innovation Die Schule übernimmt als pädagogische Organisation zwei zentrale Aufgaben für die und in der Gesellschaft: Reproduktion und Innovation. Die Heranführung der je nachwachsenden Generation an das gesellschaftliche Wissen, an die gesellschaftlichen Fähigkeiten und ihre Werte sowie die Einführung darin sind notwendig, um die Gesellschaft in ihrer bestehenden Form zu reproduzieren. „Innovation" verweist auf die Weiterentwicklung und Verbesserung der Gesellschaft (Fend 2008, 49). Fend konkretisiert die Aufgaben innerhalb seines strukturfunktionalistischen Ansatzes in den vier Funktionen:

- Enkulturation oder Bildung
- Qualifikation
- Allokation und Selektion
- Legitimation oder Integration

Die Funktionen können analytisch voneinander getrennt werden, sie fungieren jedoch im Zusammenhang und stehen im Widerspruch zueinander (Braun/Wetzel 2001; Fend 2008, 49 ff). Je nach sozialem und historischem Zusammenhang können die Funktionen anders gefüllt werden. Unter den gegebenen gesellschaftlichen Rahmenbedingungen einer zugleich kapitalistischen und demokratischen Gesellschaft stehen die vier Funktionen im Widerspruch zueinander (Braun/ Wetzel 2001, 375 f; Rihm 2006, 398 f).

Die *generationelle Weitergabe kultureller Sinnsysteme* wird als **Enkulturation** „Enkulturation" bezeichnet. Die kulturellen Errungenschaften umfassen jene kulturellen Symbolsysteme, die zur Verständigung über materielle und soziale Sachverhalte von Menschen entwickelt und generiert wurden und im Alltag Anwendung finden. Hierzu zählt beispielsweise die Sprache. Zu den grundlegenden kulturellen Fertigkeiten und Verständigungsformen zählt auch eine kritisch-reflexive Auseinandersetzung mit den Lebensbedingungen in demokratischkapitalistischen Gesellschaften (Braun/Wetzel 2001, 377).

Die Qualifikationsfunktion beinhaltet das Ziel, der nachwachsenden **Qualifikation** Generation entsprechende *Kompetenzen* zu vermitteln, um am *ökonomischen Arbeitsprozess* teilhaben zu können. Die hierzu notwendigen Fähigkeiten, Fertigkeiten, Erfahrungen, Erkenntnisse wie auch Bereitschaften sind gleichermaßen auf den allgemeinen, gesamtgesellschaftlichen Arbeitsprozess gerichtet und auf den individuellen Reproduktionsprozess, sich versorgen zu können. Neben fachlichen Qualifikationen vermittelt die Schule auch extrafunktionale wie Teamfähigkeit, Kooperationsbereitschaft und Flexibilität (Braun/Wetzel 2001, 376).

Die Qualifikationsfunktion ist an dem Ziel orientiert, die wirtschaftliche Wettbewerbsfähigkeit der Gesellschaft aufrechtzuerhalten und zu verbessern. Als solche hat sie eine Bedeutung im Konkurrenzkampf mit anderen Wirtschaftsstandorten (Fend 2008, 50).

Die Allokationsfunktion verweist auf *gesellschaftliche Positions-* **Allokation** *verteilungen*, orientiert am Leistungsprinzip. Individuelle Leistung wird in Schulnoten ausgedrückt, die in Form von Zeugnissen und Bildungszertifikaten Übertrittsmöglichkeiten in (schulische) Bildungs- und Ausbildungsgänge sowie auf den Arbeitsmarkt eröffnen bzw. verschließen. Die Schule reproduziert die gesellschaftliche Sozialstruktur durch die Zuweisung zu Bildungs- und Berufspositionen, die unterschiedliche Formen der Qualifikation erfordern. Mittels der Ausstellung unterschiedlicher Bildungszertifikate unterstützt und legitimiert die Schule diese Prozesse, die Ausdruck von Selektion sind (Braun/Wetzel 2001, 376).

Legitimation Die Legitimationsfunktion, die zuweilen auch als „Integrationsfunktion" bezeichnet wird, fokussiert weniger den Arbeitsmarkt und damit das zukünftige Sein der Kinder und Jugendlichen als Wirtschaftsbürger/-innen, sondern die politische Konstitution der Gesellschaft und die Loyalität ihr gegenüber. In demokratisch organisierten Gesellschaften ist die politische Praxis auf eine außerparlamentarische Anerkennung ihrer Entscheidungen angewiesen. Dies beinhaltet auch, Formen der Ungerechtigkeit zu akzeptieren, die innerhalb der Gesellschaft bestehen.

Die Schule hat die Aufgabe, die Einsicht zu vermitteln, dass politisch-gesellschaftliche Entscheidungen und Entscheidungsvorgänge legitim sind. Gleichzeitig ist es in einer demokratischen Ordnung das Ziel, alternative Vorstellungen und Partizipationsmöglichkeiten aufzuzeigen. Diese Forderung betrifft nicht nur den Politik- und Geschichtsunterricht, in denen über diese Inhalte gesprochen wird, sondern auch die Gestaltung des sozialen Miteinanders (Braun/Wetzel 2001, 376 f.).

struktureller Zielkonflikt Die Schule als Organisation ist – entlang ihrer gesellschaftlichen Funktionen – in einen strukturellen Zielkonflikt eingebunden. Insbesondere die *Bildungs-* und die *Selektionsfunktion* gelangen häufig in Widerspruch zueinander. In Bezug auf die Frage der Bearbeitung von Differenzen zeigt sich dies darin, dass die Schule zugleich Unterschiede zwischen Schüler/-innen ausgleichen und herstellen soll. Dieser strukturelle Zielkonflikt ist konstitutiv für die Schule (Rihm 2006, 399).

3.2 Differenzbearbeitung durch die Schule im Wandel der Zeit

Wie ein roter Faden zieht sich die Frage nach der Bearbeitung von Differenz durch die Geschichte der Schule und ihren formal rechtlichen Rahmen. Die Differenzbearbeitung liegt im Widerstreit zwischen der *Sicherung und dem Abbau von Privilegien* und den *Zugangsmöglichkeiten zu Bildung* (Herrlitz et al. 2009, 15). Die heute vorzufindenden formalen Regeln der Schule, die auch in struktureller Hinsicht zum Ausdruck kommen, haben sich in historischen Auseinandersetzungen herausgebildet. Diesen soll hier nachgegangen werden, indem ein Blick in die Geschichte des bundesdeutschen Schulwesens geworfen wird.

Die Darstellungen, die hier ohne Details auskommen müssen, fokussieren die Bearbeitungs- und Herstellungsformen von Differenzen sowie die leitenden Erklärungen für die Letztgenannten. In der Darstellung sollen drei Schwerpunkte gesetzt werden: die Zeit der Herausbildung des Leistungsprinzips als Zugang zu Bildung *(siehe Kapitel 3.2.1)*, die Entwicklungen seit der Mitte des 20. Jahrhunderts *(siehe Kapitel 3.2.2)* sowie aktuelle Entwicklungen seit der Jahrtausendwende *(siehe Kapitel 3.2.3)*.

3.2.1 Umbruch: Lösung vom Ständeprinzip und Einführung des Leistungsprinzips

Die Entwicklung und Gestaltung des öffentlichen Schulwesens in der Bundesrepublik Deutschland, wie wir es heute kennen, geht wesentlich auf die gesellschaftlichen Modernisierungsprozesse des 18. und 19. Jahrhunderts in Preußen und später in Deutschland zurück. Die Industrialisierung und die Ablösung der ständischen Gesellschaft zugunsten einer kapitalistisch-bürgerlichen, in der die Menschen sich als freie und gleichberechtigte Bürger (zu Beginn waren es tatsächlich nur Männer) treffen, führte zu umfassenden Reformen im Bildungsbereich. Zentrale Merkmale des Umbruchs waren die Durchsetzung einer allgemeinen Schul- bzw. Unterrichtspflicht, die Verankerung eines Berechtigungswesens, das den Zugang zu Bildungsinstitutionen und Bildungsgängen reglementierte, und die Einführung des Leistungsprinzips (Ackeren / Klemm 2009, 13). Diese Leitgedanken wurden nicht unmittelbar und stringent umgesetzt, sondern blieben zunächst – im Zuge politisch-gesellschaftlicher Auseinandersetzungen – Orientierungspunkte. Dies kommt in der zentralen Unterscheidung zwischen höherer und niederer Bildung zum Ausdruck: Beide verfolgen je verschiedene Bildungsziele und eröffnen verschiedene anschließende Bildungsgänge und/oder Berufspositionen.

gesellschaftliche Modernisierungsprozesse

Obwohl die allgemeine Schulpflicht in Preußen bereits Ende des 18. Jahrhunderts ausgerufen wurde, setzte sie sich erst wesentlich später flächendeckend durch. So lag die Schulbesuchsquote 1846 in Preußen erst bei 82 % der Schüler/-innen (Herrlitz et al. 2009, 50 f).

allgemeine Schulpflicht

Die Leistungsorientierung der Gesellschaft greift den gesellschaftlichen Emanzipationsprozess von der Ständegesellschaft auf. Während in letztgenannter per Geburt die (beruflichen) Lebenschancen und gesellschaftlichen Positionen vorgegeben und tatsächlich erbrachte Leistungen nachgeordnet waren, löste das Leistungsprinzip diese Perspektive ab. Leistung wurde damit zum Verteilungsprinzip (Sacher 2004, 15) und das Leistungsprinzip löste jenes der Standeszugehörig-

Leistungsorientierung

keit im Zugang zu höherer Bildung ab (Ackeren / Klemm 2009, 13). Hierin drückt sich auf staatlicher Ebene eine Homogenisierung aus: Die Gleichheitsannahme eines jeden sollte durch *Gleichbehandlung* erreicht werden (Wenning 1999, 197).

Abgrenzung   Das einst emanzipatorische Moment des Leistungsprinzips verlor im 19. Jahrhundert insofern an Bedeutung, als die vormals dem Adel zugestandenen Privilegien nun zwar mit dem Bürgertum geteilt, jedoch gleichzeitig zur Abgrenzung gegenüber dem Proletariat herangezogen wurden. Die Sicherung von Privilegien im Zugang zu höherer Bildung erfolgte wesentlich entlang der zentralen Bedeutung, die der Sprache im Kontext von Bildungs- und Lernprozessen beigemessen wurde (Sacher 2004, 16). Aspekte, die auch heute noch, wie im *vierten Kapitel* detailliert ausgeführt wird, von elementarer Bedeutung sind, wenn es um Benachteiligungen im Kontext schulisch-unterrichtlicher Lern- und Bildungsmöglichkeiten geht.

Von den Reformen, die im Zuge der Ablösung der ständischen durch eine bürgerliche Gesellschaft im Bereich der Bildung vollzogen wurden, profitierte v. a. die Beamtenschaft, also das Bildungsbürgertum. Diesem gelang es, jene Bildungsprivilegien für sich zu sichern und zu stärken, die zuvor nur den Adeligen und Feudalherren offenstanden. Zugleich fand eine Abgrenzung gegenüber dem sich neu entwickelnden Wirtschaftsbürgertum statt und die doppelte Abgrenzung gegenüber der Volksbildung wurde gestärkt. Es entwickelte sich ein höheres und ein niederes Schulwesen, später kam ein mittleres Schulwesen hinzu (Herrlitz et al. 2009, 43).

Berechtigungs-   Die *höhere Bildung*, die an Gymnasien zu erwerben und dem Ge-
wesen   danken der Allgemeinbildung verpflichtet war, folgte den Ideen des Neuhumanismus, in denen Pädagogik und Politik eng miteinander verknüpft und mit der Staatsfunktion gekoppelt waren. Die zukünftigen Staatsbeamten wurden an den Universitäten, die eine gymnasiale Bildung voraussetzten, ausgebildet. Es setzte sich ein „Berechtigungswesen" durch, Vorläufer des heutigen Abiturs, das den Zugang über die Universität in den Staatsdienst eröffnete. Zunächst mussten nur diejenigen eine Prüfung als Zulassungsvoraussetzung ablegen, die ein Studium nicht mit familiärem Kapital finanzieren konnten, also Kinder ärmerer Bevölkerungsschichten. Sie waren auf ein Stipendium angewiesen. Jugendliche, deren Familien für das Studium aus eigenen Mitteln aufkommen konnten, mussten sich keinerlei Prüfungen unterziehen (Ackeren / Klemm 2009, 16 f).

niedere und höhere   Konträr zu den Prinzipien gymnasialer Bildung stehen die der *Volks-*
Bildung   *bildung*, die sich neben Grundlagen in den Kulturtechniken – Lesen,

Schreiben und Rechnen – an religiösen Aspekten orientiert. Das Interesse an der Volksbildung war v. a. ein politisches. Die Legitimation der gesellschaftlichen und sozialen Ordnung und die Loyalität ihr gegenüber sollte über alle Bevölkerungsschichten hinweg gesichert sein. Der Beitrag der Volksschule lag darin, diese Loyalität in den bäuerlichen und Arbeitermilieus zu sichern. Ende des 19. Jahrhunderts wurde die Volksschule als *Herrschaftsmittel* gegen die erstarkende sozialdemokratische Bewegung eingesetzt (deren Ziele sich auch auf einen gleichberechtigten Zugang zu höherer Bildung bezogen), indem in der Schule gegen die sozialdemokratischen Ideen gearbeitet wurde (Herrlitz et al. 2009, 111 ff).

Mit der *Realschulgründung* setzte sich das wirtschaftliche Bürgertum damit durch, höhere Bildungsmöglichkeiten für diejenigen Schüler/-innen zu schaffen, deren Ziel nicht die Arbeit im Staatsdienst ist, sondern in der Wirtschaft. Die Realschulgründungen erfolgten Ende des 19. Jahrhunderts und sind als Ausdruck gesellschaftlicher Auseinandersetzungen im Zugang zu höherer Bildung zu verstehen (Herrlitz et al. 2009, 108 ff). Realschulgründung

Die Unterscheidung zwischen höherer und niederer Bildung trennte Menschen unterschiedlicher *sozio-ökonomischer Milieus* voneinander. Separation erfolgte darüber hinaus entlang der Differenzdimensionen *Geschlecht* und *Behinderung*. Letztgenannte wurden zuschreibend entlang biologischer Merkmale vorgenommen und begründet. Die Argumentationen für geschlechtliche und behinderungsbedingte Separation geben Hinweise auf die leitenden und sich gegenüber anderen Positionen durchsetzenden Differenzvorstellungen.

Koedukation: Die Frage nach Koedukation, also der gemeinsamen Beschulung von Mädchen und Jungen, in Preußen und schließlich auch in der Bundesrepublik Deutschland ist eng mit der Frage nach staatlicher Verantwortung für Bildungs- und Erziehungsprozesse verbunden. Im 18. Jahrhundert richtete der Staat seine Aufgaben im Rahmen von Bildung und Erziehung wesentlich auf die Sicherung staatsbürgerlicher Aufgaben. Da diese von Jungen bzw. Männern übernommen wurden und die hierfür notwendigen Qualifikationen durch höhere Bildung zu erwerben war, waren die staatlichen Überlegungen zur Organisation des Schulwesens, zu den Lehrplänen und zur Ausbildung des Lehrpersonals auf die Gruppe der Jungen gerichtet. geschlechtsspezifische Rollenvorstellungen

Die damals unterschiedliche Rechtsstellung der Geschlechter fand folglich ihren Ausdruck im Bereich der schulischen Bildung und

Erziehung. Für die Mädchen lagen die Bildungs- und Erziehungsziele sowie die Forderungen für höhere Bildung zur damaligen Zeit wesentlich darin, ihnen jenes Wissen zu vermitteln, das sie befähigte, gute Ehefrauen und Mütter zu werden. Die erstgenannte Rolle umfasste z. B. die Auseinandersetzung mit höheren Künsten, um dem Ehemann eine interessante Gesprächspartnerin sein zu können. Die Ausrichtung und Unterordnung der Bildungsziele für Frauen auf die Männer wird hier besonders deutlich. Koedukative staatliche Erziehungs- und Bildungsprozesse hätten zu diesen Vorstellungen geschlechtlicher Ordnung im Widerspruch gestanden.

Zeitgleich wurde die Volksbildung, v. a. in den ländlichen Regionen, koedukativ organisiert, allerdings nur in räumlicher Hinsicht: Während Jungen und Mädchen zwar in einem Klassenzimmer saßen, wurden die unterrichtlichen Lehr- und Lernprozesse meist geschlechtsbezogen organisiert und strukturiert: Handarbeitende Tätigkeiten stellten einen wesentlichen Bezugspunkt für Lernanlässe der Mädchen dar. Während sie handarbeitend tätig waren, unterrichtete die Lehrperson (in der Regel ein Lehrer) die Jungen (Faulstich-Wieland 1991, 10 ff).

Erweiterung der Bildungsmöglichkeiten
Vor dem Hintergrund der Ausbreitung des Kapitalismus im 19. Jahrhundert wurden zunehmend Arbeitskräfte gebraucht. Diese konnten nicht mehr allein aus der Gruppe der Männer rekrutiert werden. Also bot sich der Anlass, den Zugang zu Bildung auch für Mädchen und Frauen zu ermöglichen. Neben Fragen zu den Bildungsinhalten, die weiterhin wesentlich aus den geschlechtsspezifischen Vorstellungen über die Arbeitsteilung gespeist waren, wurden nun Fragen nach der Zuständigkeit für die höhere Mädchenbildung gestellt. Die Forderung, dass Frauen hierfür Verantwortung übernehmen, wurde verbunden mit der Frage nach der Leitung von Schulen für höhere Mädchenbildung (Faulstich-Wieland 1991, 14 f).

Entlastung der Volksschule
Hilfsschulgründungen: Erste „Hilfsschulen", so wurden die Schulen für Kinder und Jugendliche mit sonderpädagogischem Unterstützungsbedarf im Förderschwerpunkt Lernen damals genannt, wurden Ende des 19. Jahrhunderts gegründet. Sie richteten sich an jene Schüler/-innen, die im Unterricht der Volksschulen nicht mitkamen. Die Ursachen des Scheiterns wurden mit einer *individuellen Minderbegabung* erklärt, wobei der Anteil der Volksschulen am schulischen Versagen der Schüler/-innen ausgeblendet wurde (Werning/Lütje-Klose 2012, 35). Die Pathologisierung – verstanden als die von einer genetisch-biologischen Norm bestehende Abweichung, die im Kind/Ju-

gendlichen verortet ist – der Andersartigkeit der Schüler/-innen legitimierte, dass nicht die Volksschulen für sie zuständig waren, sondern die Hilfsschulen.

Die Hilfsschulen wurden also zur Entlastung der Volksschulen gegründet. Der Unterricht in ihnen wurde individueller und auf die Bedürfnisse der Kinder abgestimmt gestaltet. Bereits damals gab es Widerspruch gegen die Einrichtung von Hilfsschulen. Er entfaltete sich am Begriff des sogenannten „Schwachsinns" und der Ausblendung des Anteils der Volksschulen am schulischen Versagen der Schüler/-innen (Werning/Lütje-Klose 2012, 29 f.).

Gesellschaftlich waren zwei Aspekte mit der Einrichtung von Hilfsschulen für sogenannte „schwachsinnige Kinder" verbunden: eine Reduzierung der Sozialausgaben, indem die Schule die Schüler/-innen „sozial brauchbar" machte, und die Erzeugung von Loyalität gegenüber staatlicher Obrigkeit. Die Qualifikationsfunktion der Schule war damit auf einfache Tätigkeiten des Arbeitslebens gerichtet; die Schule sollte darauf vorbereiten.

Herstellung von Loyalität

Wie heute auch, kamen die Schüler/-innen der Hilfsschule aus prekären Lebenssituationen, die von Armut gekennzeichnet waren (*siehe Kapitel 4.1.1*). Die Integrationsfunktion der Hilfsschule richtete sich (auch) auf die Loyalität der Schüler/-innen gegenüber der Verteilung von Reichtum in der Gesellschaft. Auch den Forderungen der sozialdemokratischen Arbeiterbewegung, Bildungsmöglichkeiten für alle vorzusehen, wurde mit der Hilfsschule begegnet. Die Hilfsschule hatte auch präventive Aufgaben, namentlich Kriminalität vorzubeugen (Werning/Lütje-Klose 2012, 31 f.).

Vergleichbar der binären Rollenvorstellungen zur Differenzdimension Geschlecht wurden im Bereich der Hilfsschulbedürftigkeit biologische oder genetische Voraussetzungen als Gründe für die Einrichtung spezifischer Bildungsorganisationen und -ziele angeführt. Ein vergleichbares ontologisierendes Verständnis wurde für Körper- und Sinnesbehinderungen herangezogen. Wenn auch nicht in vergleichbarer Weise (beim Geschlecht wurde im Gegensatz zur Behinderung nicht von einer Pathologie ausgegangen), ist dies im Bereich des Sonderschulbesuchs leitendes Erklärungsprinzip gewesen.

Für Kinder und Jugendliche ohne deutsche Staatsangehörigkeit gab es bis Mitte der 1960er-Jahre keine Schulpflicht in Deutschland (Mecheril 2010a, 56), sodass auch hier ein Ausschluss stattfand. Dieser erfolgte jedoch über die Staatszugehörigkeit und nicht entlang biologischer Kriterien.

gemeinsame vierjährige Grundschule Die beschriebenen Strukturen waren bis Anfang des 20. Jahrhunderts leitend im Schulsystem. Reformpädagogische Überlegungen und das sozialdemokratische Erstarken von Forderungen führten zur Errichtung entsprechend ausgerichteter Schulen. Sie können als *Kritik an der bestehenden Schule* verstanden werden. Mit der Reichsschulkonferenz aus dem Jahr 1920 setzte sich in Deutschland eine vierjährige Volksschule durch, die von allen Schüler/-innen besucht werden sollte – mit Ausnahme derjenigen, die in Sonderschulen (so vorhanden) unterrichtet wurden. Anschließend besuchten die Schüler/-innen die Oberstufe der Volksschule, die Mittelschule oder das Gymnasium. Den drei Schulformen lagen unterschiedliche Konzepte und Vorstellungen von Bildung zugrunde, ebenso wie die zeitliche Dauer des vorgesehenen Schulbesuchs und die Erlangung des – an die jeweilige Schulform gekoppelten – Bildungszertifikats. Diese Schulformen sind die Vorläufer der heutigen Haupt- und Realschulen sowie des Gymnasiums bzw. der Bildungs- und Rahmenpläne/Lehrpläne, die mit diesen Bildungsgängen verbunden sind. Die Unterschiede zwischen den Schulformen drückten und drücken sich in einer Leistungshierarchie aus, an deren Spitze neun-, heute teilweise auch achtstufige Gymnasien stehen (Ackeren/Klemm 2009, 35).

3.2.2 Ausweitung formaler Gleichheit, bestehende Ungleichheit

Während der Herrschaft der Nationalsozialisten, die sich an einem hochdistinktiven Verständnis von Menschsein ausrichtete und an der die Schule und ein Teil der Lehrerschaft aktiv beteiligt waren, war Rassismus das leitende Prinzip der Bearbeitung von Differenzen im Kontext von Schule und Unterricht. Der Zugang zu Schule und Unterricht wurde entlang „völkischer Zugehörigkeit" organisiert (Herrlitz et al. 2009, 139ff). Kinder und Jugendliche mit Behinderungen wurden sterilisiert – ein Akt, der durch das Gesetz zur „Verhütung erbkranken Nachwuchses" geregelt und „legitimiert" war (Ellger-Rüttgardt 2008, 242ff).

Vor diesem Hintergrund historischer Erbschaft, der alle Teile des Schulsystems betraf, wurden nach Ende des Zweiten Weltkriegs zwei deutsche Staaten gegründet, die unterschiedliche gesellschaftlich-politische Wege einschlugen. Diese Wege zeigten sich auch in der Gestaltung von Schule und Unterricht (Braun/Wetzel 2001, 371). Im Folgenden soll der Weg der Bundesrepublik nachgezeichnet werden.

Die Gestaltung des Schulsystems in der BRD knüpfte wesentlich an die Situation der Weimarer Republik an, also an die Zeit unmittelbar vor der Machtübernahme durch die Nationalsozialisten. Erhalten geblieben ist damit auch der anhaltende Widerstreit zwischen der Sicherung von Bildungsprivilegien und der Bemühung der Realisierung von Chancengleichheit. Resümierend kann vorweggenommen werden, dass die grundlegende schulische Struktur und ein leistungsorientiertes Berechtigungswesen erhalten geblieben sind, es aber zahlreiche Reformansätze und -bemühungen gab und gibt, die zu Veränderungen geführt haben und führen. Dies gilt sowohl für die Phase von 1960 bis Ende des letzten Jahrhunderts als auch für die Zeit nach der Jahrtausendwende bis heute – die zeitlich mit der PISA-Studie zusammenfällt.

Schulsystem in der BRD

Nach der Beendigung des Zweiten Weltkrieges sahen die alliierten Besatzungsmächte (USA, Frankreich und Großbritannien) grundlegende Veränderungen des Schulsystems vor, mit den Zielen der Entnazifizierung und Demokratisierung. Ihre Vorschläge bezogen sich auf die schulische Struktur, die zugunsten einer Gesamtschule nach US-amerikanischem Vorbild (die keine vertikale Gliederung kennt) sowie einer Revision der Inhalte gestaltet werden sollte. Staatsbürgerliche Erziehung und eine demokratische Grundhaltung waren hierbei leitende Ziele. Die auf die Struktur und Kultur der Schule bezogenen Vorschläge gingen über die Ebene programmatischer Erklärungen jedoch nicht hinaus, und die als dreigliedrig bekannte schulische Struktur, die mit den Sonderschulen viergliedrig ist, wurden wiederhergestellt (Herrlitz et al. 2009, 158).

Die Mehrgliedrigkeit als Organisationsform der Schule findet ihren Ausdruck nicht nur auf der Ebene von Schulformen, sondern in weiteren Praktiken der Schule, v. a. in Klassenwiederholungen, Abschulungen in weniger Perspektiven eröffnenden Schulformen und in der Zurückstellung vom Schulbesuch (Bathe et al. 2010, 16).

Inhaltliche Reformen und eine Expansion des Bildungswesens kennzeichnen die Diskurse und Entwicklungen, die zwischen 1960 und 2000 innerhalb des Schulsystems leitend waren. Trotz des Erhaltes der Mehrgliedrigkeit in Form von Sonderschule, Hauptschule, Realschule und Gymnasium gab es Angleichungen zwischen den hierarchisch zueinander stehenden Schultypen. Diese lagen auf der inhaltlichen Ebene, wie es die Formulierung des Allgemeinbildungsanspruchs aller Bildungsgänge zum Ausdruck bringt.

Bildungsexpansion und Reformbestrebungen

Mit Gesamtschulen wurden integrierte Unterrichtsformen entwickelt, an denen Schüler/-innen unterschiedlicher Bildungsgänge teilnahmen. Begleitet durch ein allgemeines Wirtschaftswachstum, das zur Hebung des Lebensstandards insgesamt führte, kam es dadurch zwar zu einer Bildungsexpansion – aber nicht zu grundlegenden Bildungsreformen. Diese scheiterten an politischen und gesellschaftlichen Widerständen (Herrlitz et al. 2009, 181 f.).

Neben der Strukturierung des Schulsystems ist Ende der 1960er-Jahre eine zweite Diskussionslinie aufgetaucht, welche die Frage nach der Reproduktion sozialer Ungleichheit durch die Schule aufgreift. Sie firmiert unter dem Stichwort der „Ausschöpfung der Begabungsreserven", das im Zuge der „deutschen Bildungskatastrophe" (Picht 1965) proklamiert wurde (Brake/Büchner 2012, 35). In Verbindung mit den Zugangsmöglichkeiten zu Formen höherer Bildung führte dies zum Ausbau des Bildungswesens und war auf das gesamtgesellschaftliche Ziel gerichtet, wirtschaftlich wettbewerbsfähig (v. a. während des Kalten Krieges) zu sein. Breitere Bevölkerungsschichten konnten anspruchsvollere Bildungsgänge besuchen und länger zur Schule gehen (Herrlitz et al. 2009, 181 ff.). Diese sogenannte „Bildungsexpansion" hat zu einer Ausweitung des Bildungswesens geführt, in der mehr Schüler/-innen höhere Schulformen besuchen und abschließen konnten (Brake/Büchner 2012, 34). Dennoch zeigen die internationalen Vergleichsstudien, dass Bildung ebenso wie Zugangsmöglichkeiten zu Bildungsorganisationen in Deutschland wesentlich mit sozialen Merkmalen, also Milieuzugehörigkeit, korrelieren – dies gilt gleichermaßen für die Schweiz (Zahner Rossier/Holzer 2007, 43) wie für Österreich (Schwantner/Schreiner 2010, 40).

Koedukation Die Aufhebung geschlechtshomogener Lerngruppen und Schulen setzte sich in der Bundesrepublik Deutschland in den 1960er-Jahren flächendeckend durch. Die Mädchen wurden in Bildungsgängen der Jungen zugelassen; allerdings ohne, dass Inhalte, Methoden und Didaktik dieser Situation angepasst wurden (Faulstich-Wieland 1991, 30 ff).

Ausbau des Sonderschulwesens Der Deutsche Bildungsrat formulierte 1972 das erste politische Dokument, das den gemeinsamen Unterricht von Kindern mit und ohne Behinderung vorschlug (Schnell 2003, 78). In den KMK-Empfehlungen von 1972, die maßgeblich zum Ausbau des Sonderschulwesens führten bzw. es legitimierten, wurden die Ideen der Kommission jedoch nicht aufgenommen. Die institutionelle Sichtweise auf Behinderung ist charakteristisch für die Empfehlungen, denen alle Bundesländer zugestimmt haben. Schüler/-innen, die in der allgemeinen Schule „scheitern", galten nach dem Dokument als „sonderschulbedürftig". Die Förderung und Unterstützung, die diesen Schüler/-innen zukommen sollte, war folglich an die Institution der Sonderschule gebunden. Zehn unterschiedliche Sonderschulen waren vorgesehen:

für Blinde, Gehörlose, geistig Behinderte, Körperbehinderte, Kranke mit Hausunterricht, Lernbehinderte, Schwerhörige, Sehbehinderte, Sprachbehinderte und Verhaltensgestörte. Sie hatten je unterschiedliche Aufgabenbereiche, die sich an verschiedene Gruppen von Schüler/-innen richteten (KMK 1972, 23 ff).

In den KMK-Empfehlungen von 1972 wurde die Differenzkategorie der Sonderschulbedürftigkeit als Beschreibung für Behinderung gewählt. Sie steht im Kontrast zur „Normalschulfähigkeit"; über den Besuch der Schulform wurde Behinderung definiert. Den Empfehlungen liegt somit ein *kategoriales Verständnis von Behinderung* zugrunde, das sich in den Schulformen ausdrückt. Diese finden sich in der Ausrichtung des deutschen Schulsystems wieder, ebenso wie in der Schweiz und in Österreich (wenn auch in den beiden letztgenannten mit teilweise anderer Bezeichnung).

3.2.3 Entwicklungen und Diskurse seit 2000

Trotz der Bildungsexpansion in den 1960er-/1970er-Jahren ist die Ungleichheit im Zugang zu schulischer Bildung bis heute erhalten geblieben. Die Veröffentlichung der ersten PISA-Studie im Jahr 2001 hat Bewegung in die Diskussionen um die Gestaltung der Schule in der Gesellschaft gebracht. Im Rückblick kann sie als Initialmoment für Entwicklungsimpulse von Schule und Unterricht gesehen werden, die durchaus kritisch zu betrachten sind. Mit der Studie lagen empirische Daten vor, die vergleichend aufzeigen, dass das deutsche Schulsystem seinen Anspruch auf Chancengleichheit nicht nur nicht erfolgreich, sondern auch wesentlich erfolgloser als alle anderen an der Studie beteiligten Staaten meistert (PISA-Konsortium 2001, 372 ff).

PISA-Studie

Die Reformüberlegungen, die im Anschluss hieran gestartet wurden, haben mit jenen der 1960er- und 1970er-Jahre gemeinsam, dass *Restaurationen* bestehender Strukturen vorgenommen wurden statt grundlegender Reformen. Entlang der Begriffe „Schuleffektivität" und „Schulqualität", die den Übergang von einer Input- zu einer Output-Steuerung des Bildungswesens markieren, wurden Veränderungen im Bereich der Unterrichtsqualität initiiert (Gomolla 2010, 246 f) *(siehe Kapitel 3.3)*. Zudem sind Veränderungen der Schulstruktur von bildungspolitischer Seite zugunsten einer *Zweigliedrigkeit* bzw. Dreigliedrigkeit mit den Sonderschulen in zahlreichen Bundesländern veranlasst worden; dies allerdings unter Beibehaltung unterschiedlicher Bildungsgänge (Hauptschule, Realschule, Gymnasium, Sonderschule). Je nach Bundesland eröffnet nicht nur das Gymnasium

Schuleffektivität und -qualität

die Möglichkeit, Abitur zu machen und einen Hochschulabschluss zu erwerben, sondern auch eine weitere Schulform der Sekundarschule, wie z. B. die Stadtteilschulen in Hamburg.

Zweigliedrigkeit Die Veränderungen, die in den meisten Bundesländern aktuell an der Struktur des Schulsystems vorgenommen werden, führen zwar zu einer „strukturellen Zerfaserung des Schulsystems" (Ackeren/ Klemm 2009, 59, Herv. im Original), die leistungsbezogene Entgrenzung sowie die Separation von Schüler/-innen in unterschiedliche Schultypen bleiben aber erhalten. Die mehrgliedrige Struktur, die weiterhin hierarchisch gestaltet ist, bietet ihrer Schülerschaft – systembedingt – unterschiedliche Entwicklungsperspektiven. Diese wirken sich ihrerseits auf die Bildungsaspirationen der Schüler/-innen aus (Ackeren/Klemm 2009, 60). Van Ackeren und Klemm konstatieren,

> „dass in der zerfaserten und entgrenzten Schulformenlandschaft die historisch verwurzelten und über die Jahrzehnte und Jahrhunderte weiter gegebenen charakteristischen Unterschiede zwischen ‚niederer' und ‚höherer' Bildung fortleben: ‚Niedere' Schulbildung begrenzt Entwicklungsmöglichkeiten und orientiert auf kognitiv weniger anspruchsvolle Bildungs- und Berufsabschlüsse" (Ackeren/Klemm 2009, 61).

Edelstein (2006) hebt zudem hervor, dass sich die PISA-Werte in Deutschland in den letzten Jahren zwar gebessert haben, also im Bereich des Unterrichts Entwicklungen zu verzeichnen sind, dies jedoch wesentlich im gymnasialen Bereich. An den niedrigen Kompetenzwerten hat sich hingegen nichts verändert. Dies verweist darauf, dass die im Anschluss an PISA vorgenommenen schulischen und unterrichtlichen Entwicklungsbemühungen die *bereits privilegierten Schüler/-innen weiter privilegiert haben*. Die gesetzten Maßnahmen zeigen also keine Ungleichheiten überwindende Wirkung (Edelstein 2006, 127).

formale Gleichheit, reale Ungleichheit Das Schulsystem und die schulische Struktur sind in Deutschland durch diverse *Formen der Homogenisierung* gekennzeichnet. Die formale Gleichbehandlung aller und die damit verbundenen Formen der Homogenisierung führen jedoch nicht zu realer Gleichheit, sondern (re)produzieren Verschiedenheit: Die eigenen Verdienste, also die von Einzelnen erbrachten Leistungen, werden als verantwortlich für (schulischen) Erfolg gesehen (Brake/Büchner 2012, 44). Ausgeblendet bleiben dabei die unterschiedlichen Voraussetzungen, mit denen die Kinder und Jugendlichen in die Schule kommen, sowie die schul- und klassenspezifischen unterrichtlichen Angebote, die sie in den Schulformen erhalten, also die Passung zwischen Erwartungen und individuellen Voraussetzungen.

Folgende Kritikpunkte werden bei den formalen Regeln des Schulsystems, die Ungleichheiten zwischen Schüler/-innen begünstigen, gesehen: die vorgesehene frühe Selektion, die geringe Durchlässigkeit, die terminale Ausrichtung der Schule sowie die Stützung der Struktur auf die Begabungsideologie. Aktuelle Entwicklungen einer neoliberal ausgerichteten (Bildungs-)Politik, die entlang der vier genannten Punkte stattfinden, verschärfen die Ungleichheit.

Die Mehrgliedrigkeit des deutschen Schulsystems spiegelt die gesellschaftlichen Milieus respektive Schichten der Ständegesellschaft bis heute wider. Die mehrgliedrige Schulstruktur ist in Deutschland, auch wenn dies zuweilen so anmuten mag, nicht gesetzlich vorgeschrieben und verankert. Den Bundesländern ist es überlassen, die Schulstruktur zu ändern. Dass derartige Bestrebungen auf Widerstand in Teilen der Bevölkerung stoßen, zeigt der Hamburger Volksentscheid aus dem Jahr 2010.

frühe Selektion

Hamburger Volksentscheid
Am 18.07.2010 sprachen sich die Bürger und Bürgerinnen in Hamburg gegen Schulreformen aus, die von Senat und Bürgerschaft beschlossen waren. Ein zentraler Punkt, über den in der Stadt diskutiert wurde, war die Verlängerung der Grundschulzeit um zwei Jahre. Diese Verlängerung wurde abgelehnt.

Die Aufteilung von Schüler/-innen in Schulen mit unterschiedlichen Leistungsansprüchen sowie verschiedenen Bildungs- und Lernerwartungen erfolgt in Deutschland wie auch in Österreich im Anschluss an die vierte oder sechste Klasse. Die Aufteilung, die – je nach Bundesland – mit oder ohne Berücksichtigung des Elternwillens stattfindet, zielt letztlich darauf, leistungshomogene Lerngruppen zu konstituieren. Dass dies nur unzureichend gelingt und die Idee der Homogenisierung eine Fiktion ist, beschrieben Klafki und Stöcker bereits 1976 (497). Zudem belegen unterschiedliche empirische Untersuchungen, dass die Zuordnung von Schüler/-innen insofern unzureichend gelingt, als die Klassen bzw. Lerngruppen tatsächlich leistungsheterogen sind und sich im Verlauf der Zeit auf ein Leistungsniveau einpendeln. Die Einteilung der Schüler/-innen erfolgt auf den Annahmen, dass bereits im Alter von neun bis zehn Jahren die zukünftige Leistungsfähigkeit der Kinder vorausgesagt werden kann, diese (wesentlich) stabil bleibt und über die unterschiedlichen Schulfächer, zumindest jedoch der versetzungsrelevanten Hauptfächer, gleich ist (Saldern 2007, 43).

fehlende Durchlässigkeit des Schulsystems

Die Durchlässigkeit des Schulsystems, also der Wechsel von einer Schulform in eine andere, kann als Instrument verstanden werden, das die Fehler der Zuteilung ausgleichen soll. Zahlen zeigen, dass diese Wechsel vorkommen, jedoch dominiert dabei die Richtung *von einem höheren Bildungsgang in einen niedrigeren* respektive die Schulformen, die sie repräsentieren. Einem solchen Schritt gehen zudem meistens Klassenwiederholungen voraus. Bis zur 10. Klasse haben 20,3 % aller in Deutschland zur Schule gehenden Kinder und Jugendlichen die Erfahrung des Sitzenbleibens gemacht (OECD 2013, 74).

terminale Selektion

In Schulsystemen wie dem deutschen, die terminal (abgebend) organisiert sind, kommt der Selektion eine große Bedeutung zu. Diese Entscheidung über die Mitgliedschaft und Nichtmitgliedschaft ist allgegenwärtig in der Schule. Anders als Organisationsformen, in denen die aufnehmenden Institutionen über den Zugang entscheiden, wird im deutschen Schulsystem gesellschaftliche Selektion stärker durch die Schule selbst vorgenommen (Trautmann / Wischer 2011, 99). Die Bewertung schulischer Leistung durchzieht jegliche schulischen Zusammenhänge. Somit sind auch alle Lehrkräfte und weitere pädagogische Fachkräfte, die in der Schule tätig sind, in diese Prozesse eingebunden. Die stetige Präsenz der Frage von Zugehörigkeit und Nichtzugehörigkeit wird wesentlich über die Vergabe schulischer Noten geregelt.

Begabungsideologie

Für Deutschland konstatiert Gomolla (2012) im Unterschied zum angloamerikanischen Sprachraum eine starke Orientierung an der Begabungsideologie. Anders als das Leistungsprinzip dominiert in Deutschland die Vorstellung, dass die Schüler/-innen aufgrund ihrer biologisch-genetischen Ausstattung unterschiedlich begabt sind. Aufgabe der Schule ist es in diesem Denkmodell, die individuellen Begabungen der Schüler/-innen zu entwickeln und zu fördern. Schüler/-innen, die als weniger begabt erachtet werden, werden in dieser Logik keine Bildungsangebote unterbreitet, die als anspruchsvoll gelten. Diese Vorstellung kommt in den Strukturen des mehrgliedrigen Schulsystems zum Ausdruck (Gomolla 2012, 32 f). Ein solches Verständnis negiert jedoch zugleich die Plastizität und Möglichkeit menschlicher Entwicklungen und von Lern- und Bildungsprozessen wie auch deren Beeinflussung durch pädagogische Handlungen. Die Schule selbst wird in diesem Verständnis nicht als Ort oder Raum verstanden, der einen Beitrag zur Leistungs- und Lernentwicklung von

Schüler/-innen beitragen kann, was einer professionsspezifischen Selbstaufgabe gleichkommt.

3.3 Differenzherstellung und -bearbeitung durch Schule am Beispiel schulischer Leistungsbewertung

Funktionen von Noten: Die Vergabe von Noten stellt ein zentrales Prinzip dar, mit dem die Schule operiert. Es ist Ausdruck formaler Regeln, die in der Schule bestehen. Lehrer/-innen sind aufgefordert, die Leistungen von Schüler/-innen kontinuierlich zu bewerten und in Relation zu Vorgaben und Erwartungen (objektive Bezugsnorm) zu setzen. Das Erhalten von Noten stellt eine besondere Form dar, die Mitgliedschaft von Schüler/-innen in einer Schulform und/oder Klassenstufe zu regeln. Als solche haben Noten eine *kontrollierende Funktion*, indem über sie die weitere Mitgliedschaft entschieden wird. Diese Kontrolle ist Teil der sozialisierenden Erfahrung, die Schüler/-innen wie Lehrer/-innen in der Schule machen. **Maßeinheit zur Regelung der Mitgliedschaft**

Dass die Kontrolle mittels Noten funktioniert, steht im Zusammenhang mit der Knappheit begehrter gesellschaftlicher Positionen, die mittels zertifizierter Bildungsergebnisse zu erreichen sind bzw. vergeben werden. So werden Schüler/-innen in der Schule an die Leistungsorientierung der Gesellschaft herangeführt, die formal-bürokratisch organisiert ist und von individuellen Besonderheiten – Differenzen – abstrahiert.

In der Schule erfahren die Schüler/-innen durch die kontinuierliche Vergabe von Noten, dass die von ihnen erbrachten Leistungen dokumentiert und – überwiegend – in Ziffernform zum Ausdruck gebracht werden. Dieses Zertifikatswesen fokussiert Leistung, die testiert wird und deren Ziele im Vorwege von außen definiert und festgelegt sind. Während Schulnoten zu Beginn der Schulzeit häufig *motivierend* sind für die Beteiligung am Wettkampf, übernehmen sie zu einem späteren Zeitpunkt auch die Funktion des *Aufzeigens realistischer Perspektiven*. Auch wenn ihre Bedeutung sich im Laufe der Schulzeit ändert, fungieren die Schulnoten als Anreiz, da „gute Noten" mit größeren Chancen auf dem Arbeits- und Ausbildungsmarkt einhergehen und den Zugang zu attraktiven gesellschaftlichen Positionen eröffnen können (Sacher 2004, 24 ff). **Anreizfunktion**

Die kontrollierende Funktion bezieht sich sowohl auf Schüler/-innen als auch auf Lehrpersonen. Für Lehrpersonen gilt dies wesentlich **Kontrolle der Lehrkräfte** in Bezug auf den Notenspiegel der Lerngruppe. Fällt dieser sehr gut oder sehr schlecht aus, so kann die Frage gestellt werden, inwiefern der Unterricht, die Unterrichtsqualität hierfür begründend herangezogen werden kann. Durchschnittliche Ergebnisse hingegen rufen derartige Legitimierungsfragen weniger hervor.

Zensuren werden herangezogen, um Prognosen für die weitere Schullaufbahn und den Unterricht, die Unterrichtsgestaltung zu generieren. Zudem dienen sie als Rückmeldung über den Erfolg von Lehr- und Lernprozessen, und es werden Rückschlüsse für den weiteren Bildungsweg von Schüler/-innen auf ihrer Grundlage getroffen. Die legitimierenden Funktionen für Bildungsentscheidungen haben Schulnoten in bildungspolitischer, administrativer und unterrichtlicher Hinsicht (Sacher 2004, 26 ff). Die Bewertung von Lernprozessen kann aus pädagogischer Perspektive eine weitere Funktion einnehmen (ebenfalls in enger Verbindung zu den Überlegungen hinsichtlich der Diagnostik stehend), sofern sie als Ausgangspukt didaktischer und fördernder Überlegungen herangezogen wird (Sacher 2004, 29).

Ziffernzensuren **Formen der Leistungsbewertung:** Schulnoten werden in Deutschland wie auch in Österreich und der Schweiz vorwiegend in Ziffernform vergeben. Bei der Bewertung von Schülerleistungen wird in Deutschland in der Regel ein sechsstufiges System von Noten (Klassen 1 bis 10) oder ein fünfzehnstufiges Punktesystem (gymnasiale Oberstufe) angewendet. Bewertungen, die in Form von Zensuren bzw. Noten ausgedrückt werden, stehen in engem Verhältnis zur Selektionsfunktion der Schule. Letztlich stellen sie jene Form dar, über welche die Bildungsgangzugehörigkeiten legitimiert werden, und sie geben in hierarchischen Skalenwerten an, *wie gut/schlecht* das Bestehen erfolgt (Luhmann 2002, 73).

verbale Beurteilung Neben den Ziffernzeugnissen ist es seit einem Beschluss der KMK (1970, 9) in der Grundschule möglich, sogenannte „verbale Beurteilungen" abzugeben. Verbale Beurteilung verweist auf ein mündliches Gespräch, das jedoch häufig mit der Ausgabe von Zeugnissen verbunden ist, auf einen geschriebenen Beurteilungstext (Sacher 2004, 167).

Der Unterschied zwischen Ziffern- und verbaler Beurteilung liegt in der Darstellungsform; gleich ist dabei jedoch die Bewertung der Leistungen von Schüler/-innen durch die Lehrperson (Sacher 2004, 167 ff). Die grundsätzliche Funktion von Bewertung unterscheidet sich jedoch nicht (Sacher 2004, 167 f).

Vergleichsarbeiten Die Bewertung schulischer Leistungen durch Lehrkräfte erfolgt zunehmend durch vergleichende Schulleistungstests, v. a. im Hinblick auf Kompetenzen (Fürstenau/Gomolla 2012, 13 f). Diese Entwicklung steht im Kontext grundlegender Veränderungen innerhalb des Schulsystems. Seit Ende der 1990er-Jahre werden neben den Klassenarbeiten zentrale Abschlussprüfungen und Vergleichsarbeiten eingesetzt, die eine weitere Form der Leistungsbewertung darstellen und im engen Kontext mit Schuleffektivitätsuntersuchungen stehen. Letztgenannte Entwicklungen sind Ausdruck der *Deregulierung und Dezentralisierung der Schulsystemsteuerung*, die ihrerseits mit Monitoring einhergeht (auf ökonomische Kriterien aufbauende Kontrolle), dem sogenannten „Controlling". Die Überprüfung oder Evaluation von Schulen, Schüler/-innen und Lehrkräften mithilfe standardisierter Tests ist Ausdruck hiervon. Zielvereinbarungen und Evaluationen sind zwei Instrumente, die, aus dem privatwirtschaftlichen Bereich kommend, Einzug in die Schule erhalten haben und mit dem Ziel der Effektivitätssteigerung dort eingesetzt werden, häufig ohne, dass sie dem Kontext angepasst werden (Gomolla 2012, 37).

Zu Beginn des neuen Jahrtausends wurden im Namen der KMK Bildungsstandards entwickelt, die eine Orientierung bzw. wesentliche Bezugspunkte für die Bewertung schulischer Leistungen darstellen (KMK 2012). Waren zuvor überwiegend input-orientierte Formen der Steuerung charakteristisch für das föderal organisierte Schulsystem Deutschlands, sind die output-orientierten Formen neu. Bildungstandards bieten die Möglichkeit, Leistungen von Schüler/-innen respektive Kompetenzen zu messen; so eröffnen sie die Perspektive, individuelle Lernprozesse mit einem allgemeinen oder fachspezifischen Kompetenzziel in Relation zu setzen. Hieraus können dann konkrete Formen für die unterrichtliche Unterstützung von Lehr- und Lernprozessen abgeleitet werden. Der Vergleich mit anderen Schüler/-innen der Lerngruppe wird abgelöst bzw. ergänzt durch einen an Kompetenzzielen ausgerichteten Vergleich.

Bildungsstandards

Input- und Output-Steuerung
Input-Steuerung vergibt Ressourcen auf der Grundlage vorher bemessener Bedarfe. Kritisch an diesem Vorgehen ist, dass die Bedarfe objektiv festgelegt werden müssen; positiv hingegen, dass durch die Festlegung der Anspruch auf eben diese expliziert wird. Output-Steuerung orientiert sich bei der Ressourcenvergabe an Zielindikatoren, d. h., die Ressourcen werden gewährt, wenn die gesetzten Ziele erreicht sind, z. B. gute Schulleistungen oder

> mehr Gymnasial- als Hauptschulempfehlungen einer Grundschule. Ein Vorteil dieses Vorgehens kann darin gesehen werden, dass erwünschte Ergebnisse honoriert werden. Ein Nachteil liegt darin, dass man sich auf das Erreichen der Indikatoren konzentriert – unter Vernachlässigung adäquater Unterstützung der Lernprozesse (Katzenbach/Schnell 2012, 29 f).

Leistungs- und Mindeststandards Es ist zwischen Leistungs- und Mindeststandards im schulisch-unterrichtlichen Kontext zu unterscheiden. Letztere formulieren Ziele, die von allen Schüler/-innen erreicht werden sollen, während sich erstere im Verständnis von Regelstandards am mittleren Leistungsniveau orientieren. Die KMK hat für die Bundesrepublik Leistungsstandards formuliert und fokussiert damit Ergebnisse von Lehr-Lernprozessen (König 2012, 109 f). Neben nationalen und internationalen Vergleichen werden auf der Ebene der Bundesländer leistungsvergleichende Arbeiten geschrieben. Kritisiert wird an der Einführung von Bildungsstandards, dass sie als Selektionsinstrumente im schulischen Kontext herangezogen werden können, auch wenn dies aktuell noch nicht der Fall ist. Zudem wird das Risiko mit ihnen verbunden, dass sich der Unterricht zunehmend an den zu schreibenden Tests ausrichtet (wie dies v. a. im angloamerikanischen Raum bereits geschieht (Gomolla 2010, 258 f; Hopmann 2007a, 379 ff)).

standardisierte Instrumente **Neue schulische Bewertung und Steuerungsformen:** Schulische Leistungsbeurteilungsprozesse, unabhängig davon, ob sie mithilfe von Beobachtungen durch die Lehrpersonen und/oder entlang vergleichender Leistungstests vorgenommen werden, sind eingebunden in den kontextuellen, strukturellen Rahmen des Schulsystems. In diesem erfährt und von diesem erhält die Beurteilung von Lernprozessen ihre Bedeutung.

Seit Ende der 1990er-Jahre ist eine Veränderung im Umgang mit schulischer Leistungsbewertung zu beobachten. Sie ist Ausdruck gravierender gesellschaftlicher Entwicklungen, die sich mit einer zunehmenden Ökonomisierung gesellschaftlicher Lebensbereiche umschreiben und vor dem Hintergrund globalen Konkurrenzdrucks (insbesondere im wirtschaftlichen Bereich) erklären lässt. Diese Entwicklungen haben in Deutschland zu strukturellen Veränderungen schulischer Steuerung geführt (Fürstenau/Gomolla 2012, 13). Die Verantwortung für Lern- und Bildungsprozesse, insbesondere deren didaktisch-methodische Realisierung, wird verstärkt aufseiten der Einzelschule verortet, während die Rahmenbedingungen hierfür ebenso wie die zu erreichenden Ziele vonseiten der Bildungspolitik und -administration festgelegt werden (Rihm 2006, 400 ff). Zudem werden mit Vergleichsarbeiten und anderen zentralen Prüfungen Instrumente vonseiten der Bildungspolitik eingeführt, mittels derer das Erreichen der Ziele – durch die Lehrpersonen – kontrolliert werden kann. Eine Neuerung hierbei ist, dass auch die Leistungen der Lehrkräfte kontinuierlich bewertet werden. Anders als in den 1970er-Jahren wird jedoch im aktuellen Diskurs die Frage nach Gerechtigkeit in diesem Zusammenhang kaum noch bearbeitet und thematisiert (Fürstenau/Gomolla 2012, 13 f).

Im gleichen Zeitraum wurden auch andere Formen der Leistungsbewertung (weiter)entwickelt und in die Schule und den Unterricht eingeführt. Zu diesen Formen der Leistungsbewertung gehören beispielsweise *Portfolios*, *Lerntagebücher* und *Kompetenzraster*. Ihnen ist das Ziel gemeinsam, individuelle Lernprozesse zu betrachten und auf diesen aufbauend, nächste Lern- und Entwicklungsschritte von Schüler/-innen und deren didaktisch-methodische Unterstützung zu planen (Fürstenau/Gomolla 2012, 15). Mithilfe dieser Instrumente sollen Wissen und Können sowie ihre Anwendung überprüft werden. Ein wesentlicher Unterschied dieser Beurteilungsformen gegenüber den klassischen besteht darin, dass Wissen stärker in einer anwendungsbezogenen Form abgeprüft wird. Wie die Instrumente, die an Standards anknüpfen, leisten auch die offenen Formen einen Beitrag dazu, dass Leistungsbewertung schulisch notwendig ist und blenden ihren Konstruktionscharakter aus (Schäfer/Thompson 2015).

offene Instrumente

Die Vergabe von Noten, unabhängig davon, ob sie mit Ziffernnoten oder entlang sogenannter verbaler Formen erfolgt, ist auf ihre „Legitimierung und Anerkennung […] als ‚gerecht'" (Zaborowski et al. 2011, 346, Herv. im Original) angewiesen. Dieses Strukturproblem liegt meist den Praktiken der schulischen Bewertung zugrunde. Die Praxis der Notenvergabe unterscheidet sich sowohl in ihrer Struktur als auch in ihrer Varianz. Zensuren werden sehr häufig im unterrichtlichen Alltag vergeben, was ihre Einzelbedeutung zwar schmälert, zugleich aber ihre permanente Anwesenheit unterstreicht. So zeigen Zaborowski et al. (2011), dass Schüler/-innen in einer von ihnen untersuchten Klasse fünf bis sechs Zensuren pro Woche erhalten (Zaborowski et al. 2011, 347). Dies erfordert zugleich eine unterrichtliche Gestaltung, in der häufig Möglichkeiten geschaffen werden, Schüler/-innen zu bewerten (Zaborowski et al. 2011, 349).

Notenvergabe

objektive und subjektive Seiten von Noten

Nicht nur die Bedeutung der Einzelnote gegenüber der Gesamtzahl von Noten ist relativ, auch ihre Vergabepraxis ist durch Relationierung gekennzeichnet. Während auf unterschiedliche Art versucht wird, die Sicht auf die Notenvergabe objektiv zu betrachten, werden Noten zugleich auf die Schüler/-innen bezogen, an die sie gegeben werden. Diese „Versubjektivierung von Noten" erfolgt mittels unterschiedlicher Rückmeldungen an die Schüler/-innen. Die Zensur wird dabei, gemäß des Anspruchs auf Objektivität, als Produkt gesehen, das seine Ursache in der bewerteten Person und nicht im unterrichtlichen Arrangement der bewertenden Person hat (Zabarowski et al. 2011, 345 f).

Die Legitimation von Noten erfolgt nicht selten über die Zuschreibung von Talent, Begabung und Anstrengung aufseiten der Schüler/-innen. Es gilt in der Regel dann als nicht mehr ausreichend, wenn eine ganze Lerngruppe in einer konkreten Leistungsanforderung schlecht bewertet wird – für gute Noten ist eine nachträgliche Legitimierung hingegen nicht notwendig (Zaborowski et al. 2011, 345 f).

Transparenz der Notenvergabe

Die Vergabe schulischer Noten findet unter der Vorstellung statt, dass dieses Vorgehen objektiv und zugleich transparent geschieht. Die Zerlegung erwarteter Leistungen in unterscheidbare Teile bzw. Anforderungen mittels zuvor festgelegter Kriterien, die in der Bewertung als Kontrastfolie herangezogen werden, kann in Form von Bildungsstandards, Klassenzielen und genauen Punktvorgaben erfolgen; sie stellen die Bezugs- und Vergleichspunkte dar. Mittels dieser Transparenz wird zwar Objektivität erreicht, allerdings nur auf der Ebene der Bezugsnorm der Klasse (Zaborowski et al. 2011, 18). Auch Schüler/-innen werden in die Notenfindung einbezogen, allerdings konstatieren Zaborowski et al. (2011), dass dies wesentlich mit dem Ziel der Validierung der von der Lehrperson vergebenen Note vorgenommen und so letztlich auch die Legitimität der Note hergestellt und zugleich unterstrichen wird (Zaborowski et al. 2011, 350).

Zusammenfassung

Die Schule als Organisation übernimmt in der Gesellschaft und für sie die Aufgaben Bildung, Qualifikation, Selektion und Allokation sowie Legitimation gegenüber der nachwachsenden Generation. Eingebunden sind diese vier Funktionen, die in einem widersprüchlichen Spannungsverhältnis zueinander stehen, in die Ziele der Reproduktion und der Innovation von Gesellschaft, deren Inhalt ihrerseits stetig verhandelt wird. Institutionalisierte Schulbildung, wie wir sie heute kennen, hat sich im Übergang von der Stände- zur Bürgergesellschaft durchgesetzt. Wie ein roter Faden zieht sich die Frage nach der Bearbeitung von Ungleichheit durch die

Geschichte der Schule, im Bereich ihrer Strukturen wie auch der gelebten Praktiken. Der Widerstreit zwischen der Sicherung und dem Abbau von Privilegien und Zugangsmöglichkeiten zu Bildung für soziale Gruppen unterscheidet sich in den verschiedenen historischen Epochen und durch die in ihnen leitenden Interessen und Vorstellungen; in seiner Konstitution an sich, ist dieser Widerstreit stetig vorhanden.

3.4 Übungsaufgaben

Aufgabe 1 Die Schule übernimmt in der Gesellschaft die Aufgaben von Reproduktion und Innovation. Dies erfolgt entlang von vier Grundfunktionen. Erklären Sie diese sowie das widersprüchliche Verhältnis, in dem die Funktionen zueinander stehen.

Aufgabe 2 Das folgende Zitat von Joachim Schroeder bezieht sich auf das gegliederte Schulsystem:

„Denn in das gegliederte Schulsystem ist eine Struktur der Homologie eingeschrieben: das in oberen und mittleren sozialen Milieus *verfügbare* kulturelle Kapital korrespondiert mit dem in den höheren Schulformen vermittelten Bildungskapital, und ebenso entspricht das in unteren sozialen Milieus *benötigte* dem in den Haupt- und Sonderschulen *bereitgestellten* Kulturkapital. Diese homologen Strukturen zeichnen milieustabile Bildungswege vor und ermöglichen vor allem den Angehörigen der unteren sozialen Milieus nur in Ausnahmefällen einen gesellschaftlichen Aufstieg" (Schroeder 2010, 119, Herv. im Original).

Konkretisieren Sie die Überlegungen des Zitats exemplarisch an formalen schulischen Strukturen, die dies begünstigen.

Aufgabe 3 Erläutern Sie, warum die Anwendung von Leistungs- und Mindeststandards zu Benachteiligungen führen kann.

3.5 Literaturempfehlungen

Ackeren, I. van, Klemm, K. (2009): Entstehung, Struktur und Steuerung des deutschen Schulsystems. Eine Einführung. VS Verlag für Sozialwissenschaften, Wiesbaden

Cortina, K. S., Baumert, J., Leschinsky, A., Mayer, K. U., Trommer, L. (Hrsg.) (2008): Das Bildungswesen in der Bundesrepublik Deutschland. Rowohlt Verlag, Reinbek b. Hamburg

Fend, H. (2008): Neue Theorie der Schule. Einführung in das Verstehen von Bildungssystemen. 2. Aufl. VS Verlag für Sozialwissenschaften, Wiesbaden

Scheipl, J., Seel, H. (1988): Die Entwicklung des österreichischen Schulwesens in der Zweiten Republik. 1945–1987. Leykam Buchverlagsgesellschaft, Graz

Scheipl, J., Seel, H. (1985): Die Entwicklung des österreichischen Schulwesens von 1750 bis 1938. Leykam Verlag, Graz

Seel, H., Scheipl, J. (2004): Das österreichische Bildungswesen am Übergang ins 21. Jahrhundert. Leykam Buchverlagsgesellschaft, Graz

Schweizerische Koordinationsstelle für Bildungsforschung (2014). *Bildungsbericht Schweiz*. Aarau.

Hier gelangen Sie in der Lern-App zum Buch zu weiteren Fragen zu Kapitel 3:

Hex-Code: E4

4 Heterogene Milieus in Schule und Unterricht

Die Schüler/-innen gehören ebenso wie die Lehrkräfte einer Schule unterschiedlichen sozialen Milieus an, aus denen heraus sie Schule und die Erwartungen, welche die Organisation an ihre Rolle stellt, bearbeiten. In diesem Kapitel werden vier Differenzkategorien vorgestellt, die im Kontext von Schule und Unterricht im Zusammenhang mit der eingeschränkten Verwirklichung von Chancengerechtigkeit, über unterschiedliche theoretische Perspektiven hinweg, genannt werden: sozial-ökonomische Ungleichheit, Geschlecht, Migrationserfahrungen und Behinderung respektive sonderpädagogischer Förderbedarf. Alle vier stellen gesellschaftlich etablierte Differenzkategorien dar. Seit 2012 wird zudem über „Leistung" als mögliche weitere Differenzkategorie diskutiert. Im letzten Teil dieses Kapitels wird diese Diskussion aufgegriffen.

Parallel zu den Exklusionsrisiken und Marginalisierungen, die für Angehörige der genannten sozialen Gruppen aktuell bestehen, verlaufen erziehungswissenschaftliche Diskurse; diese setzen sich mit eingeschränkten Teilhabe- und Partizipationsmöglichkeiten im Zusammenhang mit schulstrukturellen und unterrichtlichen Interaktionen auseinandersetzen (Motakef 2006, 19 ff). Die Diskurse greifen auf unterschiedliche Traditionen und Entstehungszusammenhänge zurück, die in Wechselbeziehung zu den gesellschaftlichen und politischen Rahmenbedingungen und deren kritischer Reflexion stehen. Dies ist der Grund für ihre getrennte Darstellung, ohne dass dem gewählten Vorgehen eine Verkürzung auf ein eindimensionales Milieuverständnis zugrunde liegt oder für ein solches plädiert wird. Für alle Diskurse gilt, dass sich zunehmend sozial-konstruktivistische Perspektiven durchsetzen; also von der Herstellung und Bearbeitung von Differenzen ausgegangen wird. **erziehungswissenschaftliche Diskurse**

Die Ausführungen erfolgen unter Rückgriff auf empirische Untersuchungen. Dabei werden sowohl Studien herangezogen, die auf der Grundlage statistischer Daten die Frage fokussieren, wer im Schul- und Bildungssystem benachteiligt wird, als auch Forschungsergebnisse, die die Praktiken in der Organisation Schule im Umgang mit Heterogenität mithilfe qualitativer Verfahren beschreiben, ohne, dass die oben beschriebenen Widersprüche der Reifizierung hier aufgehoben oder überwunden werden können. In den letztgenannten Verfahren **empirische Untersuchungen** werden die Kulturen, das habituelle Handeln sowie implizites Wissen der Lehrer/-innen und Schüler/-innen rekonstruiert. Diese sind nicht losgelöst von den institutionalisierten Strukturen und formalen Regeln der Schule zu betrachten, sondern als Ausdruck ihrer Interpretation bzw. praktischen Bearbeitung durch die Akteure/-innen. Die Praktiken sind Teil des in Schule und Unterricht entwickelten Organisationsmilieus. Im Zentrum der herangezogenen Untersuchungen steht die Frage nach dem *Wie der Herstellung und Bearbeitung von Differenz.*

In dieser Einführung muss auf Details in der Darstellung verzichtet werden. Auf Fachliteratur, die einen differenzierteren Zugang zu den Themen und Diskursen ermöglicht, wird am Ende des Kapitels verwiesen.

Die Diskurse zu sozialer bzw. sozio-ökonomischer Ungleichheit, Geschlecht, Migration und Behinderung haben unterschiedliche Diskussionstraditionen, aus denen sie hervorgegangen und in die ihre Argumentationen auch heute eingebunden sind. Zugleich stellen sie Querschnittthemen dar, die für sämtliche Organisationen des Bildungssystems relevant sind. Ansätze wie die „Intersektionalitätsforschung" (Schildmann 2012; Walgenbach et al. 2007), die „Pädagogik der Vielfalt" (Prengel 2006), die „Inklusionspädagogik" (Schwohl/Sturm 2010) und die „Pädagogik kollektiver Zugehörigkeiten" (Nohl 2010) versuchen zunehmend, die Ansätze miteinander zu verbinden.

4.1 Sozio-ökonomische Heterogenität im Kontext von Schule und Unterricht

soziale Ungleichheit Sozio-ökonomische Heterogenität, also Unterschiede im Zugang zu ökonomischen Ressourcen, über die Milieus verfügen, wird in den Erziehungs- und Sozialwissenschaften vorwiegend entlang des Begriffes „soziale Ungleichheit" diskutiert (Büchner 2003; Butterwegge 2010; Hradil 2005; Rauer 2010). Soziale Ungleichheit korrespondiert mit „Bildungsungleichheit" (Becker/Lauterbach 2008; Krüger et al. 2010), da mittels schulischer Bildung soziale Privilegien an die nächste Generation weitergegeben und gesellschaftlich legitimiert werden und Chancengerechtigkeit nicht eingelöst wird.

Fehlender Schulerfolg wird nicht selten als mangelnde Begabung oder Motivation den Schüler/-innen zugeschrieben bzw. unterstellt und so als Problem individualisiert (Gomolla 2012, 32 f). Konträr dazu stehen sozialwissenschaftliche und menschenrechtliche Perspektiven, die Bildungsungleichheit als *Ausdruck gesellschaftlicher Ungleich-*

heit sehen, die durch das Bildungssystem reproduziert und produziert wird. Bildungsungleichheit kann dann entweder als Ergebnis des ungleichen oder fehlenden Zugangs zu Bildungsangeboten entstehen oder als mangelnde Adaption desselbigen; während das erstgenannte ein Exklusionsrisiko aus je spezifischen Bildungsangeboten darstellt, kann das zweite als Marginalisierung innerhalb dieser Bildungsangebote beschrieben werden.

Die Erklärung dieses Zusammenhangs von schulischem (Miss-)Erfolg und familiärer Sozialmilieuzugehörigkeit ist das Ziel der Darstellungen in diesem Kapitel. Um sich dem anzunähern, wird in einem ersten Abschnitt ausgeführt, was unter „sozio-ökonomischer Ungleichheit" verstanden wird *(siehe Kapitel 4.1.1)*. Die Herausforderungen und Passungsprobleme, die mit heterogenen Milieuerfahrungen im Rahmen von Schule und Unterricht auftreten, werden in einem zweiten Abschnitt dargestellt. Fokussiert werden dabei die Kulturen und Praktiken, mit denen unterhalb der Ebene formaler Regeln die Reproduktion sozialer Ungleichheit in Schule und Unterricht erfolgt. Exemplarisch wird dabei, unter Rückgriff auf empirische Studien, auf jene Milieus verwiesen, die als nicht privilegiert und/oder arm gelten und Benachteiligung erfahren *(siehe Kapitel 4.1.2)*.

4.1.1 Sozio-ökonomische Heterogenität

„Unter ‚sozialer Ungleichheit' [werden ...] unterschiedliche Teilhabemöglichkeiten von Personen und Personengruppen an wichtigen (und knappen!) gesellschaftlichen Ressourcen (z. B. Besitz oder Einkommen, höhere Bildung oder hohes Ansehen/Prestige) verstanden." (Büchner 2003, 10, Herv. im Original Anm. TS)

Die Definition Büchners verdeutlicht zweierlei: Sie zeigt, dass Teilhabe an gesellschaftlichem Reichtum eng an die soziale Situation gebunden ist, und zwar derart eng, dass sich kaum eine Definition finden lässt, die soziale Aspekte von ökonomischen Aspekten getrennt betrachtet. Des Weiteren wird deutlich, dass die soziale Situation eines Menschen oder eines Milieus *keine absolute Größe* oder Zuschreibung darstellt, sondern eine *Relation* gegenüber anderen; so kann jemand nur wenig im Vergleich zu jemand anderem haben.

Die auf sozio-ökonomische Ungleichheit verweisende Differenzdimension ist in der bestehenden Gesellschaft eine der zentralen für die Herausbildung und Prägung von Milieus *(siehe Kapitel 2)*, da die Lebenssituation in enger Relation zu weiteren milieuprägenden

vertikale Gliederung der Gesellschaft

Ressourcen bzw. Zugangsmöglichkeiten wie Bildung – hier im Sinne von besuchter Schulform und/oder Zugehörigkeit zu einem Bildungsgang – steht. Im Wesentlichen beziehen sich sozio-ökonomische Differenzen auf die vertikale Gliederung der Gesellschaft und die damit einhergehende Teilhabe am gesellschaftlichen Reichtum und den verbundenen Partizipationsmöglichkeiten an gesellschaftlichen Entscheidungsprozessen (Krais/Gebauer 2002, 34f).

Kapitalismus und Demokratie

Die Besser- oder Schlechterstellung von Personen oder spezifischer Gruppen ist Ausdruck gesellschaftlicher Prozesse, die mehr oder weniger stabil, aber grundsätzlich veränderbar und dauerhaft sind. Die Gestaltung der Gesellschaft, also die Art und Weise, wie Menschen ihr Zusammenleben über die Milieugrenzen hinweg organisieren und praktizieren, trägt zur Reproduktion unterschiedlicher Milieus bei und bringt diese hervor. Die Ungleichheit, darin stimmt die neuere soziologische Theoriebildung weitestgehend überein, hat ihre Ursache im wirtschaftlichen System, dem Kapitalismus (Hradil 2005, 64ff). Unterschiede zwischen Menschen sind Folge des Wirtschaftssystems, in dem ungleicher Lohn für verschiedene Formen der Arbeit gezahlt wird. Diese Situation bringt Ungleichheit hervor und kann zugleich motivierend wirken, sich anzustrengen, um die eigene Position gegenüber anderen zu verbessern.

Neben dem kapitalistischen Prinzip, das die Ungleichheit zwischen Menschen fordert und hervorbringt, ist unsere Gesellschaft an der Leitidee der Demokratie ausgerichtet. Die Gleichheit der Menschen ist zentrales Prinzip der kapitalistischen Produktionsweise, in der sich rechtlich gleiche Menschen begegnen, die (Arbeits-)Verträge miteinander abschließen.

In den westlichen Gesellschaften Europas sind Demokratie und Kapitalismus Bezugspunkte, die dialektisch aufeinander bezogen sind und gleichzeitig Gültigkeit haben. Dies führt zu Widersprüchen und Spannungsfeldern, in denen menschliche Handlungen angesiedelt sind *(für Schule: siehe Kapitel 3; für Unterricht: siehe Kapitel 5.4)*. Sie stellen den Rahmen dar, in dem gehandelt wird.

soziale Marktwirtschaft

In den Ländern mit sozialer Marktwirtschaft, sogenannte „Wohlfahrtsstaaten", gibt es staatlich gestützte Formen der Umverteilung, um ökonomische Unterschiede auszugleichen bzw. abzuschwächen. Die v.a. nach dem Zweiten Weltkrieg etablierten Ausgleichsmaßnahmen werden aktuell wieder zurückgenommen bzw. eingeschränkt (Becker 2015, 59ff). Insbesondere die internationale Beweglichkeit von ökonomischem Kapital verringert die Einnahmen von Steuergeldern, mit denen die Politik Ungleichheit regulieren könnte (Kronauer 2010, 109, 216).

Die Reproduktion sozialer und ökonomischer Ungleichheit durch die Schule widerspricht dem gesellschaftlichen und schulischen Auftrag der Verwirklichung von Chancengerechtigkeit, unabhängig von der familiären Herkunft. An dieser Leitidee ist die Schule ausgerichtet, und hierüber muss sie sich legitimieren. Während es vergleichbaren Ländern gelingt,

„[...] Bildungserfolg und Sozialstatus weitgehend zu entkoppeln, erscheint deren enge Kopplung im deutschen Schulsystem als das wirksamste Vehikel der intergenerationellen Tradierung von Lebenschancen, von Reichtum wie von Armut." (Edelstein 2006, 130)

Ökonomische Unterschiede: Zu den ökonomischen Ressourcen zählt zunächst das Geld bzw. die finanziellen Ressourcen, die für die Lebensbewältigung zur Verfügung stehen. Lebens- und Wohnverhältnisse, Ernährungsgewohnheiten und höchster erreichbarer Bildungsabschluss spiegeln die zur Verfügung stehenden ökonomischen Ressourcen wider, die ihrerseits Möglichkeiten eröffnen. Je nach vorhandener Art und vorliegendem Umfang eröffnen sie mehr oder weniger Möglichkeiten. Im Kontext der Beschreibung von Benachteiligung von Schüler/-innen aufgrund ihres familiären ökonomischen Kapitals wird überwiegend auf die Berufe und Bildungsabschlüsse der Eltern rekurriert (Büchner 2003, 11).

> **Der Milieubegriff**
> Die hier als „unterschiedliche Milieus" bezeichnete Beschreibung von Personengruppen mit verschiedenartiger Lebenspraxis in Relation zu anderen wird aus anderen theoretischen Perspektiven heraus als „Klasse" oder „Schicht" bezeichnet (Hradil 2005, 51 ff). Der Milieubegriff ermöglicht es, neben vertikalen Formen der Stratifizierung auch horizontale miteinander zu vergleichen und so der Mehrdimensionalität Rechnung zu tragen. Dies wird in der Schulforschung berücksichtigt (Büchner 2003, 12).

Ökonomisches und kulturelles Kapital, über das Menschen in unterschiedlichem Ausmaß verfügen, lässt sie differente Erfahrungen innerhalb des sozialen Raums der Gesellschaft machen. Neben dem Umgang insgesamt, den je vorhandenen Kapitalsorten und deren Kombinationen entscheidet deren Relation gegenüber anderen Milieus über die jeweils gegebenen und sich eröffnenden Möglichkeiten. **ökonomisches und kulturelles Kapital**

Bei größeren Distanzen zu anderen Milieus unterscheiden sich die milieuspezifischen Erfahrungen stärker voneinander als bei geringeren. Die Bedingungen der materiellen Existenz, ihr Ausdruck in der Lebensführung und in der praktischen Alltagsbewältigung sind Teil ihrer milieugeprägten Erfahrungen. Dieser Ausdruck kann sich im äußeren Erscheinungsbild manifestieren, in den Moralvorstellungen, im ästhetischen Empfinden, im Umgang mit kulturellen Produkten; er zeigt sich ebenfalls im Sprachgebrauch, mündlicher wie schriftlicher Art. So unterscheidet sich das Verhältnis zur Welt von Kindern und Jugendlichen, die in materieller Not aufwachsen, von jenem Gleichaltriger, die in relativem Wohlstand leben, also nicht von Armut bedroht sind (Krais/Gebauer 2002, 36 ff).

Bedeutung der Milieuzugehörigkeit Die Bedeutung der Milieuzugehörigkeit soll anhand der Lebenssituation von Kindern und Jugendlichen, die in Armutsverhältnissen leben und aufwachsen, spezifiziert und illustriert werden. Damit wird jene Gruppe aufgegriffen, bei der die Schule deutlich weniger erfolgreich in der Vermittlung von Kompetenzen und Wissen ist. Die Ausführungen sind gleichermaßen auf andere Milieus anzuwenden, sie unterscheiden sich zwar nicht grundsätzlich, aber in der Form der Konsequenzen.

> **Absolute und relative Armut**
> Die Beschreibung von Armut erfolgt entlang der Unterscheidung von *absoluter* (oder primärer) und *relativer Armut*. Während absolute Armut sich auf fehlende Mittel zum physischen Überleben bezieht, verweist relative auf „arm zu sein im Sinne sozialer Ungleichheit und sozialen Ausschluss" (Chassé et al. 2007, 12), d.h., jemand gilt als relativ arm, wenn das zur Verfügung stehende Nettoäquivalenzeinkommen einen bestimmten Wert unterschreitet (weniger als 60% des Medians der Verteilung des Nettoäquivalenzeinkommens: Armutsrisikogrenze; weniger als 50% des Durchschnitts des Nettoäquivalenzeinkommens: Armut; weniger als 40% des Durchschnitts des Nettoäquivalenzeinkommens: strenge Armut).
> Armut wird in Relation zum Wohlstand einer Gesellschaft bemessen. Das Konzept relativer Armut greift Verwirklichungschancen auf, da der Wert die Unterversorgung in Relation zum mittleren Lebensstandard angibt und Exklusionsrisiken aufzeigen kann (Huinink/Schröder 2008, 123 ff).

In Deutschland waren im Jahr 2013 16,1 % der Menschen von Lebensumständen unterhalb der Armutsrisikogrenze betroffen. Von den in der Bundesrepublik lebenden Kindern und Jugendlichen lebten 15,66 % der unter 24-Jährigen in dieser Lebenslage (Statistisches Bundesamt 2015, 14). Die Zahlen belegen, dass Armut kein Randproblem in Schule und Gesellschaft, sondern eine Lebenslage ist, die auch die schulische Realität kennzeichnet. Die Ursachen für Kinder- und Jugendarmut wie auch die Armut von Erwachsenen in unserer Gesellschaft verschärft sich durch die Zunahme prekärer Arbeitsverhältnisse sowie durch den verstärkten Ab- und Umbau des Sozialstaates (Kronauer 2010). Damit wird Armut als Lebenslage individualisiert – mit der sozial-politischen Folge, dass sie weniger von der Solidargemeinschaft aufgefangen wird (Becker 2015; Herz 2010b).

Armut in Deutschland

Im Vergleich zu Erwachsenen, die von Armut betroffen sind, entwickeln sich Kinder und Jugendliche unter diesen Bedingungen, sodass die Armut ihre emotionalen, sozialen, kulturellen und auch kognitiven Entwicklungen prägt. Die Kinder und Jugendlichen machen in einem von Armut gekennzeichnetem Milieu ihre primären Sozialisationserfahrungen (d. h.: eingeschränkte Möglichkeiten an kultureller, sozialer und ökonomischer Teilhabe) und entwickeln entsprechende Lebenspraktiken. Die Lebenslage Armut ist, wie andere Milieus auch, durch Vielschichtigkeit und Mehrdimensionalität gekennzeichnet; z. B. wie die Eltern mit der Situation umgehen und welche sozialen Netzwerke unterstützend tätig sind, spielen eine entscheidende Rolle für die Erfahrung und Bearbeitung der Lebenslage Armut (Chassé et al. 2007, 112).

Neben geringeren Chancen auf schulischen Erfolg, der im nachfolgenden Abschnitt näher beschrieben wird, kann Armut im Kindes- und Jugendalter einhergehen mit mangelnder Gesundheit, eingeschränkten persönlichen Entfaltungs- und Entwicklungsmöglichkeiten, mit sozialer Benachteiligung im Kontext von Wohnen, Wohnumgebung, Freizeit und Konsummöglichkeiten sowie mit dem Mangel an sozialen Statussymbolen (wie Handys und Kleidung) und deren Folgen, z. B. innerhalb der Peergruppe (Mangelsdorff 2008, 114). Diese Formen der Benachteiligung weisen über rein monetäre Aspekte von Armut hinaus und gehen häufig mit familiären und individuellen Existenzängsten und sozialer Unsicherheit einher (Butterwegge 2010).

Auswirkungen von Kinderarmut

Schüler/-innen, die unter der Bedingung von Armut aufwachsen, leiden häufig unter Stigmatisierungsprozessen, die zur Folge haben, dass sie seltener oder gar nicht andere Kinder zu sich nach Hause einladen, um gemeinsam zu spielen; sie pflegen also weniger Sozialkontakte. Daran anknüpfende potenzielle Stigmatisierungserfahrungen können als Teil ihrer milieugeprägten Erfahrungen verstanden werden (Chassé et al. 2007, 169 ff). Chassé, Zander und Rasch (2007) zeigen in einer qualitativen Studie auf, wie Kinder im Grundschulalter die Lebenslage Armut erleben und bewältigen.

Armut als Lebenssituation kann im Zusammenspiel mit den Versorgungs- und Einkommensmöglichkeiten, den Kontakten und Kooperationen wie auch mit den Regenerationsgelegenheiten auftreten – z. B. in einem eigenen Zimmer mit Spielsachen oder ohne. Zentrale soziale und kulturelle Erfahrungen (wie z. B. soziales Lernen im Spiel und Austausch mit anderen) sowie zur Verfügung stehende Dispositions- und Entscheidungsspielräume können durch die Lebenssituation der Armut eingeschränkt sein (Chassé et al. 2007, 113).

4.1.2 Benachteiligungen und Schlechterstellung in Schule und Unterricht

Die Benachteiligungen hinsichtlich der Teilhabe und Partizipation an Bildung im Kontext von Schule und Unterricht, wie auch darüber hinaus, werden bei Kindern und Jugendlichen aus nicht ressourcenprivilegierten Milieus an zwei miteinander verbundenen Aspekten deutlich:

- an der Beteiligung und dem Zugang zu Bildungsgängen sowie an den hier zu erwerbenden Kompetenzen und (schulischen) Abschlüssen
- an der Betrachtung unterrichtlicher Interaktionen, die durch die Nichtpassung von schulischen Erwartungen und Schüler/-innen gekennzeichnet sind.

Die beiden Aspekte hängen insofern zusammen, als Unterricht jenen Ort darstellt, an dem der Zugang zu Bildungsgängen über Bildungszertifikate vorgenommen und somit auch legitimiert wird und an dem zwischen der kulturellen Zugehörigkeit der Mitglieder und den Strukturen sowie formalen Regeln der Organisation vermittelt wird *(siehe Kapitel 3.2).*

Schulleistungs- **Beteiligung an schulischen Bildungsgängen und Zugang zu Fach-**
studie PISA **kompetenzen:** Die ungleiche Beteiligung an schulischen Bildungsgängen, das dort zu erwerbende Wissen und die zu erlernenden Kompetenzen werden entlang von Ergebnissen der international vergleichenden Schulleistungsstudie PISA gezeigt (Klieme et al. 2010). Die Studie fußt auf einer sogenannten „Klumpenstichprobe", in die je

25 Schüler/-innen eingehen, ausgewählt auf der Basis einer zufälligen Auswahl von Schulen, Bundesländern und Schularten (Klieme et al. 2010, 309). Dem in der standardisierten, empirischen Bildungsforschung üblichen Weg, die Sozialmilieuzugehörigkeit über die Berufstätigkeit der Eltern bzw. der Bezugspersonen abzufragen, wird auch in den PISA-Studien gefolgt. Die Antworten sollen Aufschluss über die sozio-ökonomische Stellung einer Familie innerhalb einer sozialen Hierarchie von Stellungen geben.

Entlang der „EGP-Klassen", der „Erikson-Goldthorpe-Portocarero-Klassen", die nach ihren Autoren benannt sind, werden Berufe nach der Art der Tätigkeit, der Weisungsbefugnis und der beruflichen Gestaltungsmöglichkeiten klassifiziert. Hieraus erfolgt die Klassenbildung. Über eine rein ökonomische Betrachtung in Form von Einkommen sollen so familiäre Zugänge zu Macht, Bildung und gesellschaftlicher Anerkennung – in ihrem Zusammenspiel – aufgezeigt werden.

Die sechs EGP-Klassen

Die insgesamt elf zu unterscheidenden Klassen wurden in den PISA-Untersuchungen in Deutschland in folgende sechs Klassen zusammengefasst:

- „Obere Dienstklasse (I): freie akademische Berufe, führende Angestellte, höhere Beamte, selbstständige Unternehmer mit mehr als zehn Mitarbeitern, Hochschul- und Gymnasiallehrer
- Untere Dienstklasse (II): Angehörige von Semiprofessionen, mittleres Management, Beamte im mittleren und gehobenen Dienst, technische Angestellte mit nicht-manueller Tätigkeit
- Routinedienstleistungen Handel und Verwaltung (III): Büro- und Verwaltungsberufe mit Routinetätigkeiten, Berufe mit niedrig qualifizierten, nicht-manuellen Tätigkeiten, die oftmals auch keine Berufsausbildung erfordern
- Selbstständige (IV): Selbstständige aus manuellen Berufen mit wenigen Mitarbeitern und ohne Mitarbeiter, Freiberufler, sofern sie keinen hochqualifizierten Beruf ausüben
- Facharbeiter und Arbeiter mit Leitungsfunktion (V, VI): untere technische Berufe wie Vorarbeiter, Meister, Techniker, die in manuelle Arbeitsprozesse eingebunden sind; Aufsichtskräfte im manuellen Bereich
- Un- und angelernte Arbeiter, Landarbeiter (VII): alle un- und angelernten Berufe aus dem manuellen Bereich, Dienstleistungstätigkeiten mit manuellem Charakter und geringem Anforderungsniveau, Arbeiter in Land-, Forst- und Fischwirtschaft" (Klieme et al. 2010, 243)

Abbildung 2 zeigt die Beteiligung an schulischen Bildungsgängen bzw. Schulformen nach familiärer Klassenzugehörigkeit. In der Abbildung werden neben den Bildungsgängen Hauptschule (HS), Realschule (RS), Gymnasium (Gym) und Integrativer Gesamtschule (IGS) auch „andere" angeführt. Die letztgenannte Gruppe umfasst u. a. Waldorfschulen (Klieme et al. 2010, 17). Die Abbildung veranschaulicht, dass die Schüler/-innen, deren Eltern unterschiedlichen Berufsklassen angehören, nicht gleichmäßig in den unterschiedlichen Schulformen vertreten sind: Schüler/-innen aus Familien der oberen und unteren Dienstklasse besuchten 2009 zu über 55 % (I) bzw. zu 43 % (II) das Gymnasium. In den Bildungsgängen von Haupt- und Realschule sind zusammen 35 % (I) und 41 % (II). Nur ein geringer Teil von 7 % (I) bzw. 11 % (II) besucht Integrierte Gesamtschulen. Anders sieht es bei Jugendlichen aus, deren Eltern als un- oder angelernte Arbeiter und als Landwirte tätig sind. Sie finden sich zu 63 % in den Bildungsgängen der Hauptschule (33 %) und der Realschule (30 %), während nur 15 % von ihnen ein Gymnasium besuchen (Klieme et al. 2010, 248).

Über den ungleichen Zugang zu Bildungsgängen bzw. Schulformen hinaus bestehen deutliche Zusammenhänge zwischen der familiären Herkunft und den Kompetenzen der 15-Jährigen Schüler/-innen im Lesen. Dies verdeutlicht Abbildung 3.

Die in Abbildung 3 verlaufende Linie von links oben nach rechts unten zeigt, dass die durchschnittlichen Leseleistungen nahezu parallel mit der gesellschaftlich-beruflichen Stellung der Eltern der Schüler/-innen abnehmen (Klieme et al. 2010, 246 f): Jugendliche, deren Eltern in Berufen tätig sind, die der oberen Dienstklasse zuzuordnen sind, erreichen im Durchschnitt höhere Mittelwerte in der Lesekompetenz. Gemäß der Abbildung liegen die mittleren Leseleistungswerte von Schüler/-innen, deren Eltern beruflichen Tätigkeiten nachgehen, die der un-/angelernten Arbeit zugeordnet werden (VII), um 80 Punkte niedriger als der Mittelwert der Leseleistungen der Gruppe der sozioökonomisch privilegierteren Schülerschaft. Eine Ausnahme bilden die Kinder von Eltern, die den Dienstklassen V und VI zugeordnet werden, ihre durchschnittliche Lesekompetenz liegt über der der Gruppe der Kinder von Selbstständigen (Dienstklasse IV). Im Vergleich mit den Resultaten der vorangegangenen PISA-Testung im Jahr 2009 (Klieme et al. 2010, 246f) hat sich die durchschnittliche Lesekompetenz aller Gruppen leicht erhöht (Klieme et al. 2013, 268f).

Die vergleichende Betrachtung der Abbildungen 2 und 3 mag dazu verleiten, die Zuordnung zu den Schulformen als angemessen zu erachten, da die durchschnittlichen Mittelwerte der Leseleistungen mit

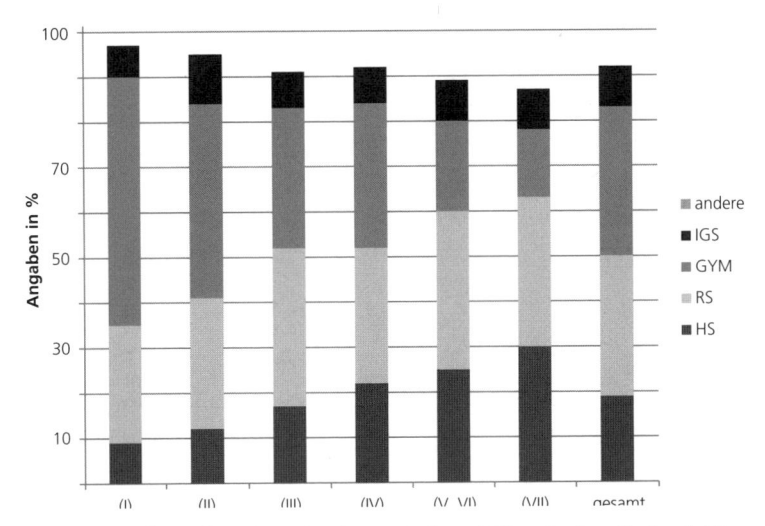

Abb. 2: Schulbesuch nach sozio-ökonomischem Milieu der Familie (nach Klieme et al. 2010, 248)

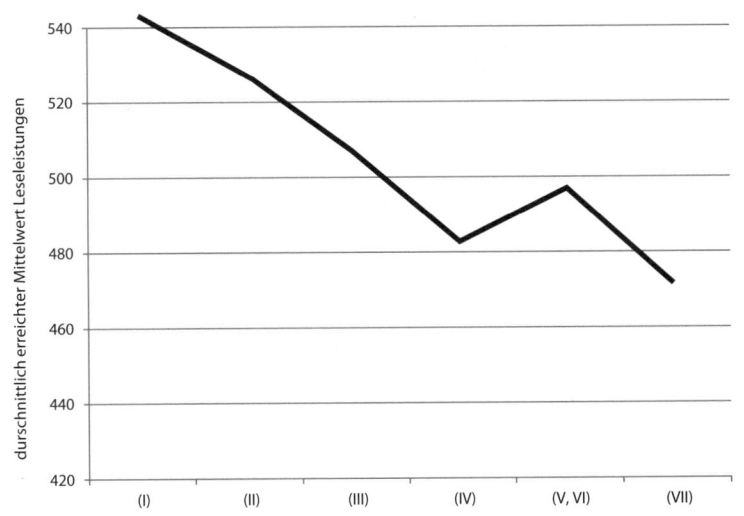

Abb. 3: Mittelwerte und Standardabweichungen der Lesekompetenz differenziert nach EGP-Klassen (Bezugsperson) 2012 in Deutschland (nach Klieme et al. 2013, 268)

dem Anspruchsniveau von Schulformen korrespondieren. Dagegen sprechen jedoch die großen Überschneidungsbereiche der durchschnittlichen Mittelwerte fachlicher Lesekompetenzen über die Gren-

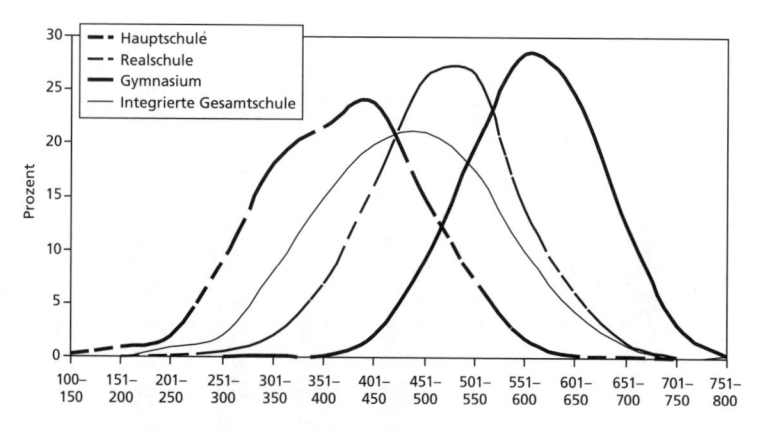

Abb. 4: Lesekompetenz nach Bildungsgang (Artelt et al. 2001, 44)

zen der Schulformen hinweg. Das veranschaulicht Abbildung 4 aus der ersten PISA-Studie (Artelt et al. 2001).

Die ergänzende Betrachtung der Abbildung 4 zu den Abbildungen 2 und 3 verdeutlicht, dass nicht allein (Lese-)Kompetenzen die Zugehörigkeit zu Bildungsgängen erklären. Hingegen kann geschlussfolgert werden, dass vergleichbare Kompetenzen nicht mit gleichen Zugangschancen zu höheren Bildungsgängen einhergehen. Im Zusammenhang mit der ungleichen Verteilung von Schüler/-innen verschiedener sozialer Herkunftsmilieus auf prestigeträchtigere/prestigeärmere und mehr/weniger Bildungschancen eröffnenden Bildungsgängen bzw. Schultypen verweist dies auf die Benachteiligung von Jugendlichen aus weniger ressourcenprivilegierten Familien im deutschen Schulsystem.

milieugebundene Erfahrungen

Unterrichtliche Benachteiligung: Schüler/-innen bringen milieugebundene Erfahrungen mit in die Schule. Aus diesen Perspektiven heraus interpretieren sie die Anforderungen, die dort an sie gestellt werden, und entwickeln auf Schule und Unterricht bezogene Praktiken. Die Lehrpersonen gehen vergleichbar vor und konkretisieren vor dem Hintergrund ihrer professionellen Milieuzugehörigkeit sowie ihrer Sozialmilieuzugehörigkeit die schulischen Anforderungen an die Schüler/-innen. Die Nichtpassung schulischer Erwartungen und milieugeprägter biografischer Erfahrungen sozial benachteiligter Schüler/-innen stellt das nicht gelingende Aufeinandertreffen unterschiedlicher Milieus und der daran geknüpften Erwartungen dar; zwischen ihnen gelingt keine Verständigung, die zu den von Seiten der Schule intendierten Lern- und Bildungsprozessen führt. Dies wird in der Schule nicht selten als Defizit der Schüler/-innen interpretiert und ihnen zugeschrieben, ist jedoch der Interaktion, der nicht gelingenden Verständigung, geschuldet. Die Erklärung hierfür kann in den spezifischen milieugeprägten Umgangsweisen mit den formalen Regeln der Schule liegen, die den Schüler/-innen nicht vertraut sind. Fremdheit kann ebenso gegenüber dem Organisationsmilieu von Schule und Unterricht bestehen, das nicht verstehend zugänglich ist, sondern (zunächst) interpretativ erschlossen werden muss.

Anhand von zwei Aspekten sollen die Milieuunterschiede zwischen Schüler/-innen aus sozio-ökonomisch privilegierten und nicht privilegierten Milieus exemplarisch vorgestellt und vergleichend betrachtet werden: Zum einen Vorstellungen, die Kinder und Jugendliche unterschiedlicher sozialer Milieus über Schule und Unterricht haben, und zum anderen die Verwendung von Sprache im schulisch-unterrichtlichen Kontext. **Vorstellungen über Schule und Unterricht**

Die Unterschiede sollen anhand der Ergebnisse zweier aktueller Studien illustriert werden. Während Jünger (2008) ihre Untersuchung mit schweizerischen Primarschüler/-innen durchgeführt hat, haben Lange-Vester und Redlich (2010) deutsche Hauptschüler/-innen mit Gymnasiast/-innen entlang ihrer Vorstellungen zu Schule und Unterricht verglichen. Die in den Studien erkannten Differenzen zwischen Vorstellungen von Kindern und Jugendlichen, die verschiedenen sozio-ökonomischen Milieus angehören, sollen entlang der Bedeutung von Lerninhalten und schulischer Bildung sowie der Bearbeitung und Umgangsweise mit schulischen Regeln konkretisiert werden (Lange-Vester/Redlich 2010, 194 ff). Während Jünger (2008) zwischen nicht ressourcenprivilegierten und ressourcenprivilegierten Schüler/-innen unterscheidet, ziehen Lange-Vester und Redlich (2010) die Schultypen stellvertretend für die unterschiedliche Milieuzugehörigkeit heran, indem sie sich auf die Unterschiede der Sozialmilieuzugehörigkeit von Schüler/-innen der zwei Schulformen beziehen (Lange-Vester/Redlich 2010, 185).

Die Bedeutung schulischen Lernens wird von privilegierten Kindern wesentlich in den *Inhalten* gesehen, während die nicht privilegierten diese *funktional verstehen;* dies zeigt sich in den mit den Kindern geführten Gruppendiskussionen: Nicht Lerninhalte, sondern deren Funktionalität und Tätigkeiten wie Lesen, Schreiben und Rechnen werden von ihnen thematisiert. Eine kritische Auseinandersetzung mit den Unterrichtsinhalten, die über eine spätere Verwendung in der Berufstätigkeit hinausgeht und im aktuellen Interesse gefunden wird, kennzeichnet die Vorstellungen der Kinder aus sozio-ökonomisch **Lerninhalte** privilegierten Milieus (Jünger 2008, 157 ff). Der Unterschied zwischen den Gruppen hat bildungsbezogene Konsequenzen, und zwar sowohl auf der Ebene von Zertifikaten als auch auf der von Kompetenzen. Vergegenwärtigt man sich, dass die Schüler/-innen aus nicht privilegierten Milieus auf die Schule als Bildungsort angewiesen sind, da ihr familiäres Umfeld ihnen nicht die Möglichkeit der Auseinandersetzung mit den Inhalten eröffnet, wirkt der Unterschied besonders benachteiligend; hierin unterscheiden sich diese Schüler/-innen von der privilegierten Gruppe, die auch im außerschulischen Umfeld entsprechende bildungsbezogene Angebote erhält. Darüber hinaus ist die Position der privilegierten Kinder gestärkt, da ihre Eltern intervenieren, so sie das Gefühl haben, dass ihre Kinder vonseiten der Schule keine ausreichenden Angebote erhalten (Jünger 2010, 177 f).

schulische Bildung   Die Äußerungen der deutschen Hauptschüler/-innen und Gymnasiast/-innen enthalten vergleichbare Unterschiede in ihren Verständnissen von schulischer Bildung wie sie Jünger (2008) zwischen den nicht ressourcenprivilegierten und den ressourcenprivilegierten schweizerischen Grundschüler/-innen gefunden hat: So verstehen die Hauptschüler/-innen Schule und Bildung als eine Notwendigkeit. Sie wird mit der Funktion verbunden, *Zertifikate für den Übertritt* in eine berufliche Ausbildung und/oder die Möglichkeit eines weiteren Schulbesuches zu erhalten. Die Schule wird von dieser Gruppe nicht als ein Ort erlebt, an dem das eigene Selbstvertrauen gestärkt wird. Im Gegensatz zu ihnen setzen die Gymnasiast/-innen sich kritisch mit den Lehrpersonen und ihrer Unterrichtsgestaltung auseinander. Die Bedeutung einer *zweckfreien Bildung* jenseits ökonomischer Verwertbarkeit zeigt sich sowohl in den Äußerungen der Schüler/-innen des Gymnasiums als auch der Kinder aus ressourcenprivilegierten Milieus deutlich (Jünger 2008, 413 ff; Lange-Vester/Redlich 2010, 202). Ein solches Verständnis von (schulischer) Bildung wird familiär tradiert. Es wird im Prozess der Sozialisation und des Aufwachsens erfahren und häufig von der Schule honoriert (Bourdieu 1992, 31).

Kritik gegenüber Schule und Unterricht   Schüler/-innen aus nicht ressourcenprivilegierten Milieus unterscheiden sich gegenüber jenen privilegierter Milieus in ihren Kritikformen und ihrem Verhalten gegenüber der Schule und v. a. gegenüber dem Unterricht. So üben erstgenannte kaum Kritik an der Schule. Dies steht in Verbindung mit einer idealisierenden Perspektive und Haltung gegenüber der pädagogischen Organisation und den Lehrkräften. Schulisches Lernen wird in seiner Funktionalität für das Leben als Erwachsene/r konzeptualisiert und gedacht. Dabei dominiert eine Orientierung an der Abwendung negativer Vorstellungen von der Zukunft, die in Erwerbslosigkeit und Armut gesehen wird. Die Schüler/-innen der privilegierten Milieus üben Kritik am Unterricht und auch an den dort thematisierten Inhalten. Im Vergleich zu ihren nicht-privilegierten Peers werden sie häufig als selbstbewusster von den Lehrpersonen wahrgenommen, während den Kindern aus nicht ressourcenprivilegierter Milieus diese – positiv gewertete Eigenschaft – nicht attestiert wird (Jünger 2010, 171 ff).

Die erwähnte Kritiklosigkeit der nicht-privilegierten Schüler/-innen besteht auch gegenüber den Lerninhalten, die im Unterricht angeboten werden und denen die Schüler/-innen hier in weiten Teilen erstmalig begegnen. Hierin unterscheiden sie sich von ihren Peers aus privilegierten Milieus, denen die Lehrinhalte weitestgehend bekannt und vertraut sind und die Kritik äußern (können), wenn die Lerninhalte nicht ihren Erwartungen und ihren Vorkenntnissen entsprechen. In der Folge können die Lehrpersonen die Kritik aufnehmen und die Unterrichtsgestaltung entsprechend modifizieren. Dies wird, verbunden mit dem unterrichtlichen Ziel der Kritikfähigkeit, entsprechend positiv honoriert (Jünger 2010, 174 f).

Die Sprache, die in Schule und Unterricht verwendet wird, mit deren Hilfe Inhalte und Regeln transportiert werden, stellt einen zweiten Bereich dar, durch den für Schüler/-innen aus nicht privilegierten Milieus Nachteile entstehen. Die in der Schule von den Lehrpersonen verwendete Sprache wird als „Bildungssprache" bezeichnet (Gogolin 2010, 212). Sie umschreibt mehr als linguistische Aspekte und kann auch als „sprachlicher Habitus" bezeichnet werden. Zu ihm zählt, neben dem Wortschatz und den verwendeten Begriffen auch die Art und Weise der Kommunikation (z. B., wie Fragen gestellt werden und wie auf diese geantwortet wird).

Bildungssprache

Die Bildungssprache ist stark an der Schriftsprache orientiert und zeichnet sich durch Substantivierungen, Wortzusammensetzungen, Konjunktionen und abstrakte Begriffe aus (Schütte/Kaiser 2011, 245). Ein solcher akademisch geprägter Gebrauch von Sprache findet sich (eher) in Milieus, die mit dem Gebrauch von Schriftsprache vertraut sind und diese als kommunikatives Ausdrucksmittel in der alltäglichen Lebenspraxis verwenden. Dies sind jene Milieus, die über mehr ökonomisches und kulturelles Kapital verfügen als jene, deren Alltagssprache, deren Mündlichkeit, weiter von der Schriftsprache entfernt ist. Mittels der Bildungssprache werden unterrichtliche Inhalte vermittelt. Schüler/-innen, denen diese Art des Sprachgebrauchs fremd ist, sind mehr als jene, die hiermit vertraut sind, über das Verstehen der Inhalte herausgefordert, den sprachlichen Code zu erfassen

(Zevenbergen 2001, 209). Gogolin bezeichnet den sprachlichen Habitus der deutschen Schule als „monolingual" (Gogolin 2008).

Die unterschiedlichen (milieugeprägten) Verständnisse, welche die Schüler/-innen von Schule haben, werden in der Schule zu einem Vor- oder Nachteil, wenn vonseiten der Organisation bzw. ihrer Vertreter/-innen Perspektiven bewertet und in die Relation von besser/schlechter zueinander gesetzt werden. Die milieugeprägten Orientierungen von Bildung und Lernen in der Schule, über die die untersuchten ressourcenprivilegierten Schüler/-innen und Gymnasiast/-innen verfügen, finden (häufig) eine Milieuentsprechung in der Lehrerschaft, die zu weiten Teilen diesem ressourcenprivilegierten und bildungsorientiertem Milieu entstammt. Werden formale Regeln der Schule überwiegend aus der Perspektive spezifischer Milieus vorgenommen, kann dies zu einer systematischen Benachteiligung jener sozialer Gruppen führen, die anderen Milieus angehören.

4.2 Geschlechterbedingte Heterogenität im Kontext von Schule und Unterricht

Das Geschlecht ist neben der sozio-ökonomischen Differenz eine weitere gesellschaftlich etablierte Differenzkategorie. In der Zweidimensionalität, in der sie alltagssprachlich und -praktisch gebraucht wird, stellt sie, neben der sozio-ökonomischen Zugehörigkeit ein *zentrales gesellschaftliches Strukturierungsprinzip* dar.

So beschreibt „Geschlecht" auf den ersten Blick eine horizontale Gliederung der Gesellschaft. Die binäre Unterscheidung zwischen männlich und weiblich hat jedoch auch eine vertikale Komponente, die sich z. B. in der geschlechtsspezifischen Arbeitsteilung zeigt. Die Zuschreibungen, was als männlich und was als weiblich gilt, unterscheiden sich zwar in unterschiedlichen Kulturen; *dass* diese Unterscheidung getroffen wird, darin unterscheiden sie sich jedoch nicht. Die Unterscheidung zwischen weiblich und männlich ist in der Gesellschaft eine Selbstverständlichkeit (Krais/Gebauer 2002, 49).

Die Differenzdimension soll in diesem Abschnitt in Bezug auf schulische Formen der Benachteiligung vorgestellt werden. Dazu wird zunächst aufgeführt, wie Geschlecht aus einer sozial konstruktivistisch, ethnografisch fundierten Perspektive verstanden wird. Anhand der Differenzdimension „Geschlecht" lässt sich besonders die, auch für andere Dimensionen geltende Zuschreibungspraxis von Binarität, also einer Zweiseitigkeit, beschreiben. Geschlecht stellt einen zentralen Bezugspunkt dar, nach dem sich menschliche Interaktionen ausrichten.

4.2.1 Geschlechtsbedingte Heterogenität

Im Alltag wird üblicherweise von einer binären Unterscheidung von Männern und Frauen, Mädchen und Jungen ausgegangen. Hier soll aufgezeigt werden, dass Geschlecht eine Heterogenitätsdimension ist respektive milieugeprägte Erfahrungen hervorruft, die in interaktiven Situationen alltäglicher Praxis hergestellt und bearbeitet werden (West/Zimmerman 1987, 126 f). Geschlecht wird entlang dieser Überlegungen nicht als eine biologisch determinierte Kategorie verstanden, sondern als *soziale Konstruktion*, die zugleich mehrdimensional ist. Dies kommt sowohl in den Praktiken als auch in den sprachlichen Bezügen und kulturellen Repräsentationen zum Ausdruck. Die Menschen eines geschlechtsbezogenen Milieus teilen soziale Erfahrungen (Goffman 2001, 106 ff). Im engen Zusammenspiel mit anderen Milieudimensionen, die einander überlappen, leben und praktizieren Menschen Geschlechtlichkeit und Geschlechtszugehörigkeit.

binäre Unterscheidung

Geschlecht als ein soziales Konstrukt zu verstehen, verbunden mit dem Ziel der Überwindung einer einseitigen Betrachtung, wird seit den 1980er-Jahren in der deutschsprachigen Erziehungswissenschaft diskutiert (Faulstich-Wieland 2004a, 176). Die Überlegungen sind wesentlich inspiriert vom Ansatz des „doing gender" (West/Zimmerman 1987, 126). Dieser unterscheidet zwischen „sex", „sex category" und „gender", um Geschlecht innerhalb der Gesellschaft zu erklären (West/Zimmerman 1987, 127). „Doing" im Zusammenhang mit „gender" unterstreicht die Aktivität der Akteure/-innen in dem Prozess.

„doing gender"

> **Erklärungen für Geschlecht innerhalb der Gesellschaft**
> - **Sex** Sex verweist auf biologische Merkmale, anhand derer Geschlechtlichkeit definiert wird. Hierzu zählen beispielsweise Chromosomen und sichtbare Genitalien. Dass diese biologisch-genetischen Kriterien definierend herangezogen werden, geht auf Absprachen und Einigungsprozesse zurück, in denen sie festgelegt wurden. Die Unterscheidungen, die mithilfe dieser Merkmale vorgenommen werden, rekurrieren auf die Differenz männlich/weiblich. Die Unterscheidung zwischen Männern und Frauen, wie sie in

der Alltagssprache vorgenommen wird, orientiert sich wesentlich an einem solchen Verständnis, in dem Geschlecht als eine natürlich gegebene und eindeutige Kategorie vorliegt, die zudem mit spezifisch geschlechtlichen Verhaltensweisen und Eigenschaften einhergeht (West/Zimmerman 1987, 127f).

■ **sex category** Mit „sex category" ist die Anwendung der Kategorie „sex" im Alltag gemeint. Da im Alltag die biologischen Kriterien, mit deren Hilfe männlich/weiblich erkannt werden kann, nicht unmittelbar sichtbar bzw. erkennbar sind, wird die Zugehörigkeit zu „sex" mittels „sex category" zugeschrieben. „Sex category" stellt also eine Art Platzhalter für die nicht erkennbare Zuordnung zu sex dar. Aufgrund im Alltag sichtbarer Merkmale wie Kleidung, Frisur und Schmuck einer Person wird ihr ein Geschlecht entlang der „sex category" zugeschrieben, ohne dass geschlechtsprägende Merkmale im Sinne von sex sichtbar wären und/oder das so Zugeschriebene im Sinne von „sex" mit der „sex category" korrespondiert (West/Zimmerman 1987, 127). Mit der im zweiten Kapitel eingeführten Terminologie kann „sex category" als Form kultureller Repräsentation beschrieben werden.

■ **gender** Die Praxis der Herstellung von Geschlecht wird als „gender" bezeichnet. Dieses Verständnis korrespondiert mit der in der Praxis alltäglichen Lebensführung und verweist auf die Praktiken, mit denen der Alltag bestritten wird. Die Praktiken verweisen auf intersubjektive Validierung, also Bestätigung und Anerkennung als Mann/Frau in der Selbst- und Fremdzuschreibung. Diese basierten auf Vorstellungen von adäquatem, also geschlechtsangemessenem Verhalten. Gender bezogene Praktiken sind mit der „sex category" eng verbunden. So stellen die Zuordnungskriterien eine Grundlage dar, von anderen und einem selbst als zugehörig zu einem geschlechtlichen Milieu anerkannt zu werden (Faulstich-Wieland 2004a, 177; West/Zimmerman 1987, 127).

Praktiken des „doing gender" — Die kategoriale Zuschreibung von männlich und/oder weiblich erfolgt durch Interpretation und Zuschreibung dieser Merkmale, die nicht natürlich und damit statisch, sondern kulturell hervorgebracht sind. Die Geschlechtlichkeit zeigt sich in den Interaktionsformen wie auch in körperlicher Bewegung.

Dies zeigt sich besonders deutlich am Beispiel von Menschen, die an einem bestimmten Zeitpunkt ihres Lebens entscheiden, ihre geschlechtliche Zugehörigkeit, gender und/oder ihr biologisches Geschlecht zu wechseln. Sie müssen jene Praktiken und deren spezielle Art der Ausführung erst erlernen, die kulturell dem anderen Geschlecht zugeschrieben werden und in denen deren Angehörige von Geburt an sozialisiert wurden. Sie sind herausgefordert, äußere Erkennungsmerkmale, Verhaltensweisen und weitere kulturelle Symbole zu verändern, um in der Selbst- und Fremdzuschreibung als das je gewünschte Geschlecht anerkannt zu werden. Diese werden v. a. während der Transformationsphase sehr deutlich und genau ausgeführt, um die Attribute nach außen zu verdeutlichen und für andere sichtlich erkennbar zu machen, um so jeglicher Verwechselung durch andere vorzubeugen und deren Anerkennung zu erhalten. Dies kann von Männern zum Ausdruck gebracht werden, die auf der Ebene sichtbarer kultureller Repräsentationen als dem weiblichen Geschlecht zugehörig erkannt werden wollen (durch das Tragen von Kleidern oder Röcken, hohen Schuhen, langen Haaren und/oder Schminke etc.) oder in ihren Verhaltensweisen (wie Ängstlichkeit, dem Lachen und weiteren vorgestellten Zuschreibungen von Gendermerkmalen). Dieser geschlechtliche Migrationsprozess zeigt sich häufig darin, dass – aus einer beobachtenden Perspektive – die Praktiken übertrieben wirken (Hirschauer 1999, 49 ff). Geschlechtliche Zugehörigkeit ist, soll sie erkannt werden, auf die *Anerkennung durch andere angewiesen*. Dies stellt die Grundlage für Interaktionen auf der Ebene des Geschlechts dar und findet seinen Ausdruck in Symbolen kultureller Repräsentationen.

Geschlecht ist eine in unserer Gesellschaft omnipräsente Kategorie, von der jede/-r betroffen ist und zu der vermeintlich jeder und jede eindeutig zugeordnet werden kann. Wir reagieren irritiert, wenn wir das Geschlecht einer Person nicht eindeutig zuordnen können. Dies verweist auf die immense Bedeutung, die Geschlecht in unserer Gesellschaft einnimmt, und zwar in seiner zweigeschlechtlichen Ausprägung (Faulstich-Wieland 2008, 240). Die Differenzdimension des Geschlechts als sozial konstruiert zu betrachten, ist durch drei axiomatische, keiner weiteren Erklärung bedürfenden Aspekte gekennzeichnet. Sie erschweren es, die eigene Einbindung in die Herstellung von Geschlecht zu reflektieren. Innerhalb der Gesellschaft wird von einer Konstanz des Geschlechts ausgegangen. Mehr, als dies bei anderen sozialen Dimensionen der Fall ist, ist die Vorstellung leitend, dass Menschen ihr Leben lang dem gleichen Geschlecht angehören. Die Vorstellung von Geschlecht als einem natürlich gegebenen Merkmal ist ebenso weit verbreitet. Die körpergebundene Naturhaftigkeit ist

omnipräsente Kategorie

mit dem dritten Kriterium, der Zweigeschlechtlichkeit, die nur männlich/weiblich kennt, verbunden. Sie kommt beispielsweise in der Namensgebung zum Ausdruck (Faulstich-Wieland 2008, 242).

Dichotomizität Anders als andere soziale Differenzdimensionen und milieugebundene Erfahrungen weist Geschlecht keine Abstufungen auf. Der Erwerb geschlechtlicher Erfahrungen ist Prozess und zugleich *Produkt von Differenzierungen,* Unterscheidungen und Distinktionen, in denen Praktiken als männlich oder weiblich identifiziert und in Verbindung damit als adäquat für die eigenen Handlungen bewertet und eingeschätzt werden. Die antagonistische, d.h. gegensätzliche, Konzeption von männlich und weiblich ist Charakteristikum von Geschlecht. Die Welt, in der wir leben, ist zweigeschlechtlich organisiert und aufgebaut. Kinder werden in diese antagonistischen Muster von Anfang an eingebunden. Das Verinnerlichen dieser Unterscheidungspraxis geht einher mit Vereinfachungen und mit Formen der Unterdrückung, die am binären Zuordnungsschema männlich/weiblich organisiert und konzipiert sind (Krais/Gebauer 2002, 50) und die in der Anerkennung von etwas, das als nicht männlich gilt, weiblich ist (Bourdieu 2005, 18).

Aus der Vielzahl gesellschaftlich und milieugebundener Möglichkeiten an Handlungen wählen Kinder, Mädchen und Jungen, jene aus, die sie für ihr Geschlecht als passend kennenlernen bzw. erfahren, während jene, die diese Kriterien nicht erfüllen, nicht angewendet werden. Diese primäre Sozialisation ist folglich geprägt von Entscheidungen und von der Suche nach Orientierungen, die in den Praktiken anderer vollzogen und mithilfe eines binären Bewertungsschemas analysiert werden (Krais/Gebauer 2002, 50).

Naturhaftigkeit Die Entwicklung geschlechtlicher Identität wird mehr als andere kulturell konstruierten Differenzen als naturgegeben wahrgenommen. Dies wird durch die körperlichen Grundlagen gestützt, die als Bezugspunkt herangezogen werden und sich in der geschlechtsspezifischen Teilung von Arbeit zuspitzt. Die Praktiken, die in den Körper eingeschrieben sind bzw. in diesen eingeschrieben werden, nennt Bourdieu „leibliche Hexis" (Bourdieu 1987, 129). Die Wahrnehmung des eigenen Körpers, Formen des körperlichen Ausdrucks und der Bewegung gelten als männlich/weiblich konnotiert (Krais/Gebauer 2002, 51).

Geschlechtsbezogenes Erfahrungswissen wird in konkreten Situationen und Lebensverhältnissen generiert. Letztere sind gekennzeichnet durch Selbstverständlichkeiten, die nicht hinterfragt werden und ihren Ausdruck z.B. in der Nahrung und deren Aufnahme und in der Kommunikation finden (Faulstich-Wieland 2008, 241). Verschiedene Kulturen lösen diese Alltagsprobleme je unterschiedlich. Gemeinsam ist ihnen jedoch, dass sie unterschiedliche Schemata für männlich und weiblich anbieten. Diese werden praktisch hervorgebracht und repräsentiert. Moderne Gesellschaften unterscheiden sich folglich von sogenannten „traditionellen" nicht darin, dass Geschlecht als grundlegendes Strukturierungsprinzip angewendet wird, sondern in der Art und Weise *wie* Geschlecht hierin herangezogen wird (Krais/Gebauer 2002, 49).

Die geschlechtliche Sozialisation findet im Kontext anderer, sich überlagernder Zugehörigkeiten und Milieus statt und ist folglich kein statisches und normenbezogenes Handeln, sondern differenziert und vielschichtig. Dennoch ist das Geschlecht eines der grundlegenden Strukturierungsprinzipien der Gesellschaften, aller Gesellschaften, und – vielleicht in vergleichbarer Weise wie körperliche Behinderung – mit dem Körper assoziiert sowie als natürliche Unterscheidung in der alltäglichen Praxis prozessiert. Die Erfahrungen beinhalten different anerkannte Verhaltensweisen für unterschiedliche Situationen (Bourdieu 2005, 154 ff).

Geschlecht und Schule: Der Diskurs um Geschlecht in der Schule wird entlang des Begriffs der „Geschlechtergerechtigkeit" geführt (Budde et al. 2008). Gerechtigkeit kann in diesem Zusammenhang unterschiedlich verstanden werden: als Gerechtigkeit für die Geschlechter oder als den Geschlechtern gerecht werdend. Gerechtigkeit als Gleichheit ist dem Ziel gegenüber verantwortet, den Geschlechtern die gleichen Chancen, Zugänge, Rechte und Möglichkeiten zu eröffnen bzw. bereitzustellen. Die Strategie der Bearbeitung von Geschlechterungleichheit, die hieran ansetzt, zielt auf den ausgleichenden Abbau von Stereotypien. Ist das Ziel hingegen, den Geschlechtern mit ihren spezifischen Eigenarten gerecht zu werden, werden Differenzen zwischen ihnen zum Ausgangspunkt genommen. In der Bearbeitung von Ungerechtigkeit bedeutet diese Vorstellung, den Mädchen ihnen angepasste Angebote zu unterbreiten und, um den Jungen gerecht zu werden, männlich orientierte Angebote (Budde et al. 2008, 11 f).

Geschlechtergerechtigkeit

4.2.2 Benachteiligungen und Schlechterstellung in Schule und Unterricht

In diesem Abschnitt sollen geschlechtsbedingte Benachteiligungen in Schule und Unterricht aufgezeigt werden. Dies erfolgt nach dem Prinzip, das bereits im vorangegangenen Abschnitt gewählt wurde, indem zwischen

- dem allgemeinen Zugang zu Bildungsorganisationen und
- den unterrichtlichen Praktiken, die zu Benachteiligungen führen, unterschieden wird.

Letztgenanntes erfolgt auf der Basis qualitativ empirischer Studien, während Ersteres auf den Ergebnissen der quantitativ ausgerichteten empirischen Bildungsforschung, namentlich PISA, beruht.

Die Beteiligung von Jungen und Mädchen in der Bundesrepublik Deutschland an Bildungsgängen hat sich seit der Durchsetzung der Koedukation in den 1960er-Jahren zugunsten der Mädchen verändert. Hinsichtlich der fachlichen Kompetenzen, die in der Schule vermittelt werden, bestehen Unterschiede zwischen den Jungen und Mädchen; sie sind fachspezifisch. Die Skizzierung dieser Differenzen erfolgt wesentlich auf der Datengrundlage der PISA-Studien (Klieme et al. 2010).

Beteiligung und Zugang zu Bildungsgängen und Fachkompetenzen: Abbildung 5 zeigt die Beteiligung der Schüler/-innen Hamburgs an den unterschiedlichen Bildungsgängen respektive Schultypen im Schuljahr 2010/2011 („Gym" steht für Gymnasium, „IGS" für Integrative Gesamtschule, die in Hamburg als Stadtteilschulen bezeichnet werden, „SmBG" für Schulen mit mehreren Bildungsgängen und „FS" für Förderschulen).

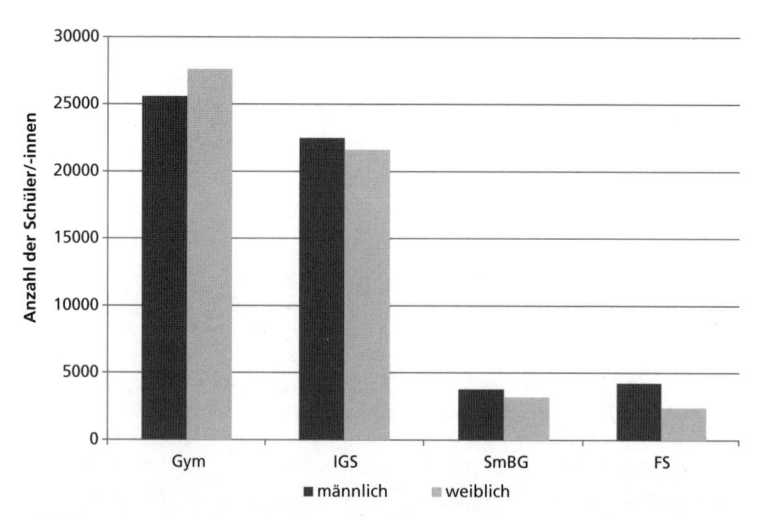

Abb. 5: Schüler/-innenverteilung nach Schultypen, Sek 1, Hamburg, Schuljahr 2010/2011 (nach Statistisches Bundesamt 2012a)

Die Abbildung zeigt, dass der Anteil der Schülerinnen am Gymnasium höher ist als derjenige der Jungen. In der Integrativen Gesamtschule, der sogenannten „Stadtteilschule", wie auch an der Schule mit mehreren Bildungsgängen und an den Förderschulen ist der Anteil der Jungen höher. Während dieser Anteil in den Förderschulen deutlich höher ist, ist der Unterschied in den Stadtteilschulen nicht vergleichbar groß. Die Gruppe der Mädchen besucht im Durchschnitt höhere Bildungsgänge, und das ist ein Trend, der seit den 1980er-Jahren besteht und sich seither vergrößert hat (Faulstich-Wieland 2004b, 1).

In den 1960er-Jahren galt die Kunstfigur des „katholischen Arbeitermädchens vom Lande" (Dahrendorf 1965) im Schulsystem als am stärksten benachteiligt. Heute sind Jungen als soziale Gruppe häufiger von Bildungsbenachteiligung betroffen; als Kunstfigur lässt sich diese zusammenfassen als „Migrantenjungen aus Arbeiterfamilien in der Großstadt". Ein Vergleich der zwei Figuren zeigt, dass sich Bildungsbenachteiligung wandeln kann (*zur kritischen Auseinandersetzung siehe unten*).

Bildungsbenachteiligung im Wandel

Die Daten, die der PISA-Studie von 2009 entnommen sind, zeigen an, wie viel Prozent der Mädchen im Vergleich zu den Jungen welche Kompetenzstufe im Lesen erreicht.

Kompetenzstufe beim Lesen
- „VI: Jugendliche auf dieser Stufe können Schlussfolgerungen, Vergleiche und Gegenüberstellungen detailgenau und präzise anstellen. Dabei entwickeln sie ein volles und detailliertes Verständnis eines oder mehrerer Texte und verbinden dabei unter Umständen gedanklich Informationen aus mehrere Texten miteinander. Hierbei kann auch die Auseinandersetzung mit ungewohnten Ideen gefordert sein, genauso wie der kompetente Umgang mit konkurrierenden Informationen und abstrakten Interpretationskategorien sowie hohe Präzision im Umgang mit zum Teil unauffälligen Textdetails.
- V: Jugendliche auf dieser Stufe können sowohl mehrere tief eingebettete Informationen finden, ordnen und herausfinden, welche davon jeweils relevant sind, als auch ausgehend von Fachwissen eine kritische Beurteilung oder Hypothesen anstellen: Die Aufgaben dieser Stufe setzen in der Regel ein volles und detailliertes Verständnis von Texten voraus, deren Inhalt oder Form ungewohnt ist. Zudem muss mit Konzepten umgegangen werden, die im Gegensatz zum Erwarteten stehen.
- IV: Aufgaben dieser Kompetenzstufe erfordern vom Leser/von der Leserin, linguistischen oder thematischen Verknüpfungen in einem Text über mehrere Abschnitte zu folgen, oftmals ohne Verfügbarkeit

eindeutiger Kennzeichen im Text, um eingebettete Informationen zu finden, zu interpretieren und zu bewerten oder um psychologische oder philosophische Bedeutungen zu erschließen. Insgesamt muss ein genaues Verständnis langer oder komplexer Texte, deren Inhalt oder Form ungewohnt sein kann, unter Beweis gestellt werden.

- III: Aufgaben dieser Kompetenzstufe erfordern vom Leser/von der Leserin, vorhandenes Wissen über die Organisation und den Aufbau von Texten zu nutzen, implizite oder explizite logische Relationen (z. B. Ursache-Wirkungs-Beziehungen) über mehrere Sätze oder Textabschnitte zu erkennen, mit dem Ziel, Informationen im Text zu lokalisieren, zu interpretieren und zu bewerten. Einige Aufgaben verlangen vom Leser/von der Leserin, einen Zusammenhang zu begreifen oder die Bedeutung des Wortes oder Satzes zu analysieren. Häufig sind die benötigten Informationen dabei nicht leicht sichtbar oder Passagen eines Textes laufen eigenen Erwartungen zuwider.
- II: Jugendliche auf dieser Stufe können innerhalb eines Textabschnitts logischen und linguistischen Verknüpfungen folgen, mit dem Ziel, Informationen im Text zu lokalisieren oder zu interpretieren; im Text oder über Textabschnitte verteilte Informationen aufeinander beziehen, um die Absicht des Autors zu erschließen. Bei Aufgaben dieser Stufe müssen unter Umständen auf der Grundlage eines einzigen Textbestandteils Vergleiche und Gegenüberstellungen vorgenommen werden oder es müssen, ausgehend von eigenen Erfahrungen oder Standpunkten, Vergleiche angestellt oder Zusammenhänge zwischen dem Text und nicht im Text enthaltenen Informationen erkannt werden.
- Ia: Aufgaben dieser Kompetenzstufe erfordern vom Leser/von der Leserin, in einem Text zu einem vertrauten Thema eine oder mehrere unabhängige, explizit ausgedrückte Informationen zu lokalisieren, das Hauptthema oder die Absicht des Autors zu erkennen oder einen einfachen Zusammenhang zwischen den im Text enthaltenen Informationen und allgemeinem Alltagswissen herzustellen. Die erforderlichen Informationen sind in der Regel leicht sichtbar, und es sind nur wenige beziehungsweise keine konkurrierenden Informationen vorhanden. Der Leser wird explizit auf die entscheidenden Elemente in der Aufgabe und im Text hingewiesen.
- Ib: Jugendliche auf dieser Stufe können in einem kurzen, syntaktisch einfachen Text aus einem gewohnten Kontext, dessen Form vertraut ist (z. B. in einer einfachen Liste oder Erzählung), eine einzige, explizit ausgedrückte Information lokalisieren, die leicht sichtbar ist. Der Text enthält in der Regel Hilfestellungen für den Leser, wie Wiederholungen, Bilder oder bekannte Symbole. Es gibt kaum konkurrierende Informationen. Bei anderen Aufgaben müssen einfache Zusammenhänge zwischen benachbarten Informationen hergestellt werden."

(Klieme et al. 2010, 28)

Abbildung 6 zeigt, dass die Gruppe der Mädchen im Lesen durchschnittlich höhere Kompetenzstufen erreicht als die der Jungen: Ab der Kompetenzstufe IV wird der Unterschied gegenüber den Jungen besonders deutlich. In den unteren Kompetenzstufen sind die Jungen stärker vertreten. In den Stufen Ia und Ib sind knapp 20 % der Jungen vertreten. Vergleichbare Ergebnisse zeigen sich in der PISA-Studie 2012 (Klieme et al. 2013, 238). In der Abbildung wird ausschließlich auf eine Milieudimension Bezug genommen, weitere werden nicht berücksichtigt. Inwiefern und ob Jungen vor diesem Hintergrund als Verlierer im Schulsystem betrachtet werden können, wird unten diskutiert.

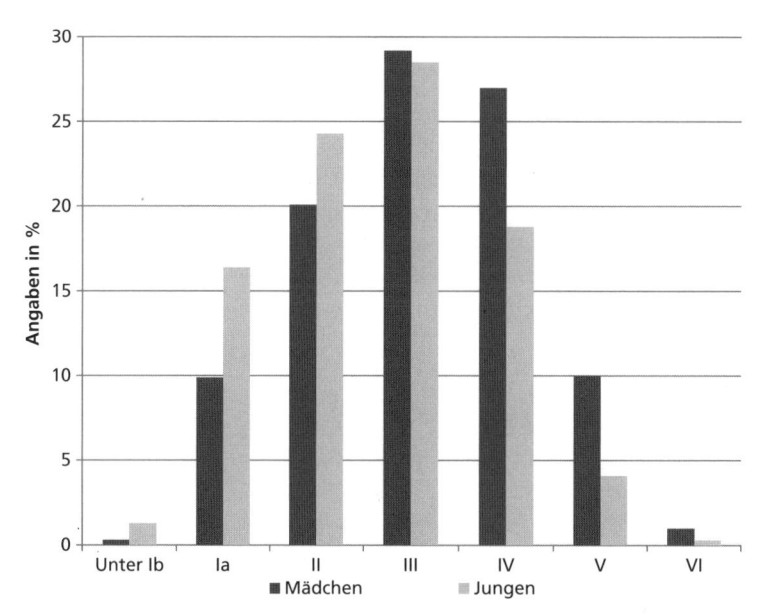

Abb. 6: Verteilung Jungen und Mädchen, Kompetenzstufen Lesen, PISA 2009 (nach Klieme et al. 2010, 309)

In den Naturwissenschaften und der Mathematik schneiden die Jungen bei PISA deutlich besser ab als die Mädchen (Klieme et al. 2010, 156 ff, 181 ff). Eine Tatsache, die die Diskussion um koedukativen Unterricht erneut entfacht hat.

Die Einführung der Koedukation in den 1960er-Jahren war umstritten (Faulstich-Wieland 1991, 30 f) und stellt auch heute einen strittigen Punkt dar (Überblick bei: Faulstich-Wieland / Scholand 2010). Grund hierfür ist die pragmatische Art, mit der die Koeduka-

Koedukationsdiskussion

tion eingeführt wurde: Weder gab es inhaltliche noch curriculare Veränderungen jener Vorgaben, die zuvor für Jungen / Männer ausgearbeitet wurden – Curricula und Lehrpläne, die vor dem Hintergrund geschlechterdifferenten Lernens konzipiert wurden. Erst später kam es zu Überarbeitungen in Gestalt geschlechtsbezogener Spezifizierungen, wie beispielsweise das Herausheben von Fremdsprachen für die Bildungsprozesse von Mädchen (Faulstich-Wieland 1991, 33 f) *(siehe Kapitel 3.2).*

In Österreich hingegen ist der Sportunterricht, das Turnen, bis heute geschlechterdifferent organisiert, gleiches gilt für einige Kantone der Schweiz (für Österreich: Republik Österreich 2012, § 8b (1); Kanton Graubünden 2010, 3). Sowohl in der Schweiz als auch in Österreich ist der monoedukative Unterricht in der Diskussion und Gegenstand von Kritik (Sporterziehung 2012, 23).

Faulstich-Wieland konstatiert, dass im Zuge der von PISA und anderen internationalen Vergleichsstudien aufgezeigten Geschlechtsunterschiede hinsichtlich schulischer und fachunterrichtlicher Leistungen häufig die Forderung abgeleitet wird, den koedukativen Unterricht zugunsten eines monoedukativen aufzugeben. Diese Forderung steht konträr zu der nach Inklusion und Bearbeitung von Heterogenität im Kontext weiterer Differenzdimensionen, wie wir sie in den Differenzdimensionen respektive gegenüber den Milieus sehen und erkennen, die sich durch Migrations- und Behinderungserfahrungen auszeichnen und die in einem reflektierten koedukativen und transklusiven Unterricht aufgehoben sein können (Faulstich-Wieland 2010, 18; Faulstich-Wieland / Scholand 2010, 171 ff).

Die nachfolgenden Ausführungen beruhen auf qualitativen Untersuchungen, die sich mit den Praktiken der Reproduktion geschlechtlicher Ungleichheit auseinandersetzen, also mit Fragen nach dem Wie der Herstellung.

Geschlechter- **Unterrichtliche Benachteiligung:** Nicht nur Schüler /-innen, sondern
stereotype auch Lehrpersonen haben geschlechtsmilieugeprägte Erfahrungen. Diese bringen sie in die Schule mit, und als solche sind sie Bestandteil pädagogischer und unterrichtlicher Praktiken. In den Praktiken der Lehrpersonen (unabhängig davon, ob diese sich und ihren Unterricht als „gender frei", „gender sensibel" oder als „von eindeutigen Unterschieden zwischen den Geschlechtern ausgehend" bezeichnen) findet Budde (2006b, 51) Praktiken, mit denen Geschlechterstereotype verfestigt werden. Dies beobachtet er sowohl bei männlichen wie auch bei weiblichen Lehrpersonen.

Die reproduzierten Stereotypien orientieren sich an Defizitzuschreibungen und/oder an *Remaskulinisierung* für Jungen bei gleichzeitiger *Parteilichkeit für Mädchen* und *Protektionismus* ihnen gegenüber. Diese tradierten Vorstellungen von Männlichkeit und Weiblichkeit finden sich in Praktiken der unterrichtlichen Adressierung als auch in jenen des Übergangs von Pause zu Unterricht. Derartige Stereotypien verhindern den Blick auf die Unterschiede von Jungen und Mädchen, die innerhalb der Geschlechtergruppen bestehen, und führen letztlich zu einer Reduktion auf ein soziales Kriterium (Budde 2006a, 490f). Nohl (2010) folgend stellt dies eine Form der Diskriminierung dar.

Eine ethnografische Studie: In einer ethnografischen Untersuchung an einer Schule, die sich selbst als „geschlechtergerecht" beschreibt, fanden Budde, Scholand und Faulstich-Wieland (2008), dass die Lehrpersonen zwar differenzierte Blicke und Verständnisse auf die Schüler/-innen haben, ihnen aber zugleich stereotypische Vorstellungen zuordnen. So differenzieren sie ihre Lerngruppe nach ruhigen und nicht-ruhigen (normalen) Schüler/-innen. Die Charakterisierung der „stillen Jungen" erfolgt abwertend, es werden keine Unterstützungsüberlegungen vorgenommen. Darin enthalten ist ein stereotypes männliches Verständnis, das sich durch Nicht-ruhig-Sein auszeichnet (Budde et al. 2008, 114f).

> stereotype Vorstellungen

Weiter zeigt das Autorenteam, dass in der untersuchten Schule Disziplinierungen geschlechtsspezifisch sind. Jungen werden häufiger aufgrund ihres allgemeinen Sozialverhaltens von den Lehrpersonen gemaßregelt. Konträr dazu sind die Mädchen in den Vorstellungen der Lehrpersonen angepasster (Budde et al. 2008, 187). In Konflikten auch unter den Schüler/-innen wird das Geschlecht der Jungen dramatisiert und negativ konnotiert (Budde et al. 2008, 209). Für den Werkunterricht (der in Österreich bis Mitte der 1990er-Jahre getrenntgeschlechtlich organisiert war, nun aber koedukativ geführt wird) konnte die Untersuchung aufzeigen, dass den Schülerinnen und Schülern unterschiedliche Fähigkeiten zugeschrieben werden, die mit Stereotypien der Geschlechter korrespondieren: Während den Mädchen Zurückhaltung gegenüber Technik attestiert wird, werden die Jungen als technikinteressierte Gruppe anerkannt. Die Autoren/-innen der Studie heben hervor, dass sie wenig Dramatisierung von Geschlecht im alltäglichen Unterrichtsgeschehen beobachteten, dies hingegen in den unterrichtlichen Routinen und entsprechenden stereotypisierenden Praktiken deutlich wurde (Budde et al. 2008, 271).

Leistungs- Die Einteilung der Jungen und Mädchen der Klasse, die im Rah-
bewertung men der gleichen Studie erfragt wurde, zeigt, dass die Mädchen in der
Zuordnung des Vierfelderschemas auffällig/unauffällig und positiv/
negativ für die Aspekte „Leistung" und „Verhalten" insgesamt posi-
tiver positioniert werden als die Jungen. Die Zuschreibungspraktiken
wurden mit Zeugnisnoten und Ergebnissen in Leistungstests in Beziehung gesetzt. Dieser Vergleich zeigte, dass die Positionierung ne-
gativ/auffällig von Jungen mit schlechteren Noten einhergeht als es
durch die Leistungstests zu erwarten gewesen wäre, während für die
Mädchen mit der Zuschreibung positiv/unauffällig keine Abhängigkeit, kein Muster gegenüber den Zensuren zu erkennen war. Hieraus
schlussfolgert Budde:

> „Die Positionierungen im Feld [haben] einen entscheidenden Einfluss darauf,
> welche Bewertungen damit einhergehen. Während Jungen für ‚jungentypi-
> sches Verhalten' sanktioniert werden, werden Mädchen für ‚mädchentypi-
> sches Verhalten' prämiert." (Budde 2011, 121 f)

Einsozialisierung **Geschlecht und Fachunterricht:** Willems (2007) arbeitet anhand
der Lehrkräfte eines Vergleiches von Physik-, Deutsch- und bilingualem Physikunterricht heraus, dass fachkulturelle (Selbst-)Verständnisse, in die
Lehrkräfte u. a. durch ihre universitäre Ausbildung einsozialisiert sind
und in deren fachkulturellem Milieu sie Erfahrungen machen, ebenso
wie die Einrichtung der Klassenzimmer, in denen der jeweilige Unterricht organisiert wird, die Konstruktion und die Bearbeitung von Ge-
schlecht/gender stützen. So wird die Motivation für das Fach Physik
von den untersuchten Lehrkräften aufseiten der Lernenden verortet.
Dies wird von den Lehrenden so praktiziert, dass nicht alle die Zielsetzung und den Sinn des Fachs erreichen. Mit anderen Worten, nicht
alle Schüler/-innen mit dem Fachunterricht zu erreichen, ist Teil des
Selbstverständnisses des Faches Physik, also als Orientierung innerhalb des fachlichen Milieus, dem die Lehrpersonen angehören (Willems 2007, 259). Auch im Deutschunterricht zeigt sich eine spezifische Form des Umgangs mit (angenommener) Geschlechterdifferenz.
Lehrkräfte erleben die Jungen als weniger interessiert am Fach und
verstehen es als ihre Aufgabe, ihr Interesse gezielt durch Themen und
Lektüre herauszufordern, die sie ansprechen.

Willems' Untersuchung (2007) fokussiert neben Interaktionen v. a.
die Nutzung und Gestaltung der Fachräume in ihrer Symbolik und Bedeutung von Fachkultur. Die Gestaltung der Fachräume spiegelt die
Vorstellung des Faches als exklusiv gegenüber anderen Fächern wider:

Die Exklusivität zeigt sich in abgeschlossenen Räumen, die von den Fachlehrpersonen eingerichtet werden. Der Deutschunterricht findet hingegen im Klassenzimmer statt, einem Raum, der durch die Schüler/-innen mitgestaltet wird und der „ihnen" gehört; die Lehrkräfte kommen zum Unterricht in diesen Raum (Willems 2007, 271 ff).

Faulstich-Wieland (2002) zeigt auf, wie der Unterricht bzw. die Lehrpersonen zu einem unterschiedlichen Interesse ihrer Schüler/-innen am Mathematikunterricht beitragen. Die Darstellung von Mathematik als männlicher Domäne, die Vorstellung, als Lehrperson keinen Einfluss auf die mathematische Entwicklung der Schüler/-innen zu haben, geschlechtsspezifische Begabungskonzepte und Verhaltenserwartungen – das sind jene Orientierungen, die ihre Praktiken leiten. Sie begünstigen es nicht, dass Mädchen Interesse an Mathematik entwickeln (Faulstich-Wieland 2002, 245 f).

Die impliziten Vorstellungen zu Geschlecht über die Lehrpersonen verfügen, werden in ihren unterrichtlichen Interaktionen mit den Schüler/-innen reaktiviert und fließen in diese ein. Thies und Röhner zeigen (2000, 164 f), dass in dem von ihnen beobachteten koedukativ geführten Physikunterricht von unterschiedlichen geschlechtstypischen Vorstellungen der Wissensaneignung ausgegangen wird. So wird den Jungen eine produktive Wissensaneignung zugeschrieben, den Mädchen eine auf Fleiß und Sorgfalt beruhende.

implizite Vorstellungen

In der unterrichtlichen Interaktion findet sich diese Vorstellung in den im Unterrichtsgespräch formulierten Fragen und den anschließenden Aufrufen der Schülerinnen und Schüler wieder: Mädchen werden eher für *Wiederholungsaufgaben*, Jungen meist bei der Beantwortung von *neuen Sachverhalten* aufgerufen. Hierin spiegeln sich geschlechterstereotype Vorstellungen wider, in denen Männlichkeit und nicht Weiblichkeit mit Naturwissenschaften im Zusammenhang gedacht wird. Wenn eine geschlechtliche Differenzierung aktiviert wird, impliziert die Zuschreibung zu einem Geschlecht die Abgrenzung gegenüber dem anderen (Thies/Röhner 2000, 164 ff).

Mit der Veröffentlichung der Ergebnisse der ersten PISA-Studie im Jahr 2001 ist die Diskussion aufgekommen, ob und inwiefern nicht mehr die Mädchen die Verliererinnen im Schul- und Bildungssystem sind, wie bis weit in die zweite Hälfte des 20. Jahrhunderts hinein (*siehe Kapitel 4*), sondern die Jungen (Budde 2006a; Stamm 2008). Die PISA-Studie zeigt, dass Jungen häufiger als Mädchen die unteren Stufen im hierarchisch gegliederten Schulsystem besuchen, wie die Sonder- und Hauptschulen, während Mädchen häufiger am Gymnasium zu finden sind (Sandring 2009, 93). Dass die zunehmende „Feminisierung" der Schule, die v. a. ein Arbeitsplatz und Gestaltungsort von Frauen ist, ein Grund dafür ist, sieht Budde (2006a) nicht so. Er argumentiert, dass sowohl Jungen als auch Mädchen zu den Gruppen der erfolgreichen und der nichterfolgreichen Schüler/-innen gehören und dass weniger das Geschlecht der Lehrperson entscheidend ist, sondern vielmehr ihre *Geschlechtssensibilität*.

Innerhalb der Geschlechtergruppen bestehen große Unterschiede bezüglich der erreichten Kompetenzen. Allein eine geschlechtliche Betrachtung der Ergebnisse wäre verkürzt, da sowohl die Zugehörigkeit zu einem sozio-ökonomischen Milieu als auch ethnische Zuschreibungen von signifikanter Bedeutung für die erreichten Kompetenzen sind. Zudem erreichen Mädchen insgesamt zwar höhere Bildungsabschlüsse als Jungen, bei der Umwandlung dieser Zertifikate in Arbeits- und Ausbildungsverhältnisse sind die Jungen aber erfolgreicher (Budde 2006a, 491).

Geschlechtsbezogene Erwartungen und Erfahrungen sind konstitutiver Bestandteil von Milieus und entsprechend präsent. Jene Vorstellungen, die Lehrpersonen haben, fließen in ihre unterrichtlichen Praktiken ein. Sind ihre impliziten Vorstellungen geschlechtsstereotyp, stellen sie eine potenzielle Form dar, soziale Gruppen (Mädchen/Jungen) im Unterricht zu benachteiligen. Gleiches gilt für die Peer-Interaktionen, in denen sich ebenfalls geschlechtsstereotypische Formen finden können. Diese Ausführungen verweisen wesentlich auf habituell geprägte Formen der Schlechterstellung, die von den Beteiligten nicht notwendigerweise hinterfragt und als solche erkannt werden. Eine gender-reflektierte Betrachtung der geschlechterbezogenen Vorstellungen und die Vielfalt ihrer Anwendung in der Schule und dem Unterricht der Lehrpersonen stellt einen Gegenentwurf zur beschriebenen Situation dar.

4.3 Migrationsbedingte Heterogenität im Kontext von Schule und Unterricht

Ziel dieses Abschnittes ist es, vorzustellen, was unter „migrationsbedingter Heterogenität" – die häufig auch als „kulturelle Heterogenität" bezeichnet wird – zu verstehen ist. Mit den Fragen migrationsbedingter Heterogenität beschäftigt sich die Migrationspädagogik bzw. die Interkulturelle Pädagogik – beide Bezeichnungen werden derzeit gebraucht. Zentral sind dabei Fragen nach Möglichkeiten, Hindernissen und Einschränkungen von Teilhabe und Partizipation unter besonderer Berücksichtigung sprachlicher, kultureller und sozio-ökonomischer Unterschiede (Gogolin/Krüger-Potratz 2006, 11). Migrationsbedingte Differenzen beschreiben eine horizontale Differenzierungsdimension der Gesellschaft, der jedoch auch eine vertikale inhärent ist, v. a. dann und dort, wo Migration wesentlich in die unteren sozio-ökonomischen Milieus einer Gesellschaft erfolgt. Daran anschließend sollen Benachteiligungen, die in Schule und Unterricht entlang von migrationsbedingter Heterogenität bestehen, aufgezeigt werden.

4.3.1 Migrationsbedingte Heterogenität

Als „Migration" werden Bewegungen bezeichnet, die zu einer gänzlichen, vorübergehenden oder teilweisen Verlegung des Arbeits- und/oder Lebenszusammenhangs von Personen führen und über bedeutsame Grenzen hinweg verlaufen (Mecheril 2010b, 7). Politisch-rechtliche Grenzen (z. B. Staatsgrenzen), deren Überschreiten erst den Tatbestand der Migration konstruiert, sind dabei stets symbolische Grenzen, über die Zugehörigkeit rechtlich bestimmt wird. Neben den Staatsgrenzen sind z. B. auch die Außengrenzen der Europäischen Union relevant, wenn es um die Beschreibung von Migration und die Definition von Zugehörigkeit geht (Mecheril 2010b, 12).   **Migration**

Territoriale Grenzen markieren also rechtliche Räume, in denen Formen von Zugehörigkeit – und damit auch von Nichtzugehörigkeit – geregelt und formal zugeteilt werden. Dabei ist der rechtliche Raum in Nationalstaaten europäischer Prägung auf unterschiedliche Weise mit dem Recht der Staatsangehörigkeit verknüpft. Die Staatsangehörigkeit kann – je nach gesetzlicher Regelung – mit der Geburt und/oder nachträglich erworben werden und unterscheidet verschiedene Abstufungen. Zugehörigkeit zu einem Raum bedeutet, über die dort garantierten Rechte zu verfügen. Dabei ist zu beachten, dass heutige Grenzen und Räume in historischen Auseinandersetzungen entstanden sind und als solche dauerhaften Wandlungsprozessen unterliegen. So verlieren beispielsweise nationalstaatliche Grenzen innerhalb Europas zunehmend an Bedeutung. Migration stellt allerdings kein neues Phänomen unserer Zeit dar. Vielmehr hat es sie in allen Epochen gegeben, wobei sich Migrationspraktiken und -möglichkeiten je nach historischen und kulturell-sozialen Zusammenhängen unterscheiden (Mar Castro Varela/Mecheril 2010, 24 f).

Migration kann durch ganz unterschiedliche Gründe motiviert sein. **Migrationsgründe**
Mehrheitlich handelt es sich um bestimmte Entwicklungen im Aus-

gangsland, die Menschen dazu bewegen oder zwingen, ihren Lebens- und Arbeitsmittelpunkt zu verlegen. Dazu zählen ökonomische und ökologische Aspekte, aber auch Kriege und politische Verfolgung im Ausgangsland. Die Migration selbst – egal ob temporär oder dauerhaft – ist dabei häufig mit der Hoffnung sozialen Aufstiegs und damit mit der Hoffnung auf soziale Veränderung verbunden (Mecheril 2010b, 7f). Mit Mar Castro und Mecheril (2010 26ff) können vier Formen der Migration unterschieden werden:

- Aus- und Übersiedlung
- Arbeitsmigration
- Flucht
- irreguläre Migration

Bei dieser Typisierung ist zu berücksichtigen, dass es sich um eine schematische Vereinfachung von Migrationsprozessen handelt. Die genannten Migrationstypen und ihr Auftreten sind immer im Kontext der jeweiligen gesellschaftlich-politischen Situation sowie der technischen Rahmenbedingungen zu sehen (Mar Castro Varela/Mecheril 2010, 26ff).

Modernisierung durch Einwanderung

In Gesellschaften, die durch Ein- und Auswanderung gekennzeichnet sind, verändern Migrationsprozesse die soziale und die individuelle Wirklichkeit der Menschen: Die gesellschaftliche Realität dieser Ein- und Auswanderungsländer wird durch Migration erzeugt und permanent umgestaltet. Nicht selten gilt Migration für sogenannte „Einwanderungsgesellschaften" auf diese Weise als Ausgangspunkt für Modernisierung und Entwicklung (Mecheril 2010b, 7f). Die Struktur der Gesellschaft wird dadurch heterogener, es kommen neue Milieus hinzu und neue entwickeln sich (Nohl 2010, 156).

Menschen, die in ein Land einwandern, bringen neue Sprachen, Erfahrungen, Wissensstrukturen, Perspektiven, Erwartungen und Praktiken mit. Diese tragen sie zunächst in all jene sozialen Kontexte hinein, an denen sie unmittelbar teilhaben. Mittel- und langfristig führt dies zu grundlegenden Veränderungen in den betreffenden Feldern und gilt für Bildungsorganisationen und die Arbeitswelt in besonderem Maße (Mecheril 2010b, 8).

Von Migration geprägte Milieus werden auf der Ebene kultureller Repräsentationen häufig durch Unterscheidung in nationaler, ethischer und kultureller Hinsicht als anders bzw. different beschrieben. Dies erfolgt in formaler und informaler Hinsicht (Mar Castro Varela/Mecheril 2010, 39; Mecheril 2010b, 14).

Die sogenannte natio-ethno-kulturelle Zugehörigkeit markiert eine zentrale Unterscheidungsdimension innerhalb des Diskurses um Migrationsandere. Dies gilt sowohl für die gesamtgesellschaftliche Betrachtung als auch für Schule und Unterricht im Speziellen. Die drei im Adjektiv „natio-ethno-kulturell" enthaltenen Begrifflichkeiten nehmen zwar Unterschiedliches in den Blick, verweisen aber gleichzeitig aufeinander.

natio-ethno-kulturelle Zugehörigkeit

„Natio" bezieht sich dabei auf den Nationalstaat und fokussiert die nationale, d.h. formale Zugehörigkeit. Die Nation wird hier als kultureller Repräsentant eines ethnischen Kollektivs gedacht, das nationalstaatlich organisiert ist. Obwohl damit lediglich auf die politische Organisationsform und die dort geltenden und praktizierten Gesetze, die formalen Regeln, verwiesen wird, unterstellt diese Sichtweise jeder Nation per se eine ethnische Gleichheit (Mecheril 2010b, 14).

„Ethno" steht für die ethnische Zugehörigkeit, die ihrerseits auf „Kultur" und damit auf den dritten Begriffsaspekt verweist. „Kultur" bezeichnet in diesem Verständnis die Vorstellung, dass es eine Gruppe von Menschen gibt, die sich in ihrem Alltag auf die gleichen historischen Bezüge beruft und auf diese Weise eine homogene kulturelle Praxis begründet, die ihrerseits ethnisch geprägt ist (Mecheril 2010b, 14).

Alle drei Begriffe blenden in der verwendeten Art und Weise aus, dass innerhalb der nationalen, ethnischen und kulturellen Formen des Zusammenlebens differenzierte Milieus und verschiedenartige soziale Praxen (sich überlappende Milieus) existieren. Zudem werden die drei Aspekte statisch definiert, sodass sich neue Praxisformen, die sich unter gesellschaftlich-historischen Bedingungen entwickeln, nicht betrachtet werden können (Mecheril 2010b, 14).

Trotz ihrer Vagheit und fehlenden Dynamik sind die Begriffe für die Formierung und das Verständnis informeller Unterscheidungen zwischen „wir" und „nicht wir" grundlegend. Unterschiede werden auf dieser Basis konstruiert und bearbeitet. Das auf diese Weise hergestellte „Wir" wird dann zur Abgrenzung gegenüber anderen herangezogen, wodurch Differenz auf der Ebene kultureller Repräsentationen entsteht und verfestigt wird.

Im Zusammenspiel der (bildungs-)politischen und sozialen Realität setzt sich der deutschsprachige erziehungswissenschaftliche Diskurs seit den 1970er-Jahren systematisch mit der Frage von migrationsbedingter Heterogenität auseinander.

Ab Mitte der 1960er-Jahre erhielten Kinder und Jugendliche ohne deutschen Pass in der damaligen Bundesrepublik Deutschland das

Schulpflicht für ausländische Kinder

Recht auf den Schulbesuch – verbunden mit der Pflicht dazu. Ihre Beschulung war zu dieser Zeit durch die Annahme geleitet, dass es sich lediglich um eine kurze Verweildauer in der jeweiligen Schule handeln sollte. Ein solches Verständnis knüpfte an die politische Prämisse vorübergehender Aufenthalte von in Deutschland tätigen „Gastarbeitern" und ihren Familien an. Die pädagogische Bearbeitung der migrationsbedingten Heterogenität fand hier ihren Anfang, realisierte sich allerdings noch nicht organisiert oder reflektiert und kaum systematisch (Mecheril 2010a, 56).

Migrationsbedingte Heterogenität wurde in den 1960er-/1970er-Jahren *binär* verstanden, es kam zur Unterscheidung zwischen deutschsprachigen Schüler/-innen einerseits und nicht deutschsprachigen andererseits. Die Anzahl von als „ausländisch" bezeichneten Kindern und Jugendlichen nahm seit Ende der 1960er-Jahre stark zu. In den Schulen und auf administrativer Ebene suchte man in den 1970er-Jahren deshalb nach Lösungen und Bearbeitungsformen dieser Situation, was schließlich zu einer steigenden Zahl an Zusatzangeboten führte (z. B. Sprachförderkursen) (Nohl 2010, 25 f.).

kompensatorische Maßnahmen Diese kompensatorischen Maßnahmen richteten sich ausschließlich an sogenannte „Ausländerkinder". Ziel der Maßnahmen war es, die sprachlichen „Defizite" der nicht deutschsprachigen gegenüber den deutschsprachigen Schüler/-innen zu überwinden. Die Erarbeitung der deutschen Sprache bzw. ihre praktische Anwendung sollte dabei durch heimatkundlichen Unterricht bezogen auf das familiäre „Herkunftsland" für die Schüler/-innen mit Migrationshintergrund unterstützt werden.

Insgesamt waren die eingeleiteten Maßnahmen damit *assimilativ* organisiert, da eine sprachliche Angleichung der „Migrationsanderen" das Ziel war (Gogolin/Krüger-Potratz 2006, 100). Die kompensatorischen und defizitorientierten Unterstützungsleistungen fielen zeitgleich mit den politischen Bemühungen um eine Rückkehr der „Ausländerinnen und Ausländer" in deren sogenannte „Heimat". Dennoch begründeten die genannten Ansätze, die aus der Wahrnehmung einer schulisch-unterrichtlichen Problemsituation heraus resultierten, die Formierung der „Ausländerpädagogik" als erziehungswissenschaftliche Disziplin. Zwischen ihr und der pädagogischen Praxis sowie dem öffentlichen Diskurs bestanden zu dieser Zeit kaum Unterschiede.

Zusammenfassend kann die „Ausländerpädagogik" damit als ein *an Assimilation ausgerichtetes Vorhaben* beschrieben werden (Nohl 2010, 17 ff), in dem Unterschiede gegenüber einer gedachten sprachlichen Normalität als „Defizite" den einzelnen Schüler/-innen (kollektiv gedacht als Gruppe) zugeschrieben werden. Da man die „Defizite" jenen Kindern und Jugendlichen zuschrieb, die als nicht deutschsprachig galten, offenbart sich in der pädagogischen Bemühung um Kompensation die Vorstellung einer (sprachlich) homogenen Gesellschaft (Krüger-Potratz 2005, 100). Der „Ausländerpädagogik" lag vor diesem Hintergrund ein konservatives Gesellschaftsmodell zugrunde: Neben der Sprache bildete die Rückkehr in das „Heimatland" den Bezugspunkt pädagogischer Handlungen. In diesem Sinne bediente die „Ausländerpädagogik" ein Verständnis, das Deutschland den Status eines Einwanderungslandes absprach und eine nur temporäre Migration der „Gastarbeiter" vorsah (Diehm/Radtke 1999, 132 ff).

In den darauffolgenden Jahren wurden die Praktiken und Positionen der als „Ausländerpädagogik" bezeichneten Disziplin innerhalb der erziehungswissenschaftlichen Diskurse zunehmend kritisiert. Dies mündete in einem paradigmatischen, also grundlegenden Wandel, der in der „Interkulturellen Pädagogik" seinen neuen begrifflichen Rahmen fand (Diehm/Radtke 1999, 129). *Paradigmenwechsel zur Interkulturellen Pädagogik*

Aus der disziplinären Kritik formierte sich eine Perspektive, die den „Differenzdiskurs" (Mecheril 2010a, 56) der 1980er-Jahre charakterisiert – die Interkulturelle Pädagogik. Die defizitäre und auf Kompensation ausgerichtete Sichtweise der „Ausländerpädagogik" wurde ebenso hinterfragt wie die Annahme, migrationsbedingte Differenzen ausschließlich als zeitlich begrenzte Erscheinung zu verstehen. Vielmehr betrachtete der Differenzdiskurs die zur Diskussion stehende Migration jetzt als *konstitutiven*, d.h. elementaren, Bestandteil des gesellschaftlichen Miteinanders (Gogolin/Krüger-Potratz 2006, 105).

Wie in der „Ausländerpädagogik" formierte sich auch die Interkulturelle Pädagogik um ein ganz bestimmtes Verständnis von Differenz. Innerhalb der Interkulturellen Pädagogik bildet *Kultur* das zentrale Konzept, um das sich Differenz rankt bzw. das Differenz begründet. Kultur als *Identität stiftendes* und gleichzeitig *Differenz markierendes* Moment löste die Sprache bzw. Sprachdefizite als grundlegendes Unterscheidungskriterium ab. Kultur und kultureller Identität wurde ein enormer Einfluss auf Individuen und die Konstitution von Milieus unterstellt. Dabei waren die Konzepte binär kodiert, d.h., man unterschied zwischen zwei Kulturen – der deutschen und der jeweils anderen – und dachte diese eindimensional und in sich homogen.

Anderssein wurde nicht mehr als Defizit, zumal als ein individuelles, verstanden. Die Kulturen der Migrant/-innen erlangten diskursive Anerkennung. Dies mündete in die Forderung, verschiedene Identitäten zu respektieren (Mecheril 2010a, 56) und zeigt sich in der Aner- *Anerkennung kultureller Identitäten* kennung unterschiedlicher kultureller Identitäten, verbunden mit der Zielsetzung, sie zu erhalten und sie gegenseitig kennenzulernen und zu verstehen. Hierin ist ein emanzipatives Moment enthalten, da nicht mehr nur die Arbeitskraft des Gastarbeiters, sondern der Mensch mit seiner kulturellen Identität der Bezugspunkt pädagogischer Bemühungen wurde (Nohl 2010, 56). Gedacht wird dies in einem Gesellschaftsmodell einer multikulturellen, sich als Einwanderungsland verstehenden Gesellschaft.

Damit wird vonseiten der Interkulturellen Pädagogik gesellschaftspolitische Kritik geübt (Krüger-Potratz 2005, 120). Mit dieser Perspektive verlässt die Interkulturelle Pädagogik die Ebene individueller bzw. milieuspezifischer Problem- und Ursachenzuschreibungen. Strukturelle Fragen der Benachteiligung gelangen verstärkt in den Blick. Differenz wird damit nicht mehr als Defizit gegenüber einer gedachten Norm, sondern als *gleichberechtigt nebeneinanderstehend* und als Anderssein verstanden (Gogolin/Krüger-Potratz 2006, 105).

Auf (bildungs-)politischer Ebene stellt die 1996 von der Kultusministerkonferenz formulierte Empfehlung, *interkulturelle Bildung als einen Bestandteil der Allgemeinbildung* zu begreifen, einen wichtigen Meilenstein dar. Mit dieser verankernden Empfehlung auf bildungspolitischer Ebene wird letztlich die gesellschaftliche Situation einer Einwanderungsgesellschaft durch die Bildungspolitik anerkannt und in rahmende Gestaltungslinien der Schule transferiert. Zudem wird der Adressatenkreis der Maßnahmen erweitert, indem alle Schüler/-innen angesprochen werden (KMK 1996, 5). Gleichzeitig wird ein breiteres pädagogisch relevantes Verständnis gefordert, um „das andere" in den Blick zu nehmen.

Kritik am Kulturverständnis

Kritisiert wird die Verwendung eines Kulturverständnisses, in dem kulturelle Aspekte von Andersartigkeit betont werden. Dabei werden andere Formen von Unterschieden ausgeblendet und der Fokus auf die Kultur gelegt. Eine binäre Form der Zweigruppentheorie wird durch das gewählte Kulturverständnis gestärkt und aufrechterhalten sowie an einigen Stellen erst hergestellt und fokussiert. Kultur dominiert die Begründung von Differenz gegenüber anderen, v.a. sozioökonomischen Unterschieden bzw. ignoriert diese. Die Kritik bezieht sich also nicht auf den Kulturbegriff an sich, sondern auf die Art seines Gebrauchs. Es wird kritisiert, dass Kultur als die entscheidende Differenzdimension in den Blick genommen wird und ausschließlich in einem horizontalen Verhältnis zu den anderen stehend betrachtet wird. Diese Verwendung verweist auf den relativen Charakter des Kulturbegriffs.

Mit diesen entstehen Kulturen erst durch die Relation zu anderen (National-)Kulturen. Der Wunsch oder die Notwendigkeit zur Abgrenzung besteht dann, wenn es um Konkurrenz politischer Macht bzw. deren Sicherung geht und/oder um ökonomische Vorteile und Zugangsberechtigungen. Derartige machtvolle Entscheidungen sind stets in den sozialen Konstruktionen von (kulturbezogenen) Differenzerzeugungs- und Verstetigungsprozessen enthalten. So sind hierarchisierende und hierarchische Momente als feste Bestandteile von Unterscheidungen und Differenzsetzungen nicht neutral (Diehm/Radtke 1999, 62).

Zudem verschließt ein einseitiger und eindimensionaler Blick auf Kultur diese als Ausdruck von unter je spezifischen sozialen und ökonomischen Situationen hergestellten Lebenspraxen und blendet die horizontale wie vertikale Relation aus, in der Kulturen zueinanderstehen (Mecheril 2002, 22).

Seit den 1990er-Jahren differenziert sich der Diskurs innerhalb der Interkulturellen Pädagogik kontinuierlich. Dies erfolgt entlang unterschiedlicher theoretischer Bezüge und inhaltlicher Fokusse wie der wissenssoziologischen Perspektiven (Nohl 2010), der Diskriminierungsperspektive (Gomolla/Radtke 2009) und der Verwendung von Rassismus als Analysekategorie (Mecheril/Melter 2010, 150 ff) sowie religiöse Differenz (Weiße 2010).

Bildungspolitisch markiert die Veröffentlichung der ersten PISA-Studie (PISA-Konsortium 2001) einen markanten Punkt für die Weiterentwicklung der Interkulturellen Pädagogik. Die Studie verweist auf Mängel des deutschen Schulsystems in der Realisierung eines gerechten Anspruchs von Bildungsmöglichkeiten und Lernprozessen im Hinblick auf migrationsbedingte Heterogenität. Der Diskurs geht einher mit einer verengten Fokussierung der Sprachkompetenzen der Kinder und Jugendlichen und führt nicht selten zu Fördermaßnahmen, die einer defizitorientierten Perspektive zuzuordnen sind (Mecheril 2010a, 58). Gleichzeitig wird einer breiten Öffentlichkeit deutlich, dass es der deutschen Schule nicht gelingt, migrationsbedingte Benachteiligung zu überwinden – dies in anderen Schulsystemen und Staaten jedoch erfolgreich(-er) geschieht (Wilmes et al. 2011, 31).

Bildungspolitik

4.3.2 Benachteiligungen und Schlechterstellung in Schule und Unterricht

Kinder und Jugendliche, die als „Migrationsandere" bezeichnet werden, sind im Schulsystem schlechter gestellt bzw. werden durch die Konzepte und Praktiken der Schule und des Unterrichts schlechter gestellt. Der Schule ist es bisher nicht gelungen, eine Passung zwischen schulisch-unterrichtlichen Erwartungen und den biografischen Erfahrungen und Sozialisationsbedingungen von Kindern und Jugendlichen mit Migrationshintergrund herzustellen, die ihnen vergleichbar erfolgreiche Lern- und Bildungsprozesse ermöglicht wie den „Nichtmigrationsanderen". In einem ersten Schritt soll im Folgenden die Schlechterstellung anhand von Zahlen aufgezeigt werden. Die Praktiken werden anschließend vorgestellt.

Beteiligung und Zugang zu Bildungsgängen und Fachkompetenzen: Die nachfolgenden Abbildungen wurden auf der Grundlage des Datenmaterials des Bildungsberichtes erstellt, der sich in weiten Teilen auf Ergebnisse der PISA-Studie stützt (Weishaupt et al. 2012, 67).

Verteilung auf Schultypen Abbildung 7 zeigt, wie sich die Schüler/-innen in Deutschland auf die unterschiedlichen Schultypen bzw. Bildungsgänge verteilen. Der erste, dunkle Balken repräsentiert die Gruppe der Schüler/-innen, die einen eigenen oder familiären Migrationshintergrund haben (mMH); der mittlere und hellste Balken repräsentiert die Gruppe der in Deutschland lernenden Schüler/-innen, die keinen Migrationshintergrund haben (oMH), und der jeweils dritte Balken verweist auf die Situation der 15-jährigen Schüler/-innen in Deutschland insgesamt. Für jede angegebene Schulform, der Hauptschule (HS), der Realschule (RS), den Schulen mit mehreren Bildungsgängen (SMBG), den Gymnasien

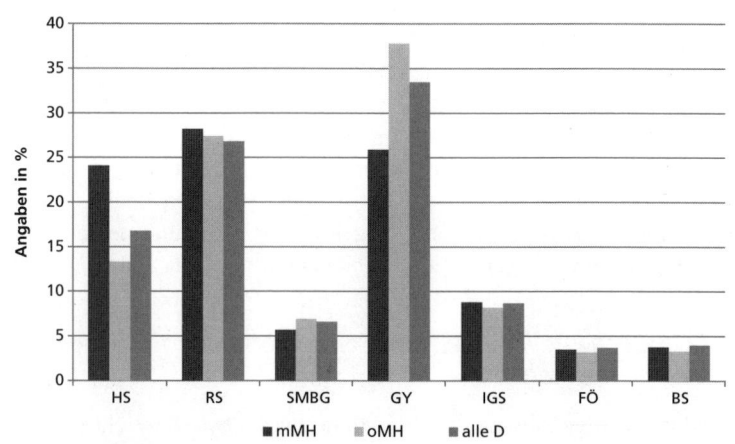

Abb. 7: Verteilung auf Schulformen: 15-Jährige nach mit/ohne Migrationshintergrund (nach Weishaupt et al. 2012, 254)

(GY), den Integrierten Gesamtschulen (IGS), den Förderschulen (FÖ) und den BS (Berufsschulen) werden die Anteile der Schüler/-innen angezeigt. Die Abbildung verdeutlicht, dass sich insbesondere der Besuch von Hauptschule und Gymnasium unterscheidet: Zwar besuchen mehr Schüler/-innen mit Migrationshintergrund ein Gymnasium (26 %) als Hauptschulen (24 %), jedoch ist innerhalb der Schulform der Anteil der Hauptschüler/-innen mit Migrationshintergrund deutlich höher als derjenige der Schüler/-innen ohne Migrationshintergrund. Im Gymnasium dreht sich dieses Bild um, hier übersteigt der Anteil der Schüler/-innen ohne Migrationshintergrund jenen mit. In den anderen Schulformen bzw. Bildungsgängen ist der Anteil vergleichsweise ausgeglichen (Weishaupt et al. 2012, 254).

Es wird deutlich, dass der Zugang zu Schulformen und zu damit verbundenen Bildungsgängen nicht ausgeglichen zwischen Jugendlichen mit und ohne Migrationshintergrund stattfindet, sondern – aus der Sicht privilegierter Schulformen – die Jugendlichen ohne Migrationshintergrund bevorzugt werden. Auch hier sei darauf hingewiesen, dass es sich um eine eindimensionale Darstellung handelt, in der nur ein Milieu betrachtet wird.

Der migrationsspezifische Vergleich, der in Abbildung 8 veranschaulicht ist, zeigt, dass Jugendliche mit Migrationshintergrund (mMH) durchschnittlich einen über 40 Punkte niedrigeren Mittelwert

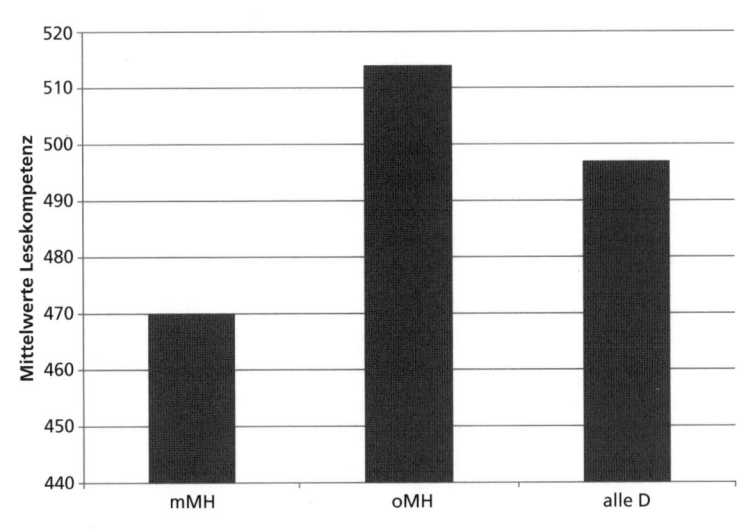

Abb. 8: Lesekompetenz im Vergleich: Schüler/-innen mit und ohne Migrationshintergrund (nach Weishaupt et al. 2012, 254)

in der Lesekompetenz erreichen als ihre Peers ohne Migrationshintergrund (oMH). Die Lesevermittlung im Unterricht gelingt der Schule bei Jugendlichen mit Migrationshintergrund nicht in vergleichbarem Maße wie bei den Schüler/-innen ohne einen solchen. Eine systematische Schlechterstellung der in Deutschland lebenden Jugendlichen mit Migrationshintergrund kommt hier zum Ausdruck (Weishaupt et al. 2012, 254).

Ein vergleichbares Bild zeigt sich in Abbildung 9 bei der Betrachtung der Lesekompetenzen aller Schüler/-innen, die in Deutschland (D) zur Schule gehen, aufgesplittet in Schüler/-innen mit (mMH) und ohne Migrationshintergrund (oMH) und differenziert nach sozio-ökonomischem Status „nsÖS" kürzt niedrigen sozio-ökonomischen Status ab, „hsöS" steht für hohen sozio-ökonomischen Status). Die Verbindung der zwei Differenzdimensionen zeigt, dass Schüler/-innen aus Familien mit höherem sozio-ökonomischen Kapital deutlich besser abschneiden als die Schüler/-innen aus Familien mit niedrigerem. Das sozio-ökonomische Milieu hat mehr Einfluss auf die Lesekompetenzen der Gruppe als der Migrationshintergrund.

Im Anschluss an die auf statistischen Berechnungen fußenden Angaben, die nachweislich die Schlechterstellung von Jugendlichen mit Migrationshintergrund im deutschen Schulsystem belegen, sollen die unterrichtlichen Praktiken, die eine solche Schlechterstellung begüns-

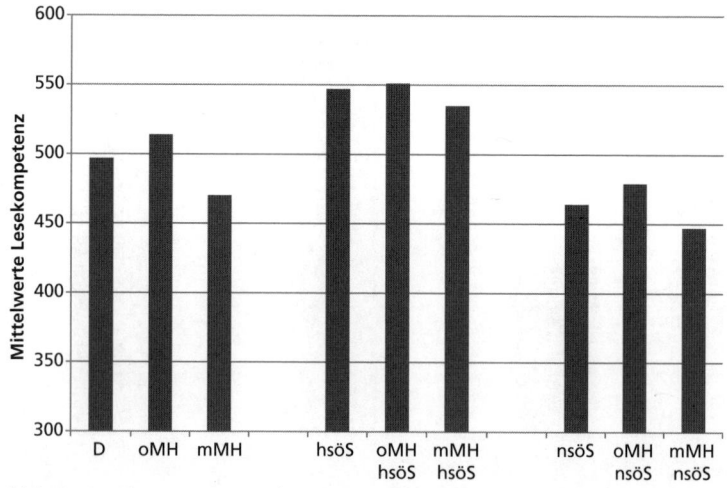

Abb. 9: Lesekompetenz nach Migrationshintergrund und sozialem Status (Datengrundlage: Weishaupt et al. 2012, 254)

tigen, in den Blick genommen werden. Dies erfolgt entlang qualitativ-rekonstruktiver Studien.

Unterrichtliche Benachteiligung: Das Schulsystem ist durch eine kulturelle, nationale und linguale Zentriertheit gekennzeichnet, die historisch eng an die Herausbildung des Nationalstaates gekoppelt ist. Sie stützt und prägt die aktuellen Bearbeitungsformen ebenso wie Unterrichtskonzepte und Lehrmittel, die von sprachlichen und begrifflichen Vorkenntnissen der Schüler/-innen ausgehen. In unterrichtlichem Material und den didaktischen Konzepten stecken Vorstellungen und Erwartungen darüber, was Schüler/-innen bereits können müssen, um mit dem Material lernen zu können. Jene, die bei Schuleintritt bzw. dem jeweiligen Betrachtungszeitpunkt diese Kompetenzen nicht vorweisen, gelangen dann in die Situation, dass Benachteiligungen ihnen als individuelle Defizite zugeschrieben werden (Dirim/Mecheril 2010, 137). *[unterrichtliche Praktiken]*

Der monolinguale und monokulturelle Habitus *(siehe Kapitel 4.1)* charakterisiert das Selbstverständnis und die Verfasstheit des deutschen Schulsystems. Eine Schule, die Mehrsprachigkeit von Kindern und Jugendlichen nicht anerkennt, sondern ignoriert und/oder als Defizit bearbeitet, erkennt einen Teil ihrer Persönlichkeit und ihrer Lebensrealität nicht an und verkennt zugleich einen Teil der gesellschaftlichen Realität (Dirim/Mecheril 2010, 123 f). So die Sicht auf unterrichtliche Lerngegenstände monoperspektivisch konzipiert wird und das Abweichen von dieser in die hierarchische Relation von besser/schlechter gestellt wird, findet Benachteiligung statt. Weber (2003) hat dies in einer qualitativen Studie für die unterrichtliche Ebene und die dort leitenden kulturellen Konzepte rekonstruiert.

Schütte (2009) zeigt anhand einer videobasierten Fallstudie zum Mathematikunterricht in der Grundschule, dass die beobachteten Lehrkräfte bei der Einführung mathematischer Fachbegriffe wesentlich auf alltagssprachliche Begriffe rekurrieren. Erweiternd belegt er gemeinsam mit Kaiser (Schütte/Kaiser 2011), dass im Unterricht bei der Einführung und im Gebrauch mathematischer Fachbegriffe umgangssprachliche und fachsprachliche Verwendungen nicht klar voneinander getrennt werden bzw. auf letztere nicht explizit verwiesen wird. Schüler/-innen, die aus ihrer familiären sprachlichen Sozialisation heraus nicht an die Bildungs- und Fachsprache herangeführt werden, erhalten somit auch im Unterricht keine Möglichkeit, diese zu erwerben. Es kann ihnen somit nicht/kaum gelingen, sich in der Fachkultur respektive Fachsprache der Mathematik zu bewegen. *[Fachsprache Fallstudie]*

Schüler/-innen aus Familien mit Migrationsgeschichte und aus benachteiligten sozialen Milieus sind hiervon betroffen. Die Einführung mathematischer Fachbegriffe berücksichtigt kaum deren fachsprachliche Bedeutung und die bedeutungstragenden Bestandteile. Genau diese werden jedoch in Leistungstests und bei Klassenarbeiten erwartet und häufig vorausgesetzt.

Schüler/-innen, deren Familiensprache nicht der Variante des Deutschen entspricht, die in einer bildungsorientierten Mittelschicht anzutreffenden ist, werden somit im Unterricht durch die sprachliche Interaktionsgestaltung, die dies voraussetzt, benachteiligt (Schütte/Kaiser 2011, 246). Dies gilt gleichermaßen für einsprachige Schüler/-innen, die nicht über eine entsprechende Sprache verfügen. Schüler/-innen erfahren Benachteiligungen, wenn sich die Lehrpersonen an der Annahme orientieren, dass alle Mitglieder der Lerngruppe ihre unterrichtlichen Erklärungen gleichermaßen verstehen. Derartige monolinguale und monohabituelle Vorstellungen der Lehrer/-innen führen zu Schlechterstellungen der Schülergruppe, deren Familiensprache sich von der spezifischen Unterrichtssprache im Sinne von Bildungssprache unterscheidet.

familiäres Wissen über Schule

Die fehlende Passung wird sowohl während als auch vor der Schulzeit dadurch verschärft, dass sich schulische Erwartungen in Bezug auf die familiäre Unterstützung des Schulkindes und die tatsächlichen Möglichkeiten vielfach unterscheiden. Familiäre Ressourcen oder Kapitalien *(wie in Kapitel 2 beschrieben)*, die ein Kind oder ein/e Jugendliche/r in der Bewältigung schulischer Anforderungen unterstützen können, stehen unterschiedlich zur Verfügung. Hierzu sind der Grad der Vertrautheit mit den Regeln und der Konstitution des Schul- und Bildungssystems ebenso zu zählen wie das Bildungsverständnis und die -ambitionen der Familie. Kinder und Jugendliche, deren Familien Migrationserfahrungen haben, kommen überdurchschnittlich häufig aus Familien, die im gesamtgesellschaftlichen Vergleich über wenig soziales, kulturelles und ökonomisches Kapital verfügen oder über Kapitalien, die im deutschen Schulsystem keine Anerkennung finden und damit wertlos sind (Neumann/Karakaşoğlu 2011, 47). Werden Wissen und Kenntnisse über die Schule und von ihr ausgehende Erwartungen vonseiten der Schule und/oder der Lehrperson jedoch vorausgesetzt, werden jene Kinder und Jugendlichen schlechter gestellt bzw. diskriminiert, deren Familien hierüber nicht verfügen.

Verantwortung für Bildung

Die Frage nach der Passung berührt damit auch die soziale Situation der jeweiligen Gesellschaft und das dominierende Selbstverständnis im Umgang mit migrationsbedingter Heterogenität. Hierzu gehört z. B. die

Frage, in wessen Verantwortungsbereich die Ermöglichung des Erwerbs der Mehrheitssprache fällt: in den der Familie oder der Schule? Gehen beide Institutionen davon aus, die je andere sei verantwortlich, werden den Schüler/-innen mit nicht deutscher Familiensprache im Sinne der Bildungssprache sozial und biografisch vermutlich kaum Möglichkeiten eröffnet, Deutsch als für sie bedeutsame Sprache zu erfahren. Die Notwendigkeit dieser Erfahrung stellt die Grundlage erfolgreicher Lern- und Bildungsprozesse in Schule und Unterricht dar, da Deutsch jene Sprache ist, in der und über die Bildung in der Bundesrepublik vermittelt wird. Für einen entsprechenden Erwerb die notwendigen Voraussetzungen zu schaffen, gelingt bisher noch nicht zufriedenstellend (Neumann/Karakaşoğlu 2011, 49). Anstatt den Erwerb der Bildungssprache als Teil des schulischen Bildungsauftrages zu begreifen, wird eine fehlende Passung häufig als individuelles Defizit interpretiert. Auf dieser Grundlage werden dann biografisch bedeutsame Schullaufbahnentscheidungen getroffen (Dirim/Mecheril 2010, 128 ff).

Hawighorst (2007) hat in einer Untersuchung die elterlichen Bildungsorientierungen von Kindern/Jugendlichen mit Migrationshintergrund erfragt. Anhand eines Fallvergleichs kontrastiert sie die Vorstellungen, die türkisch- und russischsprachige Eltern, in beiden Fällen Väter, auf den Mathematikunterricht und die Bildung ihrer Kinder in Deutschland insgesamt haben. Dabei zeigt sich, dass die Bedeutung, die der Mathematik und dem schulischen Mathematikunterricht zugeschrieben wird, aus dem Zusammenspiel kultureller und sozialer Merkmale resultiert. Die eigenen schulischen und bildungsbezogenen Erfahrungen der Eltern stehen im Zusammenhang mit ihrer Sicht auf das Fach. Prinzipiell kann zwischen einer *alltagspraktischen Funktion* und einer *allgemeinbildenden* unterschieden werden. Jenen Unterricht, den ihre Kinder in der Schule erfahren, kontrastieren die Väter gegenüber diesen Vorstellungen und setzen ihn weiter in Relation zu den Bildungsaspirationen, die sie für ihre Kinder haben. Die fachliche Unterstützung ihrer Kinder können sie nicht immer in dem von ihnen gewünschten Maße leisten, weder inhaltlich noch finanziell über den Weg der Nachhilfe (Hawighorst 2007, 43 f).

Verständnis von Unterrichtsfächern

Dass die Nichtpassung unterrichtlicher Angebote mit biografischen und lebensweltlichen Erfahrungen von Schüler/-innen aus impliziten Erwartungen der Schule wie auch dem Milieu der Lehrkräfte resultiert, konnte mithilfe der empirischen Studien aufgezeigt werden. Die impliziten Annahmen der Lehrer/-innen darüber, was unterrichtlich erwartet wird, z. B. spezifische (fach-)sprachliche Kompetenzen, bringen sie in ihre vermittelnden Praktiken ein. Dort, wo potenzielle Diskrepanzen nicht erkannt und durch Lehr-Lernangebote überwunden werden, können Benachteiligungen sozialer Gruppen die Folge sein. Auch die Schule als Organisation transportiert über die formalen Regeln der Lehrpläne und Versetzungsordnungen Vorstellungen darüber, was erwartet und vorausgesetzt wird, und leistet so einen Beitrag zur Benachteiligung von Schülergruppen.

4.4 Behinderungsbedingte Heterogenität im Kontext von Schule und Unterricht

Die drei in den vorangegangenen Abschnitten vorgestellten Heterogenitätsdimensionen werden häufig in einem Zusammenhang mithilfe der im angloamerikanischen Sprachraum verbreiteten Terminologie „race, class and gender" zusammengefasst (deutsch häufig: Ethnizität, soziales Milieu und Geschlecht), da sie mit Benachteiligung bzw. gesellschaftlicher Schlechterstellung korrespondieren. Behinderung hat im Gegensatz dazu keinen vergleichbaren Stellenwert in der Diskussion. Dies kann damit erklärt werden, dass der Grunddualismus behindert/nicht behindert derart stark dem Pol der Nichtbehinderung zugeschrieben wird, dass sie im Gegensatz zur Behinderung nicht erwähnenswert erscheint (Lutz/Wenning 2001, 19 ff). Behinderung soll hier dennoch in vergleichbarer Weise wie sozio-ökonomische, geschlechtliche und ethnische Heterogenität dargestellt werden, da die Dimension in ihrer Ausprägung „sonderpädagogischer Förderbedarf" in spezifischer Weise der Logik des Schulsystems entspricht.

sonderpädagogischer Unterstützungsbedarf

So wurde in den drei vorangegangenen Abschnitten aufgezeigt, dass spezifische Formen der Milieuzugehörigkeit mit systematischer Benachteiligung im Schulsystem und im Unterricht einhergehen können – die, sofern sie gravierend ist, als „individueller Förderbedarf" zusammengefasst wird. „Sonderpädagogischer Förderbedarf" stellt den schulinternen Begriff für Behinderung dar. Da die Schule und auch der Unterricht wesentlich an der Herstellung von Behinderung beteiligt sind, wird diese Differenzdimension hier als vierte vorgestellt und dargestellt.

vertikale und horizontale Gliederung

Behinderung verweist zugleich auf eine vertikale und horizontale Gliederung der Gesellschaft. Da Behinderung als ein Begriff des Sozialrechts auf Einschränkung verweist, sind die Möglichkeiten des Erwerbs ökonomischen Kapitals eingeschränkt. Dies führt zu einer vertikalen gesellschaftlichen Stratifizierung durch die Differenzdimension Behinderung. Horizontal ist sie insofern, als behinderungsbedingte Erfahrungen als eine Milieudimension gefasst werden kann, die mit spezifischen Erfahrungen der Benachteiligung, z. B. des Zugangs zu Bildungsgängen, einhergeht.

Behinderung wird hier, ebenso wie die anderen Milieus auch, zunächst aus einer sozialwissenschaftlichen Perspektive beschrieben und damit als Erfahrung verstanden (Tervooren 2000). Im schulischen Kontext bedeutet Behinderung, dass die normative Erwartung schulischer Leistungen nicht erfüllt wird (Weisser 2005, 15 f). Die Organisation reagiert hiermit mit der Vergabe von „sonderpädagogischem Förderbedarf" bzw. von „besonderem Bildungsbedarf" *(siehe Kapitel 4.4.1)*. In einem zweiten Abschnitt werden die spezifischen Benachteiligungen, die im schulischen Kontext mit Behinderung einhergehen, vorgestellt *(siehe Kapitel 4.4.2)*.

4.4.1 Behinderungsbedingte Heterogenität

„Behinderung" als alltagssprachlicher Begriff unterscheidet sich in seiner Bedeutung vom fachwissenschaftlichen Verständnis; doch auch dieses Verständnis ist vielschichtig, da der Begriff in unterschiedlichen wissenschaftlichen Disziplinen verwendet wird (wie der Erziehungswissenschaft und der Gesundheitswissenschaft) und aus unterschiedlichen theoretischen Perspektiven. Eine grundlegende Unterscheidung besteht zwischen einem medizinischen oder ontologisierenden und einem sozialwissenschaftlichen Verständnis von Behinderung.

Im erstgenannten Modell wird Behinderung als Schädigung verstanden. Folglich stellt sie eine *Dysfunktion* dar, die auf eine Anomalie, auf eine Abweichung zurückgeführt wird. Eine *Schädigung des Körpers* kann in organischer, mechanischer oder psychischer Hinsicht vorliegen. Die Beschreibung von Abweichung oder Anomalien erfolgt vor dem Hintergrund einer normierten Vorstellung, wie ein Mensch ist, bzw. einer unterstellten menschlichen Normalität. „Schädigung" bezeichnet dann den Verlust oder die Abweichung von dieser Norm, die meist zu Einschränkungen für die betroffenen Personen führt. Menschen mit derartigen Einschränkungen können Erwartungen, die (implizit) an sie gestellt werden, nicht erfüllen, da die Schädigung sie daran hindert. Mit dieser Zuschreibungsform von Behinderung als einer Schädigung geht das Risiko der Verkürzung von Behinderung als einem individuellen Merkmal einher, die eine Reduktion des Individuums auf seine Schädigung darstellt (Hirschberg 2003, 172 ff).

ontologisierendes Modell

sozialwissenschaftliches Modell In den „Disability Studies" und in Teilen der Behindertenpädagogik wurde diese Kritik aufgegriffen und ein soziales Modell von Behinderung entwickelt. *Gesellschaftliche Benachteiligungen* beschreiben das, was hier mit Behinderung gemeint ist. Das Vorliegen von Schädigungen wird hier im Kontext ihrer gesellschaftlichen Interpretation und mit diesen in Zusammenhang stehenden Beeinträchtigungen verstanden. Sind Partizipation und Teilhabe von Menschen behindert, so liegt die Ursache nicht in der attestierten Schädigung, sondern in der Bearbeitung der Schädigung in menschlichen Interaktionen und Praktiken. Die Lebensbedingungen von Menschen, die in ihrem Alltag geschädigt oder benachteiligt werden, hierzu zählt auch die Schule als Lebensraum von Kindern und Jugendlichen, sind in sozialer wie in materieller Hinsicht der maßgebliche Bezug bei der Betrachtung von Behinderung in einem sozialen Modell.

> **„Impairment" und „disability"**
> Die Unterscheidung zwischen „impairment" (Schädigung) und „disability" (Behinderung) ist leitend für das soziale Modell von Behinderung. „Impairment" bezieht sich auf eine „objektive" Schädigung, die mithilfe von Kriterien festgestellt wird und letztlich eine soziale Vereinbarung darstellt, vergleichbar mit der Einteilung von Mann/Frau aufgrund biologischer Kriterien. Sie bezieht sich auf körperliche Strukturen oder Prozesse. Aktivitätseinschränkungen und damit verbundene Benachteiligungen im gesellschaftlichen Status werden als „disability" bezeichnet (Kastl 2010, 49).

Disability Studies Die Unterscheidung zwischen ontologisierendem und sozialem Paradigma der Betrachtung von Behinderung wird sowohl innerhalb des erziehungswissenschaftlichen Fachdiskurses als auch in den Disability Studies weiter differenziert. Die Bezugnahme auf unterschiedliche Metatheorien, wie z. B. dem dialektischen Materialismus oder der Systemtheorie, spiegelt eine differenzierte sonderpädagogische Betrachtung und Definition von Behinderung wider, basierend auf einem Diskurs mit verschiedenen, miteinander streitenden Positionen (Überblick: Bleidick 1999; Moser/Sasse 2008; Vernooij 2007). Die Konsequenzen, die für pädagogisches Handeln, für pädagogische Praktiken abgeleitet werden, sind bezogen auf die jeweilige Vorstellung dessen, was unter „Behinderung" gefasst wird und können folglich sehr unterschiedlich ausfallen.

Disability Studies
„Disability Studies" ist eine Forschungsrichtung, die Behinderung als soziale Konstruktion begreift und sich sozialwissenschaftlich mit dem Phänomen der Behinderung auseinandersetzt. Die Perspektive, die Behinderung als Ergebnis sozial konstruierter Barrieren versteht, geht wesentlich auf Analysen und Erkenntnisse der Behindertenbewegung zurück (bifos e. V. 2012).

Behinderung ist eine Zuschreibung, die nicht nur im schulischen Kontext herangezogen wird, sondern auch in anderen gesellschaftlichen Feldern wie der Sozialgesetzgebung und im Gesundheitsbereich. Eine solche Definition stellt die der Weltgesundheitsorganisation (WHO) dar. Aufgrund ihrer prominenten Bedeutung für pädagogische Zusammenhänge soll das Konzept hier vorgestellt werden.

Die WHO unterscheidet in der ICF, der „International Classification of Functioning, Disability, and Health", die Funktionsfähigkeit und ihre Einschränkung hinsichtlich der Körperfunktionen und -strukturen sowie die Aktivitäten und die Partizipation von den Kontextfaktoren der Umwelt und der konkreten Person. Die Betonung des gesellschaftlichen Kontextes der WHO-Definition beinhaltet die Einstellungen, die Menschen gegenüber Menschen mit Funktionsbeeinträchtigungen als Teil von Behinderung haben – respektive als die Behinderung aus-

WHO-Definition

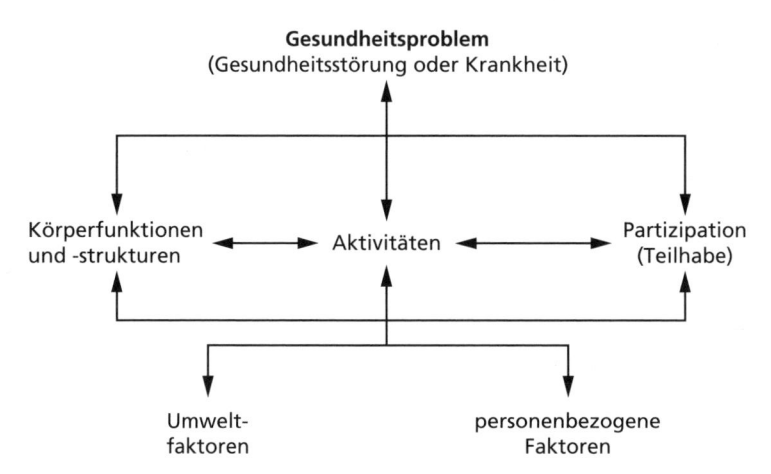

Abb. 10: Wechselwirkungen zwischen den Komponenten der ICF (WHO 2005, 23)

lösendes und hervorbringendes Element. Die Partizipationsmöglichkeiten von Personen, die hierdurch eingeschränkt sind, werden in die Definition einbezogen.

Ausgangspunkt der Überlegungen der WHO-Definition ist die Funktionsfähigkeit („functioning") des Menschen. Mit der dreiteiligen Unterscheidung von Körperfunktionen und -strukturen, Aktivität sowie Partizipation an Lebensbereichen umschreibt die ICF ein sogenanntes „bio-psycho-soziales Modell von Gesundheit". Abweichungen hiervon werden als Krankheit oder als Behinderung gefasst. Probleme in einem oder allen drei Bereichen führen zu Gesundheitsstörungen bzw. Behinderungen. *Behinderung wird als Oberbegriff für Abweichungen von der Funktionsfähigkeit* verstanden. Die Ursachen hierfür und hiervon können in Umweltfaktoren liegen, also in interaktiven Bezügen zwischen den Menschen, oder in personenbezogenen Aspekten (WHO 2005, 5).

Mithilfe der WHO lässt sich eine eingeschränkte körperliche Funktion wie das Fehlen der Beine erst dann als ein Problem beschreiben, wenn in der Folge (einzelne) menschliche Aktivitäten nicht ausgeführt werden können und/oder dadurch die Teilhabe oder Partizipation eingeschränkt sind.

Letzteres wäre der Fall, wenn Karl, der sich mithilfe eines Rollstuhls fortbewegt, nicht an der schulischen Aktivität „Bergwanderung" teilnehmen kann, da der ausgesuchte Weg nicht rollstuhlgängig ist und für ihn keine andere Möglichkeit der Partizipation besteht. Hingegen wäre Karls Teilnahme am schulischen Besuch eines Museums, das rollstuhlgerecht zugänglich ist, nicht eingeschränkt. Er kann in vergleichbarer Weise wie seine nicht auf den Rollstuhl angewiesenen Peers an dieser schulischen Aktivität teilnehmen.

Zu den Umweltfaktoren gehören in beiden Beispielen neben der örtlichen Beschaffenheit der potenziellen Schulausflugsorte auch die Entscheidung (der Lehrpersonen), den Ausflug an den einen oder den anderen Ort zu machen. Die Entscheidung gestaltet die Umwelt, die von Karl vorgefunden wird. Umweltbedingungen umschreiben also die materiellen, sozialen und auch die einstellungsbezogenen Perspektiven der Umwelt. Hierzu zählen folglich auch Gesetze, Vorschriften und Regeln.

Kritik an der ICF Die Unterscheidung der ICF zwischen Schädigung (also der messbaren Abweichung von der als „Gesundheit" gefassten Vorstellung) und der interaktiven, gesellschaftlichen Interpretationen dieser Schädigung, die durch soziale Bezüge Behinderung herstellt, macht den sozialwissenschaftlichen Anteil der Definition aus. Gleichzeitig verweist die ICF auf ein relatives Verständnis von Behinderung, das in

Beziehung zur Umwelt definiert wird (Cloerkes 2007, 6 f). An der ICF wird kritisiert, dass die Klassifizierung von Behinderung entlang negativer Beschreibungen erfolgt, die zur Stützung eines Normalitäts- und Abweichungskonstruktes beitragen. Die ICF bleibt entsprechend inkonsequent in ihrer Definition (Hirschberg 2003, 177 f).

Aus einem sozialen und wissenssoziologischen Verständnis heraus können Erfahrungen der Behinderung auch im Sinne eines Milieus konzipiert werden. Ein Beispiel hierfür stellt die Gruppe von Menschen dar, die gehörlos ist und sich als eine sprachlich-kulturelle Minderheit, im Sinne eines Milieus, versteht. Der Gruppe ist ihre Hörschädigung bewusst, jedoch reflektiert sie diese nicht als ein Defizit, sondern als ein sprachliches Problem, das im Kontakt mit der hörenden Gesellschaft auftritt (Galic 2005, 156).

milieugebundene Erfahrung

Die lautsprachliche Kommunikation zwischen Anton, der gehörlos ist und gebärdensprachlich kommuniziert, und seiner Umwelt ist behindert, wenn er in der Schule auf Lehrpersonen trifft, welche die Gebärdensprache nicht beherrschen. Durch den Einsatz respektive den Erwerb der Gebärdensprache aufseiten seiner Lehrerin kann die Behinderung in der Interaktion zwischen Anton und ihr als bildungsrelevanter Bezugsperson überwunden werden. Vergleichbares, jedoch nicht Identisches gilt für den Erwerb lautsprachlicher Kommunikation durch Anton. Seine Möglichkeiten des Lautspracherwerbs sind aufgrund seiner körperlichen Voraussetzungen begrenzt.

Die Frage nach Behinderung kann also verstanden werden als eine Frage der Passung zwischen Interaktionspartnern und -partnerinnen. Im folgenden Beispiel aus dem Bereich der emotional-sozialen Entwicklung fehlt innerhalb einer pädagogisch gestalteten Interaktionssituation ein solches Passungsverhältnis.

Maja fällt im sozialen Kontext des Unterrichts als unruhig und impulsiv auf. Ihre Impulsivität wird im Vergleich zu der expliziten Norm ihrer Klasse beschrieben und enthält Erwartungen an das Verhalten von Maja wie an das der anderen im Unterricht. Die Maja zugeschriebenen Auffälligkeiten werden häufig mit ADS (Aufmerksamkeitsdefizitsyndrom) umschrieben. Maja gelingt es beispielsweise nicht, sich in Situationen wie dem Morgenkreis an Gesprächsregeln zu halten und/oder länger als zehn Minuten konzentriert an einer Aufgabe zu arbeiten. Diese Situationen überfordern das Mädchen; Maja kann die an sie gestellten Anforderungen nicht erfüllen. Die Behinderung liegt in diesem Fall nicht bei Maja, sondern in der Interaktionssituation des Unterrichts. In dieser werden Anforderungen an sie gestellt, die bestimmte sozial-emotionale Kompetenzen als von ihr entwickelt und erlernt voraussetzen. In ihrer bisherigen Biografie konnte Maja diese Praktiken und Verhaltensweisen jedoch nicht in ausreichendem Maße erwerben oder als bedeutsam erfahren, sodass sie in der Situation nicht mit den vonseiten der Lehrkräfte erwarteten Verhaltensweisen reagieren kann. Ihre erworbenen Handlungsmöglichkeiten passen nicht mit den von ihr erwarteten zusammen. Folglich stellen sich in pädagogischen Handlungssituationen die Fragen, warum Maja bisher nicht die Möglichkeiten hatte, eine längere Konzentrationsspanne zu entwickeln (angebotene Themen stellten für sie z. B. keinen Anlass dar, sich mit ihnen auseinanderzusetzen) und – daran anknüpfend – welche Formen von Angeboten geschaffen werden können/sollten, damit Maja das gewünschte soziale Verhalten im Unterricht zeigen kann?

spezifische Maßnahmen Die zwei Beispiele verdeutlichen, dass die Entwicklung und das Lernen bei Schüler/-innen, die unter der Bedingung von Schädigungen und/oder Behinderung lernen und sich entwickeln, nicht grundsätzlich anders verlaufen als bei jenen, die ohne Schädigungen lernen und sich entwickeln. Die Bedingungen, unter denen die entsprechenden Prozesse stattfinden, unterscheiden sich jedoch, sodass spezifische Maßnahmen erforderlich sein können. Beispielsweise ist bei Kindern und Jugendlichen, die gehörlos sind, die Unterstützung des Erwerbs der deutschen Schriftsprache auf spezifische Methoden angewiesen, da sie sich beim Erwerb der Schriftsprache nicht an der Lautsprache orientieren können.

Die vorgenommene analytische Trennung der zwei Ursachen bedeutet nicht, dass sich in der Praxis und bei konkreten Kindern und Jugendlichen nicht auch Überschneidungen finden lassen und/oder dass sich soziale Benachteiligungen zu tatsächlich messbaren Abweichungen ausweiten.

Exemplarisch hierfür kann erneut auf Antons Fall zurückgegriffen werden, der gebärdensprachlich kommuniziert. Ihm ist es, aufgrund seiner eingeschränkten Kommunikationsmöglichkeiten, vermutlich auch wegen fehlender bzw. einer eingeschränkten Anzahl an Interaktionspartner/-innen und/oder sprachlich bedeutsamer Anlässe kaum möglich, begriffliches und lautsprachliches Wissen zu erwerben. Anton hat damit ein erhöhtes Risiko, in der Schule als „lernbehindert" bezeichnet zu werden, da ihm zahlreiche Begriffe fehlen, die im Sachunterricht und/oder im Deutschunterricht als der Alltagssprache zugehörig vorausgesetzt werden. Dass Anton bisher keine Gelegenheit hatte, in für ihn bedeutsamen Interaktionssituationen seinen begrifflichen Wortschatz entsprechend zu entwickeln und zu erweitern, bleibt in der Diagnose häufig unberücksichtigt.

Sonderpädagogischer Unterstützungsbedarf als schuleigene Kategorie der Behinderung: Die Organisation Schule operiert nicht mit dem Begriff der Behinderung, sondern mit dem des „sonderpädagogischen Unterstützungsangebotes". Er kann als spezifische schulinterne Variante der Beschreibung von Behinderung verstanden werden – als eine Antwort auf Schüler/-innen, welche die an sie gestellten Rollenerwartungen nicht erfüllen bzw. an ihnen scheitern (Weisser 2005, 15 f) oder bei denen die pädagogischen Maßnahmen nicht ausreichen, um Bildungs- und Lernprozesse zu initiieren. Das sonderpädagogische Unterstützungsangebot hat zahlreiche begriffliche Vorläufer, die – wie dieser Begriff auch – inhaltlich auf individuellen Zuschreibungen beruht.

In den KMK-Empfehlungen von 1994 wird die Terminologie der Empfehlungen von 1972, der „Sonderschulbedürftigkeit", vom „sonderpädagogischen Förderbedarf" als Umschreibung von Behinderung im schulischen Kontext abgelöst. Von der KMK wird er wie folgt definiert: **sonderpädagogischer Förderbedarf**

> **Definition:**
>
> *„Sonderpädagogischer Förderbedarf* ist bei Kindern und Jugendlichen anzunehmen, die in ihren Bildungs-, Entwicklungs- und Lernmöglichkeiten so beeinträchtigt sind, daß sie im Unterricht der allgemeinen Schule ohne sonderpädagogische Unterstützung nicht hinreichend gefördert werden können." (KMK 1994, 5).

Diese Definition bleibt ungenau, da „sonderpädagogischer Förderbedarf" dann vorliegt, wenn Schüler/-innen ihn brauchen. Offen bleibt auch, wie sich sonderpädagogische Förderung von pädagogischer Förderung unterscheidet. Ein weiterer ungeklärter Punkt ist die Unterscheidung von Sonderschulbedürftigkeit und sonderpädagogischem Förderbedarf, die parallel zueinander Verwendung finden (Bleidick et al. 1995, 254). Zudem steht diese Definition im Widerspruch zur „Salamanca Erklärung" (UNESCO 1994), in der man sich für die gemeinsame Bildung aller Kinder und Jugendlicher ausspricht (UNESCO 1994, 2).

Wie die Sonderschulbedürftigkeit zielt auch der sonderpädagogische Förderbedarf darauf, Differenzen zwischen Schüler/-innen zu beschreiben und zwar gegenüber jenen, die ohne spezifischen Förderbedarf die Schule und den Unterricht besuchen. Der Begriff schreibt den Schüler/-innen den Bedarf zu. Im Kontext von Schule hat die Ausstellung eines sonderpädagogischen Förderbedarfs eine Erhöhung der Ressourcen zur Folge, in sächlicher wie in personeller Hinsicht. Die Vergabe von Ressourcen ist finanziell und rechtlich an die Zuweisung des sonderpädagogischen Förderbedarfs gebunden. Dies wird als „Etikettierungs-Ressourcen-Dilemma" bezeichnet, da zusätzliche **Etikettierungs-Ressourcen-Dilemma**

Ressourcen nur dann gewährt werden, wenn ein Schüler/eine Schülerin das Etikett des sonderpädagogischen Förderbedarfs trägt (Bleidick et al. 1995, 256).

Der sonderpädagogische Förderbedarf markiert somit in erster Linie eine institutionell-schuladministrative Kategorie der Ressourcenzuweisung, unabhängig davon, ob diese dann in integrativen oder sonderschulischen Settings realisiert wird. Als Ressourcenvergabeinstrument kann es hilfreich sein, nicht jedoch für eine pädagogisch-inhaltliche Klärung. Zudem erschwert eine derart kategoriale Ausrichtung, wie sie in den aktuellen Förderschwerpunkten enthalten ist, die Suche nach den Ursachen außerhalb der betroffenen Schüler/-innen (Sturm 2012c, 6 f).

Förderschwerpunkte Der sonderpädagogische Förderbedarf wird in Deutschland über folgende Förderschwerpunkte konkretisiert: *körperlich-motorische*, *geistige Entwicklung* sowie *Sehen und Hören*. Entsprechende Förderungen erhalten überwiegend Schüler/-innen, die in der Regel auch außerhalb der Organisation Schule einen Anspruch auf ausgleichende Leistungen im § 2 Sozialgesetzbuch IX, Absätze 2 und 3 haben (Bundesrepublik Deutschland 2012). Gelingt es diesen Schüler/-innen nicht aus eigener Kraft, den Erwartungen der Schule zu entsprechen, so erhalten sie sonderpädagogischen Förderbedarf in den genannten Bereichen.

Darüber hinaus gibt es die Förderschwerpunkte *Lernen, Sprache* und *emotional-soziale Entwicklung*. Sonderpädagogischer Förderbedarf in diesen Förderschwerpunkten geht auf Beeinträchtigungen zurück, die ausschließlich im sozialen Bereich zu verorten sind bzw. auf Nichtpassung zwischen den schulisch gesetzten Anforderungen und Erwartungen sowie den biografischen Erfahrungen und Milieus der Schüler/-innen zurückzuführen sind. Diese Beeinträchtigungen können zu Praktiken und Verhaltensweisen führen, die dann als Schädigung anerkannt sind bzw. werden.

Marie erlernt das Lesen und Schreiben im Unterricht nicht, weil sie keine schriftbezogenen Erfahrungen aus ihrer familiären Sozialisation heraus kennt, diese jedoch im Anfangsunterricht vorausgesetzt werden. Wird diese Passungsschwierigkeit von schulischer Erwartung und den biografischen Lern- und Lebenserfahrungen von Marie nicht durch veränderte didaktische Arrangements bearbeitet, sondern ihr individuell als Defizit zugeschrieben, kann dies zu funktionalem Analphabetismus führen, der dann als Benachteiligung anerkannt ist.

Im Gegensatz zu den vier zuerst genannten Förderschwerpunkten werden die Kinder und Jugendlichen mit Förderbedarf in den Bereichen Lernen, Sprache und sozial-emotionale Entwicklung nur während ihrer Schulzeit als „behindert" betrachtet.

Abbildung 11 zeigt die Verteilung der Schüler/-innen mit sonderpädagogischem Förderbedarf auf die unterschiedlichen Förderschwerpunkte („FS" kürzt Förderschwerpunkt ab, „L" Lernen, „S" Sehen, „H" Hören „S & K" Sprache und Kommunikation, „KM" körperlich motorische Entwicklung, „GE" geistige Entwicklung und „ES" emotionale und soziale Entwicklung). Der größte Anteil der Schüler/-innen mit sonderpädagogischem Förderbedarf befindet sich im Förderschwerpunkt Lernen. Mit knapp 40% des Anteils liegt er mehr als doppelt so hoch wie jeder andere Förderschwerpunkt. Der Anteil der Schüler/-innen, denen Förderbedarf in den Sinnesbehinderungen (Sehen und Hören) attestiert wird, ist deutlich geringer. Beide Anteile liegen deutlich unter 4%.

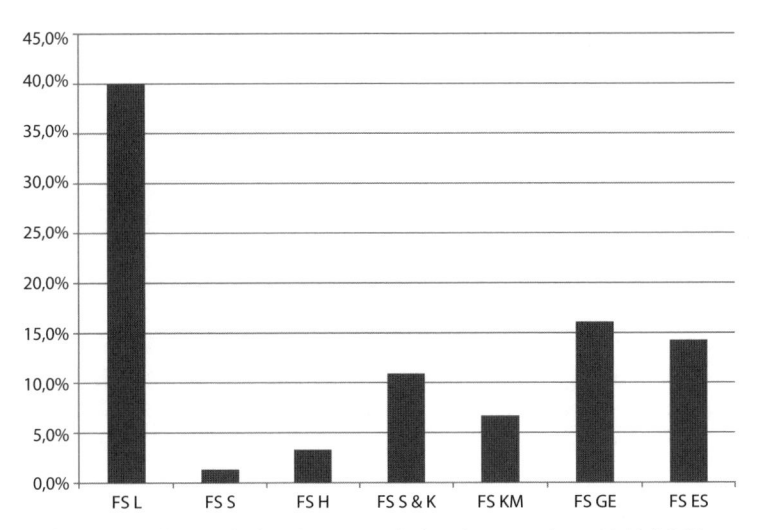

Abb. 11: Anteil der Schüler/-innen an Förderschwerpunkten 2012 (KMK 2014, 27)

Die oben eingeführte Unterscheidung zwischen sonderpädagogischem Förderbedarf, dessen Ursache in der Kombination aus Schädigung und Behinderung liegt, und demjenigen, der wesentlich aus sozialen

Kontexten und fehlenden Passungsverhältnissen zwischen Schule und Kind/Jugendlichem resultiert, wird unterschiedlich häufig attestiert. Während die erstgenannte Form etwas weniger als 30% des Anteils der Schülergruppe mit sonderpädagogischem Förderbedarf ausmacht, ist die zweite Gruppe mit über 70% deutlich größer.

Behinderung und sozio-ökonomische Milieuzugehörigkeit

Statistisch betrachtet, hängen Behinderung und sozio-ökonomische Milieuzugehörigkeit zusammen. Je niedriger die Milieu- oder Schichtzugehörigkeit ist, desto höher ist die Wahrscheinlichkeit einer Behinderung. Dies gilt für alle Behinderungsformen gleichermaßen (Cloerkes 2007, 90). Für die schulische Kategorie des sonderpädagogischen Förderbedarfs im Förderschwerpunkt Lernen ist dies mehrfach herausgearbeitet worden. Von den Schüler/-innen, die in Deutschland sonderpädagogischen Förderbedarf im Förderschwerpunkt Lernen haben, entstammen zwischen 80 und 90% aus sozio-ökonomisch benachteiligten Milieus (Geiling/Theunissen 2007, 340). Das entspricht etwa 10% der Kinder und Jugendlichen aus sozial benachteiligten Milieus insgesamt. Es besteht zwar kein kausaler Zusammenhang zwischen der sozialen Milieuzugehörigkeit und dem Schulbesuch einer Förderschule für Lernbehinderte respektive der Attestierung von sonderpädagogischem Förderbedarf im Förderschwerpunkt Lernen. Dieser ist zudem in der Bundesrepublik Deutschland regional unterschiedlich (KMK 2014). Gründe für diese Unterschiede resultieren aus den je eigenen Definitionen, Kriterien und Feststellungsverfahren dessen, was als „Lernbehinderung" verstanden wird, und verweisen damit auf den Konstruktionscharakter der Zuschreibung „Lernbehinderung". Vor diesem Hintergrund werden Überschneidungs- und Schnittpunkte – insbesondere jene zu den Förderschwerpunkten Lernen, Sprache und emotional-soziale Entwicklung – mit Fragen der Bildungsbenachteiligung und Differenzdimension des familiären sozio-ökonomischen Milieus deutlich. Wenn einzelne Schüler/-innen in der Schule in einem spezifischen Ausmaß (das formal festgelegt ist) scheitern, wird ihnen „sonderpädagogischer Förderbedarf" attestiert.

4.4.2 Benachteiligungen und Schlechterstellung in Schule und Unterricht

Ziel dieses Abschnittes ist es, aufzuzeigen, in welcher Hinsicht Kinder und Jugendliche, denen sonderpädagogischer Förderbedarf zugeschrieben wird, in der Schule benachteiligt sind. Die hohe Exklusionsrate aus dem Regelschulsystem, die trotz des bildungspolitischen Primats der Inklusion nach wie vor besteht, unterscheidet sie von den anderen aufgezeigten Differenzdimensionen durch eigene Schulformen. Untersuchungen zu Benachteiligungen, die im Kontext unterrichtlicher Interaktionen liegen, in denen Schüler/-innen mit besonderem Unterstützungsbedarf unterrichtet werden, sind im Anschluss an die sogenannte Separationsrate im Schulsystem im zweiten Teil aufgeführt.

Beteiligung und Zugang zu schulischen Bildungsgängen: Die Abbildungen 12 und 13 zeigen, wie groß der Anteil der Schülerschaft an der Gesamtschülerschaft ist, dem sonderpädagogischer Förderbedarf zugeschrieben wird, und wie hoch der Anteil derjenigen ist, die integrativ/separativ beschult werden. In Abbildung 12 steht „HS" für die Hauptschule, „SmmB" für Schule mit mehreren Bildungsgängen, „RS" für Realschule, „Gym" für Gymnasium, „IGS" für Integrierte Gesamtschule und „FS" für Förderschule.

Aus Abbildung 12 wird ersichtlich, dass im Jahr 2012 in Deutschland etwas mehr als 4 % der Schüler/-innen sonderpädagogischen Förderbedarf erhielten. Erfasst sind in der Datengrundlage nur jene Schüler/-innen, denen diese Förderung an einer Sonderschule zuteil wurde. Aufgrund der unterschiedlichen Zuweisungs- und Berechnungsverfahren in den Bundesländern kann nicht gesagt werden, inwiefern die Schüler/-innen, die integrativ beschult werden, erfasst sind.

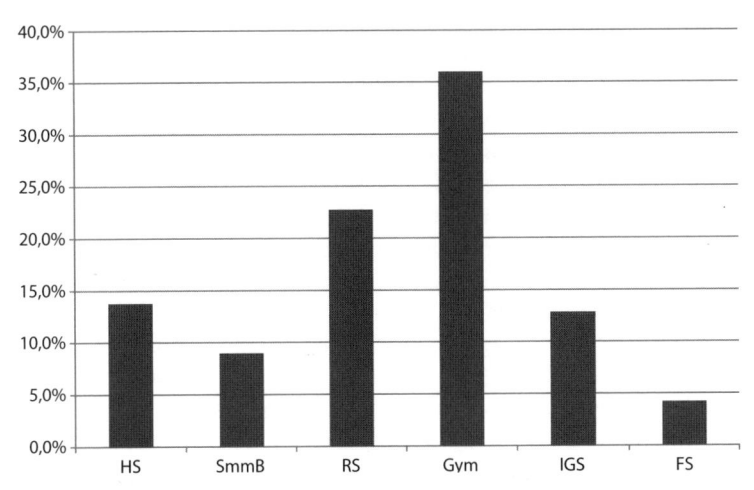

Abb. 12: Anteil der Schüler/-innen nach Schulform (2013) der Klassen 1–10 (KMK 2015, XVI)

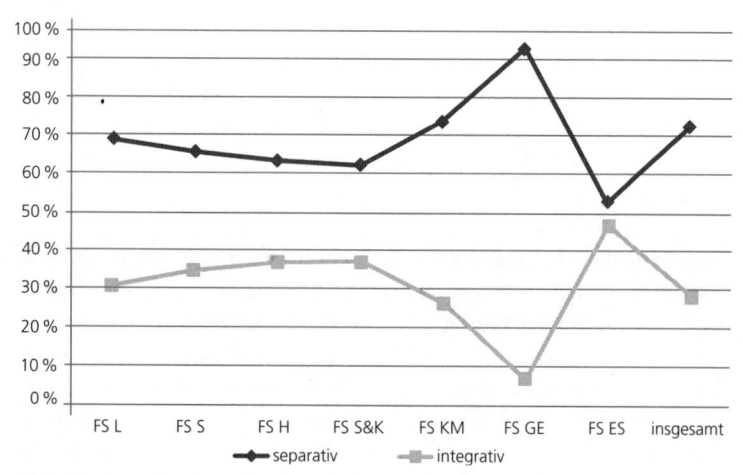

Abb. 13: Integriert/separiert beschulte Schüler/-innen nach Förderschwerpunkten (KMK 2012)

Abbildung 13 zeigt, wie hoch der Anteil integrativ bzw inklusiv beschulter Schüler/-innen nach Förderschwerpunkten ist. Hierbei wird zwischen den unterschiedlichen Förderschwerpunkten unterschieden („FS" kürzt Förderschwerpunkt ab, „L" Lernen, „S" Sehen, „H" Hören, „S&K" Sprache und Kommunikation, „KM" körperlich motorische Entwicklung, „GE" geistige Entwicklung und „ES" emotionale und soziale Entwicklung).

Abbildung 13 zeigt, dass über die Förderschwerpunkte hinweg die Anzahl von Schüler/-innen insgesamt, die separativ beschult werden, die Anzahl der integrativ beschulten deutlich übersteigt. Sie liegt bei gut 70 %. Während Schüler/-innen mit sonderpädagogischem Förderbedarf im Bereich „Geistige Entwicklung" kaum integrativ beschult werden, ist der Anteil der Schüler/-innen mit Förderbedarf im Förderschwerpunkt ES (emotionale und soziale Entwicklung) mit nahezu 50 % am höchsten. Die Zahlen beschreiben das Jahr 2012. Drei Jahre nach der Ratifizierung der UN-Konvention sind die Schulen der Bundesrepublik insgesamt, so belegen die Zahlen, von der Forderung nach inklusiven Bildungsangeboten weit entfernt (von Bundesland zu Bundesland variiert dies) (KMK 2014). Zwischen 2010 und 2012 ist die Integrations- bzw. Inklusionsquote (KMK 2012) um knapp 10 % gestiegen, d.h. innerhalb von zwei Jahren ist es gelungen, etwa 10 % mehr Schüler/-innen die Möglichkeit zu eröffnen, gemeinsam mit ihren Peers ohne Förderbedarf zur Schule zu gehen.

Die Frage nach Teilhabe und Partizipation an schulischer Bildung für Kinder und Jugendliche, die unter der Bedingung von Behinderung aufwachsen, sich entwickeln und lernen, war lange Zeit keine Selbstverständlichkeit. Erst 1960 mit dem KMK Gutachten zur „Ordnung des Sonderschulwesens" wurde auch Kindern und Jugendlichen, denen eine geistige Behinderung zugeschrieben wird, ein Recht auf Schule bzw. die Schulpflicht zuteil (KMK 1960). Die Teilhabe an der Schulpflicht für alle Kinder und Jugendlichen war ein Schritt auf dem Weg zur Partizipation an Bildungsprozessen. Das Recht mit nicht behinderten gleichaltrigen Schüler/-innen diesem Anspruch nachzukommen, kennzeichnet die Ziele schulischer Integration/Inklusion. Zwar gibt es hierfür mittlerweile rechtliche Grundlagen, deren Umsetzung steht allerdings noch weitestgehend bevor, wie die Zahlen zeigen. Daten aus Nordrhein-Westfalen zeigen, dass die Inklusionsquote im Grundschulbereich die des Sekundarbereichs deutlich übersteigt (Bellenberg/Reintjes 2014, 26). Während im Grundschulbereich der Anteil inklusiv beschulter Schüler/-innen mit sonderpädagogischem Förderbedarf im Schuljahr 2012/13 bei 39,2% lag, wurden in der Sekundarstufe 1 nur 20,2% dieser Schülergruppe inklusiv beschult.

Schulpflicht und Schulrecht für alle

Die KMK-Empfehlungen von 1994 ermöglichen die reguläre Einführung schulischer Integration, die als eine Beschulungsvariante neben der separierenden besteht, und greifen damit die bereits praktizierte und in den meisten Bundesländern verankerte Integration auf. Die Entwicklung der Integration verlief in den einzelnen Ländern der Bundesrepublik Deutschland (Preuss-Lausitz 2001, 241) wie auch in den Bundesländern Österreichs (Feyerer 2009) und der Schweiz (Bless/Kronig 1999) unterschiedlich.

Die Integrationspädagogik hat sich disziplinär aus der Sonder- bzw. Behindertenpädagogik heraus entwickelt. Sie zeichnet sich durch ein sozialwissenschaftlich fundiertes Verständnis von Behinderung aus, das diese in Interaktionen verortet (Sturm 2016b). Behinderungen können situativ auftreten oder in Form überdauernder Muster. Der begriffliche Wechsel von Integration zu Inklusion stellt im Anschluss an Lütje-Klose und Urban (2014) eine theoretische Kontinuität dar. Im Fokus steht dabei die gemeinsame Schulung aller Schüler/-innen, auch derjenigen, die zuvor in Sonderschulen unterrichtet wurden. Skepsis gegenüber der Integration behinderter Kinder und Jugendlicher ist sowohl aufseiten der „Regelschul"- als auch der „Sonderschullehrkräfte" gegeben – wie sie in der offiziellen politisch-administrativen Terminologie noch genannt werden. Für die politische

Integrationspädagogik

Umsetzungsebene von Integration/Inklusion konstatiert Vernooij (2007 95), dass sie sich v. a. auf Kinder und Jugendliche mit Förderbedarf in den Förderschwerpunkten Lernen, Sprache und emotionale und soziale Entwicklung bezieht. So bleiben Möglichkeiten der schulischen Exklusion weiterhin erhalten sowie politisch gestützt und getragen.

KMK 2011 Die KMK-Empfehlungen zur inklusiven Bildung von Kindern und Jugendlichen mit Behinderungen in Schulen (KMK 2011a) greifen Ideen der UN-BRK und der Kinderrechtskonvention auf. Erstmals, wenn auch nicht konsequent, stellt die gemeinsame Beschulung von Kindern und Jugendlichen mit und ohne Behinderung die leitende Orientierung für den Umgang mit Behinderung im Schulsystem dar. Mangelnde Konsequenz kann jedoch darin gesehen werden, dass segregierende Schulformen ebenso wie ein prinzipiell gegliedertes Schulwesen grundsätzlich erhalten bleibt. Die Idee einer Schule wie in der UN-BRK gefordert, wird damit auf der bildungspolitischen Ebene nicht als einzige zur Leitidee genommen (Deutsches Institut für Menschenrechte 2011, 8).

Die KMK-Empfehlungen von 2011 proklamieren die schulische Bearbeitung von Behinderung als eine *Querschnittaufgabe*, die alle Bildungseinrichtungen betrifft. Vor diesem Hintergrund konkretisieren sich die Ziele, prinzipiell *an jedem schulischen Ort* gemeinsame Bildung und Erziehung zu ermöglichen, die hierfür notwendige Qualität und Unterstützung zu sichern, die Zusammenarbeit unterschiedlicher beteiligter Professionen zu gewährleisten und durch „sonderpädagogische Bildungs-, Beratungs- und Unterstützungsangebote qualitativ hochwertiges gemeinsames Lernen [zu] ermöglichen" (KMK 2011a, 4, Anm. TS).

sonderpädagogische Unterstützungsangebote Der sonderpädagogische Förderbedarf wird abgelöst von „sonderpädagogischen Bildungs-, Beratungs- und Unterstützungsangeboten", die den Schüler/-innen zugesprochen werden. Wie auch in den Vorgängerempfehlungen bleibt offen, worin sich dieser Bedarf von pädagogischem Bedarf unterscheidet. Für die Konkretisierung wird auf das Landesrecht der Bundesländer verwiesen. Die Unterstützungsleistungen sind so konzipiert, dass sie den Schüler/-innen zugeschrieben werden und sich in Schwerpunkte spezifizieren, die vergleichbar den Förderschwerpunkten der Empfehlungen von 1994 sind. Anders als diese werden in dem neuen Dokument Behinderungen auch in sozialen Bedingungen gesehen, die Teilhabe verhindern (KMK 2011a, 7).

In den Empfehlungen von 2011 wird nicht grundsätzlich zwischen behinderten und nicht behinderten Kindern unterschieden; so wird mehrfach betont, dass adaptives Eingehen auf die Schüler/-innen im Unterricht prinzipiell für alle gilt, nicht nur für jene mit sonderpädagogischem Unterstützungsbedarf. Die Prävention des Auftretens von Behinderung verweist auf ein soziales Verständnis von Behinderung, das in und durch Schule befördert werden kann, aber mittels sonderpädagogischer Unterstützung zu vermeiden ist (KMK 2011, 14f).

Die Bildung von Kindern und Jugendlichen mit Behinderung wird von politischer Seite damit als *Aufgabe der allgemeinen Schule* konzipiert. Sonderpädagogische Fördermaßnahmen setzen innerhalb dieses Rahmens an und sollen sich am Subsidiaritätsprinzip orientieren, d. h. die allgemeine Pädagogik unterstützen, also keine eigene darstellen.

Formen der Benachteiligung, die Schüler/-innen im Unterricht an Sonderschulen erfahren, sollen nachfolgend vorgestellt werden. Hierzu wird auf Studien zurückgegriffen, die dieser Frage empirisch nachgegangen sind.

Die Vereinten Nationen mahnen – auch vor dem Hintergrund bereits realisierter Reformen – u. a. an, dass diese in Deutschland noch nicht ausreichend seien und proklamieren die Aufhebung segregierter Schulen sowie die Notwendigkeit, einen gesetzlichen Rahmen zu schaffen, der Einzelnen ein Recht auf inklusive Schulung eröffnet (UN 2015, 8).

Unterrichtliche Kulturen der Benachteiligung: Die aktuellen Zahlen zur Schulung von Schüler/-innen mit sonderpädagogischem Förderbedarf im Förderschwerpunkt Lernen zeigen, dass diese Gruppe größtenteils in Sonderschulen, sogenannten „Förderschulen" unterrichtet wird (je nach Bundesland unterscheiden sich die Bezeichnungen, z. B. „Lernhilfeschule" oder „Schule für Lernbehinderte"). Einen sonderpädagogischen Förderbedarf im Förderschwerpunkt Lernen erhalten Schüler/-innen, deren schulische Leistungen durchschnittlich zwei Jahre unter dem erwarteten/festgelegten Niveau der Klassenstufe liegen, die sie ihrem Alter nach besuchen sollten. Im Verständnis einer kompensatorischen Erziehung ist es Aufgabe dieser Sonderschulform, dass sich der relative Abstand von zwei Jahren gegenüber den altersgleichen Peers nicht erhöht – ohne die Erwartung zu haben, dass der Rückstand durch die Sonderschulung gänzlich aufgehoben wird (Wocken 2000, 495).

Vor diesem Hintergrund hat Wocken (2000) in einer Untersuchung schulische Leistungen von Schüler/-innen, die die 7. Klasse einer Förderschule besuchen, mit denen von Schüler/-innen der 5. Klasse an Regelschulen verglichen. Die Schüler/-innen der Förderschulen

Sonderschulbesuch und Leistungsentwicklung

schneiden in ihren rechtschriftlichen Leistungen deutlich schlechter ab als diejenigen, die eine Hauptschule besuchen. Während erstere in der „Hamburger Schreibprobe" (HSP) einen Prozentrang von 2,2 erreichen (d. h. 97,8 % aller Schüler/-innen sind besser als sie), erreicht die zweite Gruppe einen Prozentrang von 13. Diese Ergebnisse zeigen, dass der Unterricht in der Sonderschule *nicht zur Kompensation im gewünschten Sinn führt, sondern sogar zur Vergrößerung des Leistungsabstands* gegenüber Klassenstufennorm beiträgt (Wocken 2000, 496).

Wockens Befunde erhärten sich in einer zweiten Untersuchung, die weitere Bundesländer einbezieht. Die Ergebnisse zeigen, dass die Anzahl der Jahre, die eine Förderschule besucht wurde, mit schlechten Schulleistungen und niedriger Intelligenz korrelieren. Die Begründung hierfür sieht der Autor der Studie über die Tatsache hinausgehend, dass die schwächsten Schüler/-innen bereits früh in eine Sonderschule überwiesen werden, da sie besonders früh erkannt werden; er sieht die Begründung auch im *Milieu der Förderschule selbst. Schulleistungen sind immer auch ein Produkt der Schule.* Die in vieler Hinsicht fehlende Heterogenität in der Förderschule, v. a. in sozialer und leistungsbezogener Hinsicht, erklärt dies (Wocken 2005, 58 ff).

gemeinsamer Unterricht
Dass Schüler/-innen mit sonderpädagogischem Förderbedarf in heterogenen Lerngruppen erfolgreicher lernen, belegen zahlreiche Untersuchungen der Integrationspädagogik (Eckhart et al. 2011; Wocken 2005). Zugleich lernen die nicht behinderten Schüler/-innen in Integrationsklassen nicht weniger als in Regelklassen ohne Schüler/-innen mit sonderpädagogischem Förderbedarf (Feyerer 1998). Beide Studien verweisen darauf, dass die *Lerneffekte in separativen Settings geringer sind* und somit, dass die *Sonderschule einen Anteil daran hat, ihre Schüler/-innen im Lernen zu behindern*. Mit anderen Worten, der Besuch einer Sonderschule behindert über das separative Setting hinaus die Lern- und Bildungsmöglichkeiten. Die Untersuchungsergebnisse verweisen darauf, dass die individuumsbezogene Zuschreibung von „Förderbedarf im Bereich Lernen", die den Schüler/-innen attestiert wird, nicht berücksichtigt, dass die Schule – v. a. separativ organisierte – einen nicht unerheblichen Beitrag an Benachteiligung hat (Schumann 2007, 15).

integrative Schulung
Eckhart u. a. (2011) zeigen in einer Langzeitstudie, die in der Schweiz durchgeführt wurde, dass Schüler/-innen mit sonderpädagogischem Förderbedarf im Bereich Lernen, die integrativ beschult wurden, im Gegensatz zu separativ beschulten einen besseren Zugang zu Ausbildungsplätzen haben und über größere soziale Netzwerke

verfügen. Diese sozialen Netze entstehen nach dem Ende der Schulzeit wesentlich über die berufliche Tätigkeit und umfassen soziales Kapital in Form von Bekanntschaften mit Menschen, die ebenfalls einer Arbeit nachgehen. Die Benachteiligungen, die mit dem Besuch einer Sonderschule verbunden sind, wirken deutlich *über die Schulzeit hinaus* (Eckhart et al. 2011, 111).

Benachteiligungen entlang von Behinderung bzw. von sonderpädagogischem Förderbedarf werden im aktuellen Schulsystem mehr als die der anderen Differenzdimensionen durch eindimensionale Zuschreibungen hervorgebracht, die durch die Schule und formal vorgenommen werden. Wenn die Zuschreibung „sonderpädagogischer Förderbedarf" über die ressourcenvergebende Instanz hinausgeht und auch in unterrichtlichen Interaktionen herangezogen wird, wird auch ihr diskriminierendes Potenzial in diesen hereingenommen. Neben der organisatorischen Schlechterstellung der Schüler/-innen, die für diese Gruppe in besonderem Maße gilt, sind auch Schlechterstellungen dieser sozialen Gruppe auf unterrichtlicher Ebene zu verzeichnen.

4.5 Leistungsdifferenzen im Kontext von Schule und Unterricht

Seit Anfang der 2010er-Jahre wird innerhalb der Erziehungswissenschaft bzw. in der Schulpädagogik „Leistung" zunehmend als weitere bzw. schuleigene Form der Differenz diskutiert und beschrieben (z. B. Rabenstein et al. 2013; Sturm 2013). Dabei wird herausgehoben, dass in Schule und v. a. im Unterricht alle Handlungen und/oder Differenzen in Leistungen bzw. Leistungsdifferenzen überführt werden können. So rahmen sie die Gestaltung des unterrichtlichen Miteinanders von Lehrpersonen und Schüler/-innen wie auch der Schüler/-innen untereinander. Die herangezogene Bezugsgröße von Leistung kann in Form erwarteter Lernziele bzw. Kompetenzen sowie in einer authentischen Lernhaltung, als habituelle unterrichtliche Erwartung, vorliegen. Letztgenannte schließen damit auch Vorstellungen und Erwartungen unterrichtlichen Verhaltens mit ein (Schäfer/Thompson 2015, 12).

Leistung stellt dabei ein Prinzip dar, das soziale und Bildungsungleichheit legitimiert, indem sie individuell und hierarchisierend im Modus besser/schlechter (Luhmann 2002, 64) zugeschrieben wird (Stojanov 2015). Das Leistungsprinzip löste in Gesellschaft und

Schule das geburtsständische ab. Dieses meritokratische – an Meriten, d. h. eigenen Verdiensten, orientierte – System hat also einen emanzipativen Charakter gegenüber einem durch Geburtsstand zugewiesenen und eröffneten Zugang zu Formen (höherer) Bildung. Die emanzipatorischen Möglichkeiten dieses Prinzips wurden jedoch von Beginn an nicht konsequent genutzt *(siehe Abschnitt 3.2.1)*. Die zentrale Bedeutung, die Leistung und Leistungsunterschieden im Schulsystem zukommt, die sich sowohl schulorganisatorisch und strukturell als auch in einer unterrichtlichen Eigendynamik findet, ist in anderen Ländern, wie z. B. den angelsächsischen und skandinavischen nicht in vergleichbarer Weise konstitutiv (Biermann/Powell 2014; Stojanov 2015).

Leistung ist ein schulischer, aber auch ein zentraler gesellschaftlicher Bezugspunkt. Die Leistungsgesellschaft basiert auf der Idee, dass die Verteilung von Macht und Gütern – und damit auch von Ungleichheit – nach individuell erbrachter und zugeschriebener Leistung erfolgt und wird somit als „egalitäres gesellschaftliches Inklusionsprinzip" (Schäfer/Thompson 2015, 8) verstanden, das auf der Annahme beruht, dass höhere Leistung sich in entsprechend höheren gesellschaftlichen Positionen und/oder ökonomischen Möglichkeiten widerspiegelt. Dieses Prinzip findet sich auch in der Schule: Höhere Leistung verspricht den Zugang zu exklusiven Bildungsgängen und den von ihnen vergebenen, ihrerseits Möglichkeiten eröffnenden, Bildungszertifikaten.

Dieses Leistungsverständnis und das damit verbundene emanzipatorischere Potenzial sind brüchig, da empirisch belegt ist und in den vorangegangenen Abschnitten dargestellt, dass schulischer Bildungs(miss)erfolg nicht allein auf die Leistung der Schüler/-innen zurückzuführen ist, sondern in Korrelation zu gesellschaftlich relevanten Differenz- und Ungleichheitsdimensionen steht (Baumert et al. 2001). Die Schule – und damit auch auf der Mikroebene unterrichtlicher Interaktionen – beteiligt sich an der Reproduktion sozialer Ungleichheit in der Gesellschaft (Bourdieu 2001).

Das Leistungsprinzip findet sich schulorganisatorisch sowohl in der Jahrgangsklasse als auch in den unterschiedlichen, nach Leistungserwartungen und -ansprüchen differenzierten, Bildungsgängen. Beide ermöglichen und erfordern zugleich, dass die Schüler/-innen kontinuierlich miteinander sowie gegenüber Normen und Erwartungen, die zu je bestimmten Zeitpunkten erreicht sein sollen, verglichen werden (Reh et al. 2015). Dabei wird nicht nur die Verantwortung der Lehrpersonen an der Zuschreibung von Leistung ausgeblendet (Breidenstein 2011), sondern Leistung vollzieht sich in der Schule und im Unterricht als Wettbewerb um bessere Positionen (Schäfer/Thompson 2015, 9). In der Schule wird Leistung hierarchisch konzipiert, indem die Schüler/-innen anhand von Leistungsmaßstäben geordnet und zueinander in Beziehung gesetzt werden. Auf der Mikroebene unterrichtlicher Interaktionen zeigt sich, dass Leistung den „Kern pädagogischer Ordnungen" (Rabenstein et al. 2013, 674) darstellt und die permanente Leistungsbewertung eine Eigenlogik entwickelt hat, die im Zusammenhang mit dem strukturellen Problem steht, dass Noten legitimiert und als „gerecht" anerkannt werden (müssen) (Zaborowski et al. 2011). Lehrpersonen und Schüler/-innen verfügen über ein handlungspraktisches Leistungsverständnis, das Leistung individuell zuschreibt und – auch in dem Anspruch nach inklusiven Klassen – hierarchische Unterscheidungen hervorbringt (Sturm 2016a). Die unterrichtliche Bearbeitung von als „defizitär" wahrgenommenen Differenzen orientiert sich dabei vielfach am Ziel der Kompensation gegenüber einer (klassenbezogenen) Norm (z. B. Sturm/Wagner-Willi 2015a). Behindert werden dabei die Lern- und Bildungsprozesse jener Schüler/-innen, die die Norm bereits erreicht haben und/oder die derjenigen, die die Erwartungen (noch) nicht erfüllen, indem ihnen keine Lehrangebote unterbreitet werden (Sturm 2012). Beide Bearbeitungsformen sind an einem Abbau der Differenzen orientiert und so machen die Schüler/-innen die Erfahrungen, dass (Leistungs-)Differenzen unterrichtlich nicht erwünscht sind. Die Verbindung beider Aspekte birgt das Potenzial, spezifische Schüler(gruppen) aufgrund ihres schulischen Misserfolgs zu marginalisieren (Sturm 2015).

Das Leistungsprinzip, das sich schulorganisatorisch durchgesetzt hat, wirkt zugleich subjektivierend, indem von den Schüler/-innen kontinuierlich die Bereitschaft zur Leistungserbringung gefordert wird (Reh et al. 2015). Vor dem Hintergrund aktueller gesellschaftlich-ökonomischer Rahmenbedingungen und Entwicklungen erfährt schulische Leistung eine Bedeutungszunahme und damit verbunden auch die individuelle Zuschreibung und Prekarität, die dem/der Einzelnen bei nicht erbrachter Leistung droht (Angermuller/Maeße 2015).

Ob und inwiefern Leistung eine eigene Differenzkategorie darstellt, die vergleichbar mit denen von Geschlecht oder sozio-ökonomischer Situation ist oder im Sinne von symbolischem Kapital eine Wertung der gesellschaftlichen Differenzdimensionen prägt, wird vermutlich in den nächsten Jahren vielfach in der Erziehungswissenschaft diskutiert werden.

Zusammenfassung

Über die vier ausgewählten Differenzdimensionen hinweg konnte gezeigt werden, dass Schüler/-innen, die bestimmten sozialen Gruppen angehören, systematisch Benachteiligungen in der Schule und im Unterricht erfahren. Schule und Unterricht haben auch in Form der in ihnen entwickelten Praktiken einen nicht unerheblichen Anteil daran, dass soziale Ungleichheit verfestigt und in Bildungsungleichheit transferiert wird. Gemeinsam ist den Benachteiligungen der vier Dimensionen, dass sie wesentlich durch milieugeprägte Interpretationen formaler Regeln und durch das Organisationsmilieu hervorgebracht werden; Umgangsformen, mit denen die Schüler/-innen der genannten sozialen Gruppen nicht in vergleichbarer Weise vertraut sind, sodass eine Passung zwischen ihren biografischen Vorerfahrungen und den Anforderungen zuweilen misslingt. Diese Nichtpassung läuft Gefahr, individualisiert zu werden, als persönlicher Bildungs(miss)erfolg einzelnen zugeschrieben und interpretiert zu werden, anstatt als schulisch-unterrichtliche Bildungsungleichheiten hinterfragt zu werden.

4.6 Übungsaufgaben

Aufgabe 1 Sozio-ökonomische Benachteiligung verweist auf eine gesellschaftliche Relation. Beschreiben Sie diese!

Aufgabe 2 Geschlecht wird im Alltag häufig als „dichotome Differenz" beschrieben. Nennen Sie sozialwissenschaftliche Argumente, die diese Position infrage stellen.

Aufgabe 3 Beschreiben Sie den Paradigmenwechsel von der „Ausländerpädagogik" zur „Interkulturellen Pädagogik" anhand zentraler, sich unterscheidender Bezüge.

Aufgabe 4 Erläutern Sie wesentliche Unterschiede zwischen einem medizinischen und einem sozialwissenschaftlichen Modell von Behinderung, indem Sie diese einander gegenüberstellen.

Aufgabe 5 Diskutieren Sie Vor- und Nachteile des meritokratischen Prinzips für Bildungsgerechtigkeit in der aktuellen Schule.

Betrachten Sie ein offizielles schulisches Dokument (wie z. B. einen Lehr- oder Bildungs- und Rahmenplan) des Bundeslandes/Kantons in dem Sie arbeiten (möchten) und analysieren Sie dieses anhand des Verständnisses und der Vorstellungen von

Aufgabe 6

- sozio-ökonomischer Benachteiligung von Schüler/-innen,
- Geschlecht,
- Migrationserfahrungen,
- Behinderung respekt. sonderpädagogischem Förderbedarf und
- Leistung.

4.7 Literatur- und Websiteempfehlungen

Bless, G., Kronig, W. (1999): Wie integrationsfähig ist die Schweizer Schule geworden? Eine bildungspolitische Analyse über schulorganisatorische Massnahmen bei Normabweichungen. Vierteljahreszeitschrift für Heilpädagogik und ihre Nachbargebiete 68 (4), 414–426

Brake, A., Büchner, P. (2012): Bildung und soziale Ungleichheit. Eine Einführung. Kohlhammer, Stuttgart

Cloerkes, G. (2007): Soziologie der Behinderten. Eine Einführung. 3. Aufl. Universitätsverlag Winter, Heidelberg

Diehm, I., Radtke, F.-O. (1999): Erziehung und Migration. Eine Einführung. Kohlhammer, Stuttgart/Berlin/Köln

Eder, F. (Hrsg.) (2012): PISA 2009. Nationale Zusatzanalysen für Österreich. Waxmann, Münster/New York/München/Berlin

Ellger-Rüttgardt, S. L. (2008): Geschichte der Sonderpädagogik. Eine Einführung. Ernst Reinhardt Verlag, München/Basel

Faulstich-Wieland, H. (1991): Koedukation – Enttäuschte Hoffnungen?. Wissenschaftliche Buchgesellschaft Darmstadt, Darmstadt

Haider, G., Schreiner, C. (2006): Die PISA-Studie. Österreichs Schulsystem im internationalen Vergleich. Böhlau Verlag, Wien/Köln/Weimar

Klieme, E., Artelt, C., Hartig, J., Jude, N., Köller, O., Prenzel, M., Schneider, W., Stanat, P. (2010): PISA 2009. Bilanz nach einem Jahrzehnt. Waxmann, Münster/New York/München/Berlin

Krüger-Potratz, M. (2005): Interkulturelle Bildung. Eine Einführung. Waxmann, Münster/New York/München/Berlin

Mecheril, P. (2010): Einführung in die Migrationspädagogik. Beltz Verlag, Weinheim/Basel

Moser, V., Sasse, A. (2008): Theorien der Behindertenpädagogik. Ernst Reinhardt Verlag UTB, München/Basel

Zahner Rossier, C., Holzer, T. (2007): PISA 2006: Kompetenzen für das Leben – Schwerpunkt Naturwissenschaften. Nationaler Bericht. Bundesamt für Statistik Neuchâtel

Bildungspolitische Links
Für die Schweiz: www.integrationundschule.ch (13.01.2016)
Für Deutschland: www.kmk.org (13.01.2016)
Für Österreich: www.bmbf.gv.at/schulen/index.html (13.01.2016)

Hier gelangen Sie in der Lern-App zum Buch zu weiteren Fragen zu Kapitel 4:

Hex-Code: E 8

5 Inklusion als Perspektive schulischer und unterrichtlicher Bearbeitung von Heterogenität

Die Ausführungen der vorangegangenen Kapitel verdeutlichen, dass die Schule als gesellschaftliche Organisation mittels Strukturen und den in ihr generierten und etablierten Praktiken einen nicht unerheblichen Anteil an der Reproduktion sozialer Ungleichheit trägt. Eine reflexive Bearbeitung von Heterogenität in pädagogischen Organisationen ist als Gegenentwurf erforderlich, so die systematische Schlechterstellung sozialer Gruppen in Schule und Unterricht in Zukunft überwunden werden soll. Eine reflexive Auseinandersetzung allein reicht jedoch nicht aus, damit sich Milieus in der Schule entwickeln können, die jenseits von (systematischen) Benachteiligungen und Diskriminierungen orientiert sind. Vielmehr müssen sich auch Partizipationsmöglichkeiten für die unterschiedlichen Milieus zugunsten einer gleichberechtigten Teilhabe verändern (Nohl 2010, 237 ff).

Eine veränderte Bearbeitung von Heterogenität ist weder ausschließlich bei Lehrkräften zu verorten, d.h. sie kann nicht von ihnen allein verantwortet und/oder überwunden werden, noch durch ausschließliche Veränderungen der formalen Regeln der Organisation Schule. Die unterrichtlichen und schulischen Regeln und Praktiken sind eingebunden in gesellschaftliche Kräfte- und Machtverhältnisse, denen spezifische Bearbeitungsformen inhärent sind und die zugleich die Erzeugung spezifischer Differenzen (be)fördern. Eine an egalitären, also auf Gleichheit bezogenen Prinzipien orientierte Bearbeitung von Differenz, ist erschwert und bedarf integrierter und wechselseitiger Entwicklungen beider Ebenen; d.h. eine Reflexion jener Differenzen, die überwunden werden respektive nicht zum Nachteil werden sollen, wie z.B. (Bildungs-)Armut. Dabei erhebt dieser Abschnitt – wie die anderen auch – nicht den Anspruch, präskriptiv zu beschreiben, wie eine inklusive Pädagogik realisiert werden kann. Vielmehr ist es das Ziel, einen Rahmen und Bezugspunkte für die Reflexion von Praxis aufzuzeigen. Dies wird hierbei damit verbunden, Schule und Unterricht grundsätzlich anders zu denken. Insbesondere die Reflexion der komplexen, miteinander verschachtelten diskriminierenden und marginalisierenden Strukturen und Praktiken ist dabei zentral.

Inklusions-pädagogik	Der Ansatz der Inklusionspädagogik, der zunehmend über den sonderpädagogischen hinaus im allgemeinpädagogischen Diskurs aufgegriffen wird (z. B. Reich 2012), stellt einen Reflexionsrahmen bereit, der zugleich einen Gegenentwurf zu aktuellen (in den vorangegangenen Kapiteln beschriebenen) Strukturen und Praktiken eröffnet. In diesem Kapitel werden die theoretischen Grundlagen der Inklusionspädagogik mit denen der praxeologischen Wissenssoziologie, v. a. der Pädagogik kollektiver Zugehörigkeiten, verbunden. Die Ausführungen bieten Ansatzpunkte zur Reflexion von Praktiken und Strukturen, die Benachteiligungen und Behinderungen in der Schule hervorrufen. Das kritische Hinterfragen der eigenen Einbindung in diese Formen der Differenzherstellung und -bearbeitung ist aufseiten von Lehrer/-innen eine Möglichkeit der Entwicklung alternativer Praktiken.

Inklusion verweist folglich auf die Vergegenwärtigung eigener Praktiken und ihrer benachteiligenden Potenziale. Sie in ihrem Entstehungskontext zu verstehen und begrifflich fassen zu können, um bildungsgerechtere Alternativen zu erkennen, ist die leitende Orientierung des Ansatzes. Auch wenn es die Möglichkeiten der Profession der Lehrer/-innen übersteigt, eine inklusive Schule zu gestalten: Sie nehmen dennoch eine Schlüsselstellung ein, da ihr explizit-kommunikativer Umgang mit Differenz im Unterricht ebenso wie ihre Handlungspraxis, die den Rahmen der Differenzbearbeitung durch die Schüler/-innen sowie deren Lern- und Bildungsmöglichkeiten entscheidend prägen (Florian/Rouse 2010, 185). An diesem Primat orientieren sich die nachfolgenden Ausführungen. Das Konzept der Inklusion soll, bevor es für Unterricht *(siehe Kapitel 5.4)* konkretisiert wird, in allgemeiner Hinsicht *(siehe Kapitel 5.1)* vorgestellt werden. Dabei ist das Vorgehen daran orientiert, einen Reflexionsrahmen für schulische und unterrichtliche Praktiken vorzustellen, anstatt ein Rezept anzubieten, mit dem Inklusion in Schule und Unterricht realisiert werden kann.

Da Unterricht als Gruppengeschehen organisiert ist, sollen zunächst, bevor er genauer in den Blick genommen wird, die erziehungswissenschaftlichen Grundbegriffe „Bildung" und „Lernen" in ihrem hier gebrauchten Verständnis *(siehe Kapitel 5.2)* skizziert sowie Möglichkeiten der systematischen Annäherung an konkrete Lern- und Bildungsprozesse in diagnostischen Prozessen vorgestellt werden *(siehe Kapitel 5.3)*. Diese Ausführungen werden in der anschließenden Betrachtung von Unterricht aufgegriffen. Die Darstellung orientiert sich an der Perspektive von Lehrpersonen auf den

Unterricht, die sich entlang der Intentionalität von Vermittlung und Initiierung von Lehr- und Lernprozessen entfaltet. Dabei werden die besonderen Potenziale von Benachteiligungen hervorrufender Praktiken fokussiert, die aktuell die Tätigkeit des Unterrichts charakterisieren *(siehe Kapitel 5.4)*.

5.1 Inklusion als pädagogisches Rahmenkonzept

Forciert durch die Ratifizierung der UN-Behindertenrechtskonvention (Österreich: 2008, Deutschland: 2009, Schweiz: 2014) bieten sich aktuell historische Möglichkeiten für die Gestaltung einer diskriminierungsfreien und demokratischen Schule. Das Konzept von Inklusion greift diese Ideen auf. Es soll hier vorgestellt und seine Potenziale für eine diskriminierungsfreie Milieu und Zugehörigkeiten reflektierende und sensibilisierende Perspektive innerhalb pädagogischer Organisationen diskutiert werden. Fokussiert werden dabei die schulische Struktur als ein Aspekt formaler Regeln der Schule und pädagogische Reflexionsmöglichkeiten, die sich auf (die eigenen) Praktiken beziehen.

Schule und Unterricht inklusiv zu organisieren und zu gestalten, sind Prämissen, denen sich Deutschland, Österreich und die Schweiz mit der Ratifizierung der UN-Behindertenrechtskonvention (kurz „UN-BRK") über die Rechte von Menschen mit Behinderungen stellen (UN 2006; 2008). Im Artikel 24 der UN-BRK ist *das Recht auf gemeinsamen Unterricht* aller Schüler/-innen verankert. Dieser normative Anspruch auf Inklusion im Bildungsbereich wird für den Unterricht weiter konkretisiert. Der Unterricht soll individuelle Unterstützungsmaßnahmen in dem Maß bereitstellen, „dass die bestmögliche schulische und soziale Entwicklung" angeboten werden (UN 2006; 2008, Art. 24). Dies führt unweigerlich dazu, jene Strukturen und Praktiken in den Blick zu nehmen und zu hinterfragen, die Benachteiligungen und/oder Behinderungen in Schule und Unterricht verursachen (Becker 2015, 125 ff).

UN-BRK

Inklusion im Kontext von Schule und Unterricht im Sinne der UN-BRK ist normativ ausgerichtet und, wie die Konvention insgesamt, an den (allgemeinen) menschenrechtlichen Prämissen entlang der spezifischen Perspektive von Menschen mit Behinderungen konkretisiert, d. h. sich nicht an der Bevorzugung einer bestimmten Personengruppe orientiert (Bielefeldt 2010, 66). Vielmehr wird von einem sozialwissenschaftlichen Verständnis von Behinderung ausgegangen, das diese nicht in Personen, sondern in Interaktionen verortet. Die Ratifizierung

normative Ausrichtung

der UN-BRK eröffnet mit dem rechtlichen Rahmen, der sich in erster Linie an die (Bildungs-)Politik richtet, die Möglichkeit zur *Gestaltung einer Schule für alle*. Die Politik ist aufgefordert, Rahmenbedingungen bereitzustellen, die es ermöglichen, eine entsprechende Schule zu gestalten. Damit findet die Diskussion um Heterogenität im Ansatz der Inklusion, die explizit alle Schüler/-innen einbezieht, auch jene mit sogenannten „schweren Behinderungen" (Praschak 2010), eine Zuspitzung. Diese Explikation des Differenzspektrums erfordert dabei keine prinzipiell andere Bearbeitung des Themas „Heterogenität" in Schule und Unterricht.

Reflexion behindernder Praktiken und Strukturen

An die Prämisse der UN-BRK, alle am Geschehen einer Schule teilhabend und partizipierend einzubeziehen, knüpfen die Ideen der Inklusionspädagogik an. Als Begriff verweist „Inklusion" auf Einschluss, Einbeziehung, Eingeschlossenheit und Zugehörigkeit. Dieser Ansatz geht über das Verständnis hinaus, vormals ausgegliederte Personen („Exkludierte") einzugliedern; es kann nicht das Ziel sein, die Ausgeschlossenen eingliederungsfähig zu machen, ohne jene schulischen und unterrichtlichen Strukturen und Praktiken in den Blick zu nehmen, die den Ausschluss und die Marginalisierung erst *bewirkt* haben. Vielmehr sind genau jene ausgrenzenden und marginalisierenden Strukturen und Praktiken zu fokussieren, die zu Exklusionen führen – mit dem Ziel, sie zu überwinden.

Für die Organisation Schule bedeutet dies, konkret zu erkennen, wo und wie in ihr und durch sie Exklusion und Marginalisierung realisiert werden und wie diese zu überwinden wären. Dies bezieht sich gleichermaßen auf Strukturen und Praktiken; und zwar insbesondere auf jene, von denen systematisch und wiederholt die gleichen Schüler/-innen(gruppen) betroffen sind. Wie die Ausführungen im *vierten Kapitel* verdeutlichen, handelt es sich hierbei um zahlreiche Praktiken unterrichtlicher Interaktionen, die in milieugeprägten Interpretationen wie auch im Organisationsmilieu der Schule insgesamt zu finden sind. Das Projekt einer inklusiven Schulgestaltung bietet der Organisation insgesamt die Möglichkeit zur Entwicklung und fordert sie zugleich heraus, in eine kritische Distanz zu ihrer historischen Entstehung und ihrer aktuellen Praxis zu treten. Die Diskriminierungstypisierung in Organisationen von Nohl (2010, 224) *(siehe Kapitel 2.3)* bietet hierfür zahlreiche Anknüpfungsmöglichkeiten.

Verbindend kann gesagt werden, dass eine inklusive Pädagogik im Kontext schulischer Organisationen ihren Blick auf jene Situationen richtet, in denen einzelne Schüler/-innen oder Schülergruppen innerhalb der bestehenden unterrichtlichen und schulischen Rahmenbedingungen Marginalisierung und/oder Exklusionen erfahren (Ainscow 2006, 147). Eine solche situationsbezogene Perspektive auf Behinderung bezieht sich auf die Strukturen und Praktiken und das Wechselspiel zwischen ihnen. Mit anderen Worten, die unterrichtlichen Praktiken von Lehrpersonen und Schüler/-innen sind in dem Kontext der Organisation zu betrachten, in dem sie angesiedelt sind, also dem je spezifischen Organisationsmilieu.

Innerhalb des deutschsprachigen pädagogischen Fachdiskurses wird „Inklusion" als Terminus aus dem englischen Sprachraum seit dem Jahr 2000 zunehmend verwendet und hat angefangen, jenen der (schulischen) „Integration" abzulösen. Inklusion steht insofern in „einer theoretischen Kontinuität" (Lütje-Klose/Urban 2014, 114) zum Begriff der Integration, als bereits in den 1990er Jahren ein Verständnis von Integration entwickelt wurde, das sozialwissenschaftlich fundiert ist und über die Differenzkategorie von Behinderung/Nicht-Behinderung respektive (k)ein sonderpädagogischer Förderbedarf hinausgeht (Sturm 2016b). Behinderung wird in diesem Zusammenhang situativ in aufeinander bezogenen Praktiken hergestellt und in Strukturen vergegenständlicht verstanden, anstatt, wie lange Zeit üblich, einzelnen Menschen zugeschrieben (Ainscow 2008, 241). War es zunächst die Sonderpädagogik, aus der heraus die Diskussion um Integration wesentlich geführt wurde, etablierte sich in den 1980er Jahren der Diskursstrang der Integrationspädagogik (Eberwein 1998), die sich zur Inklusionspädagogik entwickelt (Reiser 2003). Aktuell wird Inklusion als bildungspolitische ebenso wie als pädagogische Herausforderung auch als Thema der Schulpädagogik verhandelt (z. B. Budde/Hummrich 2013; Reich 2014).

Mit dieser expliziten Verschiebung der Ausrichtung von der Adressatenorientierung hin zu einer situationsbezogenen Perspektive auf Behinderung geht ein Verständnis von Inklusion einher, das diese als Teilhabe- und Partizipationsmöglichkeiten versteht. Inklusion steht damit in Relation zu Exklusion und kann sich auf Interaktionen und/oder Organisationen beziehen; zugleich können sie situativ und/oder überdauernd auftreten. Diese Verständnisse von Behinderung und Inklusion gehen deutlich über die schul-administrative Differenzdimension von „sonderpädagogischem Förderbedarf" und/oder individuell zugeschriebener Behinderung hinaus (Moore/Slee 2012, 237 ff; Sturm/Wagne-Willi 2015). Bezogen auf den Unterricht und die Schule ist zu fragen, wo und wie Schüler/-innen die Teilhabe am unterrichtlichen Geschehen, an den unterrichtlichen Lehrintentionen der Lehrkräfte und der Partizipation an Lern- und Bildungsprozessen *be*hindert werden, z. B. weil nicht an ihre biografischen und milieugeprägten Vorerfahrungen angeknüpft wird und Lernen so nicht möglich ist.

Inklusion ist als pädagogisches Konzept dem Ziel verpflichtet, Diskriminierung und Benachteiligungen in Schule und Unterricht zu erkennen und abzubauen. Vornehmlich werden dabei jene Benachteiligungen gesehen, die im Kontext sozialer Differenzdimensionen stehen, wie Geschlecht, Ethnizität, Ability und sozio-kulturelles Herkunftsmilieu – also jene, die im Zusammenhang mit Unterschieden stehen, die als soziale Kategorien über die Schule hinaus bedeutsam sind (Ainscow 2008, 241). Diese Überlegungen erfordern es, nicht weiter Personengruppen in den Blick zu nehmen, auch wenn sie weiterhin für theoretisch-analytische Betrachtungen notwendig bleiben, um systematische Benachteiligungen zu beschreiben und zu erkennen, sondern Interaktionen und Prozesse hinsichtlich ihres „behindernden" Potenzials zu fokussieren.

Inklusive Strukturen und Praktiken entwickeln: Ansatzpunkte für derartige Perspektiven umfassen die Ebene expliziter und formaler Regeln der Schule: D. h. wesentlich ihre Strukturen – die daran gebundene Mitgliedschaft zu Bildungsgängen – und die schul- und unterrichtsspezifischen formalen Regeln, die informellen Regeln (mit denen im schulischen/unterrichtlichen Organisationsmilieu Differenzen hergestellt und bearbeitet werden), die milieugeprägten Interpretationen der formalen Regeln und das (tolerierte) Unterleben der pädagogischen Organisation. Die Umsetzung schulischer Inklusion hat folglich eine formale, d. h. explizit-kommunikative Dimension und eine handlungspraktische oder habituelle. Veränderungen sind an diesen beiden, miteinander verbundenen, jedoch analytisch zu trennenden, Wissens- und Erfahrungsbereichen anzusetzen. Dabei ist ihre Einbindung in den gesellschaftlichen Raum mit seinen konkurrierenden Interessen zu reflektieren.

<small>formale, strukturelle Regeln entwickeln</small>

Die Gestaltung formaler Regeln, die Explikation leitender und geteilter Wertvorstellungen und Konzepte, die sich in Schulprogrammen und in Leitlinien einer Einzelschule oder den Klassenregeln ebenso finden wie in der Schulgesetzgebung, können Inklusion als schulisches Prinzip verankern. Auf formaler Ebene zählt hierzu die Überwindung dichotomer und binärer Beschreibungen von Kindern und Jugendlichen, die in Praxen eindimensionaler Milieuzuschreibungen zu finden sind (wie beispielsweise vorhandener/nicht vorhandener „sonderpädagogischer Förderbedarf" (Kron 2005, 83)); ebenso die schulischen Strukturen, welche die Schüler/-innen zu einer stetigen Legitimation ihrer Mitgliedschaft herausfordern, die im Modus Zugehörigkeit/Nichtzugehörigkeit in den Dimensionen Leistung und Verhalten kontrolliert wird. In der Gestaltung einer Schule, die auf äußere Strukturdifferenzen verzichtet, stellt das eine notwendige Rahmenbedingung für Inklusion in formaler Hinsicht dar – ist jedoch für sich genommen weder hin- noch ausreichend, um von einer „inklusiven Schule" im Sinne einer diskriminierungsfreien zu sprechen. Die Entwicklung von inklusiven Praxen, die weder diskriminierend noch marginalisierend sind, wäre hiermit zu verbinden. Erst gemeinsam mit den Strukturen stellen sie erste Voraussetzungen dar, wie Langfeldt und Hörmann (2011, 279 ff) auf der Grundlage skandinavischer Erfahrungen im dortigen Gesamtschulsystem konstatieren.

Eine Schule für alle schließt Exklusion aus Bildungsgängen aus und damit konjunktive Erfahrungen des Verlustes von Mitgliedschaft und/oder Zugehörigkeit zu einem Bildungsgang und/oder einer Lerngruppe aufseiten der Schüler/-innen sowie deren stetige Überprüfung durch die Lehrpersonen. Die Einschränkung der Begegnungsmöglichkeiten von Menschen, die sich in milieuspezifischer Hinsicht voneinander unterscheiden, würde ebenfalls überwunden werden können und Ansatzpunkte für Verständigung eröffnen.

Betreten wir – gedanklich – einen solchen formalen Rahmen schulstruktureller Inklusion, so stellt sich die Frage ihrer inneren Gestaltung. Diese umfasst sowohl die formalen Regeln, die innerhalb einer derartigen Schule sowie des Unterrichts explizit-formal vorliegen, als auch die konkreten Handlungspraktiken, die Organisationsmilieus, die sich in ihr entwickeln. Folglich wäre es auch notwendig, aktuell behinderte bzw. benachteiligte – oder mit Nohl (2010, 237) diskriminierte – Milieus in Entscheidungs- und Gestaltungsprozesse einzubeziehen, die bisher den dominierenden Milieus „vorbehalten" waren, z.B. die Mittelschichtsorientierung von Lehrpersonen, Schulleitung und anderen relevanten Positionen.

formale Rahmenbedingungen von Schule und Unterricht

In einer solchen Schule würde die Mitgliedschaft nicht entlang von Leistung und/oder Verhalten geregelt, die wesentlich mit denen spezifischer sozialer Milieus korrespondieren, und so die Exklusion Einzelner aus Bildungsgängen und/oder Lerngruppe legitimieren. Vielmehr würde die Mitgliedschaft der Schüler/-innen nicht in Frage gestellt werden. Die formalen Regeln der Schule umfassen über die Strukturen hinaus Erwartungen in Form von Lernzielen und Curricula. Beide Aspekte stellen jenen Rahmen dar, innerhalb dessen sich unterrichtliche Organisationsmilieus von Lehrpersonen und Schüler/-innen entwickeln. Innerhalb dieser können situativ und/oder kontinuierlich Behinderungen hervorgebracht werden.

inklusive Praktiken entwickeln Innerhalb der Schule gilt es dann, die formalen Regeln, die durch die Organisation vorgegeben sind (innerhalb der Einzelschule wie auch des Unterrichts), derart zu konkretisieren, dass sie nicht diskriminierend wirken, in expliziter wie in handlungspraktischer Hinsicht. Dies umfasst das potenziell tolerierte Unterleben in Schule und Unterricht, mögliche milieugeprägte Interpretationen der Regeln (wie z. B. die unreflektierte Verwendung des Deutschen in seiner Variante der Bildungssprache) sowie das Organisationsmilieu selbst einschließlich seiner unterrichtsfachspezifischen Dimensionen.

Als Sozialisationsort, an dem Erfahrungen im Umgang mit differenten und milieuspezifischen Praxen gemacht werden, sind die Schule und der Unterricht herausgefordert. Die Schule kann für die Schüler/-innen einen Anlass darstellen, sich mit Bearbeitungsformen von Differenz auseinanderzusetzen. Somit übernimmt die pädagogische Organisation nicht nur die Aufgabe, Differenzen aktuell bestehender Ungleichheiten zu bearbeiten, sondern auch vorbildlich vorzugehen. Wie kann das aussehen?

Die Schule und der Unterricht wären in ihrer Vorbildfunktion herausgefordert, Situationen zu schaffen, in denen sich die Schüler/-innen ihre (unterschiedlichen) Perspektiven auf Teile der sozialen und/oder materialen Welt – ihre konjunktive Sichtweise – gegenseitig explizieren, ohne sie hierarchisch zu bewerten. Wird eine solche Praxis in Schule und Unterricht gelebt, besteht die Möglichkeit, voneinander zu lernen und einander in einem milieuübergreifenden Sinn zu verstehen und zu respektieren. Hieran anschließend stellt sich die Frage, ob und wie Inklusion in handlungspraktischer Sicht denkbar wäre; insbesondere dann, wenn – wie hier – davon ausgegangen wird, dass jegliche Praxis Unterscheidungen bzw. Differenzen hervorbringt (Rabenstein et al. 2013). Um derartige Prozesse in den Blick zu nehmen, bedarf es eines analytischen Verständnisses von Inklusion, das in Relation zu Exklusion respektive zu Marginalisierungen steht. Inklusive Praktiken – im Sinne eines normativen Verständnisses, wie es in Schule vorliegt – könnten in kollektiv geteilten Praktiken zum Ausdruck kommen, die die Teilhabe und Partizipation aller an der unterrichtlichen Interaktion vorsehen. Differente Perspektiven auf die materiellen und/oder sozialen Lehr-Lerngegenstände, die verhandelt werden, würden als solche reflektiert und egalitär nebeneinander stehen. Die Genese unterschiedlicher Perspektive könnte rekonstruiert werden, um die Verschiedenheit zu erklären. Eine solche Handlungspraxis umfasst die Akzeptanz und Reflexion der Widersprüchlichkeit von Egalität und Hierarchien in Schule und Gesellschaft.

Inklusion in diesem Sinne geht deutlich darüber hinaus, beispielsweise Kinder und Jugendliche, denen „sonderpädagogischer Förderbedarf" zugeschrieben wird, auf formal expliziter Ebene in ein Gespräch zu integrieren – nicht weil es die formale Regel der Klasse so erfordert, sondern weil die Teilhabe aller, geteilte Orientierung ist. Als rahmendes Konzept beschreibt Inklusion mithin eine Sichtweise und praktische Haltung, also keinen Zustand, der einmal erreicht, als vorhanden gilt. Vielmehr stehen die situativ hergestellten Praktiken immer wieder zur Disposition (Allan 2012).

Akzeptanz und Reflexion

Die unterschiedlichen, in einem derartigen inklusiv gestalteten Interaktionsrahmen aufeinandertreffenden Akteure/-innen teilen einige Milieuerfahrungen und andere nicht. Unterhalb der Ebene eines solchen Verständnisses von Inklusion kann sich dann ein kontinuierliches Wechselspiel von Inklusion in und Exklusion aus konkreten unterrichtlichen und schulischen Interaktionsbezügen entfalten, das sich durch gegenseitiges Lernen voneinander und übereinander auszeichnet. Es erzeugt *Momente von Zugehörigkeit und Nichtzugehörigkeit*, die lernend und bildend überwunden bzw. reflektiert werden können; sie sind dabei unterhalb der prinzipiellen Inklusion als Differenzen reflektierendes Miteinander angesiedelt und beziehen sich auf Einzelsituationen. So diese in einer Balance gehalten, situativ auf Kooperationskontexte bezogen sind und nicht permanent die gleichen Schüler/-innen inkludiert bzw. exkludiert werden, muss dies nicht mit systematischen Benachteiligungen einhergehen. Vielmehr stellt der kontinuierliche Wechsel eine Möglichkeit für milieureflektierte Lern- und Bildungsprozesse dar (Wagner-Willi/Sturm 2012).

situationsbezogene In- und Exklusionen

Exkludierende Modi dieser Art können im Unterricht bestehen, wenn eine (spontane) Schülergruppe, die sich innerhalb des unterrichtlichen Geschehens auf eine bestimmte Art mit einer Aufgabenstellung befasst, keine weiteren Schüler/-innen zulässt. Die Gruppe exkludiert in diesem gedachten Fall einen Schüler, sodass dessen Teilhabe an dem konkreten Geschehen nicht möglich ist. Exkludierende Praktiken wie diese werden nicht per se marginalisierend verstanden. Sie werden es erst dann, wenn die Differenzen zwischen einzelnen Schüler/-innen und/oder Schülergruppen nicht thematisiert und kommunikativ bearbeitet werden und/oder hiervon wiederholt dieselben Schüler/-innen betroffen sind; wenn also auf expliziter und konjunktiver Ebene keine Regeln und Praktiken des Miteinanders bestehen, die Unterschiede und Differenzen thematisieren und zugleich Gemeinsamkeiten, also homologe Bezüge zwischen den Schüler/-innen, betonen. Letzteres bezieht sich v. a. auf die Art der Differenzbearbeitung in Klassen. So sie an diese Gemeinsamkeiten anknüpfen können, ein pädagogisch zu unterstützendes Unterfangen des Lernens von- und miteinander, auch bzw. gerade im Modus von Differenz, kann eine solche Gruppenbildung als ein Erlebnis der Differenz genutzt werden, um Lernmöglichkeiten zu eröffnen.

Schule als Ort gesellschaftlicher Innovationen

Die Schule bietet als gesellschaftliche und pädagogische Organisation einen Ort, an dem *in* und *durch Bildung* Benachteiligungen abgebaut werden können; das kann durch pädagogische Handlungen unterstützt und eröffnet werden. Dies verweist auf die Legitimationsfunktion der Schule, die den Auftrag umfasst, Loyalität der nachwachsenden Generation gegenüber der Rechtmäßigkeit von Entscheidungen des bestehenden politischen Systems und der Gesellschaft zu erzeugen und innovativ auf diese zu wirken. Zugleich umfasst es den Enkulturationsauftrag der Schule, der in Kooperationsformen eines friedlichen und demokratischen Miteinanders einführt. Sofern dies nicht auf rein kommunikativ-expliziter Ebene entlang eines unterrichtlichen Lehrinhalts erfolgt, ist die Schule herausgefordert, einen Rahmen bereitzustellen, in dem dies konjunktiv erfahren werden kann.

Inklusion orientiert sich an der Gestaltung einer demokratischen Gesellschaft, in der das friedliche Miteinander vielfältiger Milieus leitend ist und Ungleichheit nicht benachteiligend wirken soll. Dies kann für die pädagogische Organisation insgesamt wie auch für den Unterricht im Speziellen bedeuten, dass etwas Gemeinsames, ein konjunktiver Erfahrungsraum, zwischen den Beteiligten erst hergestellt werden muss, sodass die Schüler/-innen daran anknüpfen können. Auf diese Gemeinsamkeit kann dann in Lern- und Bildungsprozessen zurückgegriffen werden.

inklusiver Rahmen

Damit dies möglich wird, sind gesellschaftlich jene Ressourcen zur Verfügung zu stellen, die notwendig sind, um Schüler/-innen Lern- und Bildungsprozesse zu eröffnen. Demnach muss sich die Gesellschaft die Frage stellen, wie und mit welchen Ressourcen sie Schule und Unterricht ausstatten möchte, um Inklusion im genannten Verständnis möglich zu machen (Slee 2006, 164 f). Aktuelle gesellschaftlich-schulische Rahmenbedingungen, zu denen neben der finanziellen Ausstattung die Lehrerbildung und die soziale Gerechtigkeit insgesamt zählen, relativeren die Möglichkeiten der Realisierung schulischer Inklusion im beschriebenen Sinne. Die Steuerung der Schule mittels betriebswirtschaftlicher Modelle, v. a. der output-gesteuerten

Vorgehensweise, die bei mangelndem Output die Ressourcen reduzieren können, ist eine Entwicklung, deren Bedeutung für Inklusion ebenso kritisch zu betrachten ist wie die individuelle Zuschreibung von Leistungs(miss)erfolg (Gomolla 2010, 264 f; Moser 2011, 364 f).

Im Modus des kontinuierlichen und kritischen Hinterfragens von Behinderungen der Teilhabe und Partizipation stellt Inklusion als solche die „Architektur der Gesellschaft im Ganzen auf den Prüfstand" (Lindmeier 2012, 39). Inwiefern und in welchen Bereichen Inklusion schulisch und unterrichtlich gelingt und/oder misslingt, bedarf in Zukunft einer empirischen Bearbeitung.

5.2 Lern- und Bildungsprozesse – eine Definition

„Sozialisation", „Bildung", „Lernen" und „Erziehung" stellen Grundbegriffe pädagogischen Handelns und erziehungswissenschaftlicher Theoriebildung dar. An dieser Stelle sei betont, dass Bildung, Erziehung, Lernen und Sozialisation keine Prozesse sind, die ausschließlich an pädagogische Organisationen und Intentionen gebunden sind. Vielmehr können sie in den unterschiedlichsten Lebenskontexten stattfinden und angesiedelt sein. Pädagogische Bemühungen, wie jene in der Organisation Schule, sind jedoch explizit darauf gerichtet, den Schüler/-innen solche Prozesse zu öffnen (Nohl 2010, 212). Hier werden Lernen und Bildung fokussiert, da sie jene Vorhaben darstellen, die durch Lehrpersonen im Unterricht intentional und explizit aufseiten der Schüler/-innen initiiert und unterstützt werden sollen. Dies gilt zwar auch für Erziehung und Sozialisation, allerdings nicht entlang vergleichbarer (fachgebundener) Vorgaben. In den formalen Regeln der Schule konkretisieren sich Lern- und Bildungsziele in Lehrplänen und Curricula bzw. in Bildungs- und Rahmenplänen.

Vor dem Hintergrund des im *zweiten Kapitel* vorgestellten Milieuverständnisses soll hier zunächst spezifiziert werden, wie Lern- und Bildungsprozesse, verstanden als Erweiterung derzeitigen Wissens, Könnens und aktueller Praktiken, begrifflich gefasst werden können. Diesem Verständnis folgend, sind sie in konjunktiven Erfahrungen wie auch auf explizit-generalisierter Wissensebene angesiedelt und der zwischen diesen bestehenden Wechselbeziehungen.

Diskrepanzerfahrungen sowie lernende und bildende Auseinandersetzung: Lern- und Bildungsprozessen ist gemeinsam, dass sie im Kontext von Diskrepanzerfahrungen und Veränderung angesiedelt — Diskrepanzerfahrung sind. Diskrepanzen, also Differenzen, können gegenüber den Tätigkeiten und/oder Kenntnissen anderer erfahren werden wie auch aus eigenen differenten Erfahrungen. Möglichkeiten für letztgenannte eröffnen v. a. die vielfältigen, mehrdimensionalen, milieugeprägten Erfahrungen, über die Einzelne verfügen. Insbesondere differente Erfahrungen in materiellen und/oder sozialen Zusammenhängen können einen Anlass darstellen, Differenz bzw. Diskrepanz zu erfahren. Bildungsprozesse beschreiben eigene Orientierungen, die im Kontext der Vielfalt unterschiedlicher Lebensformen hervorgebracht werden. Dies kann über den Weg kultureller Repräsentationen erfolgen wie auch über praktische Formen der Differenzerfahrung.

> Diskrepanzerfahrungen bestehen dort, wo es Passungsschwierigkeiten zwischen dem bisherigen Wissen und Können und/oder Praktiken der Bewältigung des Alltags gibt. Sie sind Teil von Lernprozessen, ohne dass letztgenannte eine zwingende Folge sind.

Dabei ist die Erfahrung von Diskrepanz zugleich daran gebunden, an Bekanntes und Vertrautes anzuknüpfen, von dem aus die Diskrepanz gegenüber etwas anderem erst ersichtlich wird.

Lern- und Bildungsprozesse können im Bereich konjunktiver Erfahrungen und auf der kommunikativ-generalisierten Ebene von Wissen sowohl angesiedelt sein als auch ausgelöst werden: Während die Auseinandersetzung auf kulturelle Repräsentationen und/oder kommunikativ-generalisiertes Wissen verweist, also auf die bewusste und gezielte Auseinandersetzung mit dem Selbst- und Fremdverständnis, werden Entwicklungen im konjunktiven Erfahrungswissen in geänderten Alltagspraktiken und Perspektiven sichtbar.

Lernen Lernen stellt die Antwort auf die erfahrene Diskrepanz dar, dass die eigenen Wissensbestände nicht ausreichen, um ein auftauchendes Problem zu bearbeiten, ohne dass sich durch den Lernprozess die grundlegenden Erfahrungen und die Sicht auf Gegenstände verändern. Wenn diese Einsicht durch die Aneignung von Wissen und Können über etwas beantwortet wird, wird dies als „Lernen" bezeichnet. Ein solcher Einblick kann durch Vergleiche zu anderen Menschen und ihrem Wissen und Können angestoßen werden (Nohl 2010, 183 ff).

Wie Bildungsprozesse auch, hat Lernen seinen Ausgangspunkt in Differenzen, die erkannt werden. Können und Wissen nehmen eine selbstbezogene Form an, wenn eigenes Handeln und eigene Praktiken anderen in ihrer konjunktiven Bedeutsamkeit erklärt werden. Die sprachliche und explizite Formulierung der existenziell zugeschriebenen Bedeutung wird dann zugänglich, und es entsteht Wissen über einen selbst. Über die Ebene der Aneignung von Wissen über etwas beinhaltet Lernen die kommunikative Selbstexplikation der konjunktiven Erfahrungen, in denen etwas existiert bzw. für jemanden Bedeutung hat. Lernen erfolgt mittels Interpretation des eigenen Verstehens, z. B. indem es anderen erklärt wird (Nohl 2010, 189 ff).

Die Unterscheidung von Bildungs- und Lernprozessen liegt in der Qualität der Veränderung. Bildung wird als qualitative Weiterentwicklung und/oder Änderung der damit zusammenhängenden Praktiken des konjunktiven Erfahrungswissens und seiner reflexiven Durchdringung verstanden. Bildungsprozesse beschreiben sogenannte „Transformationen", die sich in der praktischen Lebensführung niederschlagen (Rosenberg 2011, 51).

Bildung

Bildung beinhaltet die Entwicklung neuer Konzepte in konjunktiver Hinsicht. Sie findet dort und dann statt, wenn eigene Handlungen und Praktiken in ihrer Milieuzugehörigkeit erkannt und relativiert werden. Eine Neuausrichtung ist auf die Anerkennung durch andere angewiesen. Im schulisch-unterrichtlichen Kontext kann sich der Zugang zu Gegenständen durch die Einnahme der Perspektive „Bildung ist wichtig" verändern. Ein solcher Perspektivwechsel eines lernenden Schülers oder einer lernenden Schülerin ist auf die Bestätigung der anderen angewiesen, die sie nun als ambitionierte und interessierte Schüler/-in anerkennen (Nohl 2010, 193 f).

Diskrepanzerfahrungen können dann (und dort) gemacht werden, wenn erfahrbar wird, das gleiche Ziele durch unterschiedliche Praktiken erreicht werden können. In der Schule gilt dies für fachliche wie für soziale Lerngegenstände. So kann es beispielsweise ein „schnellerer Weg" sein, addieren zu können statt zu zählen, um eine Menge zu bestimmen. Eine reflexive Auseinandersetzung ist nicht allein durch die Beobachtung gegeben, sondern erfolgt durch die hinterfragende Betrachtung der Praktik in ihrem jeweiligen Kontext. Bei dieser Art von Bildungsprozess, die auf Denkleistung beruht, handelt es sich um eine „rationale und diskursive Art der Auseinandersetzung" (Nohl 2010, 190). In Schule und Unterricht ist dies ein wesentliches Ziel des Fachunterrichts. Die Aneignung von Wissen und Können umschreibt Lernprozesse, die v. a. auf explizit-generalisierte Formen der Auseinandersetzung fokussieren. Diese können, müssen aber nicht, zu Bildungsprozessen führen. Bildungsprozesse können aus Lernprozessen hervorgehen, wenn das neu erworbene Wissen und Können zu qualitativen Entwicklungen der Praktiken

rational diskursive Bildungsprozesse

führen. Dies kann beispielsweise der Fall sein, wenn jemand schriftkundig wird, also die Schriftsprache und ihre Prinzipien versteht und anwenden kann.

Bildungsprozesse im Modus konjunktiven Erfahrungswissens

Neben den theoretisch-reflexiven Modi der Auseinandersetzung gibt es durch praktische Bezüge ausgelöste Formen der Bildung. Diese sind dadurch gekennzeichnet, dass sie in der Begegnung und Auseinandersetzung mit Menschen, die anderen Milieus angehören (die zu je eigenen Praktiken führen), ausgelöst werden können (Nohl 2010, 190 f). Bildungsprozesse, die konjunktiver Art sind, werden (zunächst) nicht sprachlich verarbeitet. Sie sind abzugrenzen von Situationen, in denen bereits gewohnheitsmäßige Praktiken in der Auseinandersetzung mit anderen Milieus entwickelt wurden, wie mit der erlebten Differenz zwischen milieugeprägten Praxen umgegangen wird. Solche Situationen stellen keinen Bildungsanlass dar, da bereits Praktiken vorliegen und die Differenz bearbeitet wird. Kommt es hingegen zu spontanen und neuen Lösungen der Bearbeitung erlebter Differenz, kann eine diskursive und reflexive Auseinandersetzung initiiert werden. Wird die Diskrepanz weder durch spontane Lösungen noch durch Praktiken, auf die zurückgegriffen werden kann, bearbeitet, so führt dies zum experimentellen Ausprobieren neuer Bearbeitungsformen. Die Suche und das Finden solcher neuen Praktiken vollzieht sich durch die Trennung der (zwei) Sphären, die je eigenständige, aber keine aufeinander bezogenen Tradierungen bereitstellen. Zwischen ihnen ergibt sich ein Freiraum für die Entwicklung neuer Praktiken, die Bildungsprozesse markieren (Nohl 2010, 192 ff). Die unterschiedlichen sozialen Milieus, die sich in der Schule und dem Unterricht begegnen, tun dies im Sinne „interkultureller Begegnung". Ihre Begegnungen können entlang der beschriebenen Prozesse sowie verbindender Formen erfolgen.

Die Transformation bisheriger Erfahrungen wird durch Nichtpassung herausgefordert (Rosenberg 2011, 82). Das Entstehen von Differenz oder Diskrepanz zwischen bewältigbaren Praktiken und Irritationen ist mithin die Voraussetzung für Lern- und Bildungsprozesse. Dies kann als Prozess des Hinauswachsens über die ursprünglichen Möglichkeiten verstanden werden, über die (einstigen) Limitierungen (Stojanov 2007, 43), und beschreibt zugleich ein übergeordnetes Ziel schulischer Bildung. Bildung wie auch Lernen sind in dieser Konzeption nicht als individuelle Prozesse zu verstehen, sondern in ihrer gesellschaftlichen Bedeutung. Die milieugeprägten und inkorporierten Wissensbestände und Vorerfahrungen der Lernenden sind in die Überlegungen des Unterrichtens und Lehrens zu integrieren.

Lern- und Bildungsprozesse werden notwendig, wenn aktuelle Formen der Bewältigung des Alltags nicht ausreichen. Gelernt werden sollen dabei v. a. gesellschaftliche und kulturelle Bedeutungsgehalte und Sinnsysteme, die fachunterrichtliche Gegenstände darstellen.

Der Grundschüler Max kann noch nicht lesen, aber er mag Geschichten. Er bemerkt, dass er im Vergleich zu seinen lesenden Geschwistern und/oder Eltern nicht lesen kann, er ist beim Entschlüsseln der Geschichten auf sie angewiesen. Max erlebt in Bezug auf den Gegenstand Literatur/Schriftkultur zunächst eine Diskrepanz zwischen seinen eigenen Möglichkeiten und denen anderer. Aus dieser Diskrepanzerfahrung heraus beginnt er einen Lernprozess. In diesem eignet er sich – mithilfe von anderen oder autodidaktisch – die Funktionsweise der alphabetischen Schrift des Deutschen an. Dieser Prozess ist für Max mühsam und erfordert zugleich Mut, da er sein bisheriges Verständnis vom Gegenstand und auch der bisher erlebten Beziehungsgestaltung (sich vorlesen zu lassen) aufgibt. Zugleich wird er von der Kontingenzerfahrung geleitet, dass menschliches Lernen und Handeln prinzipiell offen sind, er also das zu Erlernende auch erlernen kann. Dieses Wagnis geht Max ein, ohne jedoch genau zu wissen, was ihn konkret erwartet, da er sich den Lerngegenstand ja noch nicht erschlossen hat. Im Lernprozess setzt er sich mit der Bedeutung von Buchstaben, Lauten, Graphemen und Phonemen sowie deren Korrespondenz auseinander. Erst wenn er diese Zusammenhänge lesend aufschlüsseln kann, kann die erlebte Diskrepanz – eine Geschichte ohne die Hilfe lesender anderer zu verstehen – überwunden werden. Die Tatsache, dass das Lesenlernen auch zu einem Bildungsprozess führen kann, da sich durch die Kenntnis der Schriftsprache die Erfahrungen und auch die Perspektiven auf die Welt und den Alltag ändern, ist bei diesem Gegenstand sehr wahrscheinlich.

Folgt man dem skizzierten Verständnis, so besteht die Aufgabe der Lehrenden im Unterricht darin, die Schüler/-innen dabei zu unterstützen, die kulturellen und gesellschaftlichen Bedeutungen von Lehrgegenständen zu erkennen. Um Lernprozesse zu initiieren, ist es notwendig, zugleich an konjunktive, also gemeinsame, vergleichbare Erfahrungen zwischen dem materiellen und sozialen Gegenstand, der vermittelt werden soll, sowie den Interaktionsformen, mittels derer sie präsentiert und ausgehandelt werden, anzuknüpfen; so können Möglichkeiten zur Erfahrung von Diskrepanz eröffnet werden. In der didaktischen Theoriebildung wird zwischen *Bildungsinhalt*, d. h. kulturellen Gegenständen sozialer und/oder materieller Art, und dem *Bildungsgehalt* unterschieden. Der Bildungsgehalt von Gegenständen ist personenbezogen zu betrachten, aus der jeweiligen Perspektive und den Erfahrungen der Lernenden (und Lehrenden) heraus. Letzteres ist von den Lehrenden so aufzubereiten, dass Bedeutung erkannt und erfahren werden kann (Hopmann 2007b, 116 f).

milieuübergreifende Verständigung

Im Unterricht ist die milieuübergreifende Verständigung besonders herausgefordert, da sich die fachmilieuspezifischen Vorstellungen und jene der Schüler/-innen nicht gleichberechtigt begegnen. Vielmehr ist ihr Verhältnis asymmetrisch, da die Schüler/-innen das Verständnis spezifischer Gegenstände in einem Fachmilieu erwerben sollen und somit zunächst eine Diskrepanz gegenüber ihm haben können. Sie sind zum Ziel des Erwerbs Teilnehmende am Unterricht.

milieugeprägte Unterrichtsgegenstände

Diese Anforderung ist für die Schule in zweifacher Hinsicht herausfordernd und widersprüchlich zugleich: Zum einen sind Lerngegenstände milieugeprägt vorformuliert und zum anderen ist das schulische Lernen nicht ausschließlich auf aktuelle Problematiken, sondern auch auf eine vage und unbekannte Zukunft gerichtet. In der Gesellschaft haben Gegenstände eine (legitime) Bedeutung, die in kulturellen und historischen Kontexten entstanden sind und in Auseinandersetzungen in sozialen Feldern herausgebildet wurden. Unterschiedliche Milieus und Perspektiven nehmen unterschiedliche Perspektiven und Positionen innerhalb dieser Felder ein (*siehe Kapitel 4.2*).

Verschiedene Perspektiven auf Mathematik

Innerhalb der wissenschaftlichen Disziplin Mathematik lassen sich konkurrierende Perspektiven unterscheiden, was Mathematik ist und wie sie funktioniert (Schmotz et al. 2010, 281 f). Auch für das Schulfach Mathematik gibt es verschiedene Perspektiven. So unterscheidet sich beispielsweise eine eher an formalen Zielen ausgerichtete gymnasiale Mathematik gegenüber einer an materialen Aspekten orientierten in den Haupt- und Realschulen (Henn/Kaiser 2001, 361 ff).

5.3 Diagnostik: systematische Annäherung an Lern- und Bildungsprozesse

Es konnte aufgezeigt werden, dass für die Betrachtung und Initiierung von Lernprozessen, Diskrepanz oder Differenz zwischen dem noch nicht – im Sinne seiner kulturellen Bedeutung – erschlossenen Gegenstand und dem Potenzial, dies zu können, erforderlich ist. Diese Differenzen liegen zunächst auf der Seite der Lernenden vor. Die Lehrenden hingegen sind herausgefordert, die Diskrepanzen aufseiten der Schüler/-innen zu erkennen, da diese Ausgangspunkt ihrer pädagogischen Handlungen sind. Geht diese Diskrepanz über (additives)

Wissen und Können im Sinne kommunikativen Wissens hinaus und berührt sie das konjunktive, handlungspraktische Wissen, so sind die Lehrpersonen aufgefordert, im diagnostischen Prozess die biografischen Erfahrungen und die Sozialisation des Schülers/der Schülerin einzubeziehen. Hierzu zählen auch ihre schulisch-unterrichtlichen Vorerfahrungen, wie z. B. schulischer Misserfolg.

Differenzen, die die Relation zwischen potenziell möglichen Entwicklungen und einem aktuellen Entwicklungs- und Lernstand beschreiben, beruhen auf der Annahme, dass Menschen prinzipiell über ihre derzeitigen Handlungsmöglichkeiten – lernend und sich bildend – hinauswachsen können (Stojanov 2007, 43). Die Suche nach den je spezifischen Begründungen und Barrieren, die im Lernprozess bisher nicht überwunden werden konnten bzw. ihn erschweren, ist zentrales Ziel einer pädagogischen Diagnostik. Die so erkannte Differenz ist mehrdimensional und bezieht die biografischen und milieugeprägten Erfahrungen ein, die ein Kind/ein/e Jugendliche/r mit dem jeweiligen Lerngegenstand im Rahmen der Organisation Schule gemacht hat.

Differenz zwischen Können und potenziellem Können

Die professionelle Annäherung an die Vorkenntnisse der Schüler/-innen wird als „Diagnostik" bezeichnet.

Erkenntnisprozess der Diagnostik

Definition:
Pädagogische Diagnostik ist ein Erkenntnisprozess, mit dessen Hilfe Differenzen mit dem Ziel der Unterstützung von Lern- und Bildungsprozessen erkannt und erklärt werden (Schuck 2007, 147).

Diagnostik kann als Kristallisationspunkt pädagogischen Handelns betrachtet werden, da in ihm die Vorstellungen über Lernen, Bildung, Erziehung und Sozialisation im organisatorischen Kontext von Schule und Unterricht mit dem Ziel der „Prognose" und Formulierung konkreter Förderperspektiven respektive Lern- und Bildungsprozesse zusammenlaufen. Als systematische Erkenntnistätigkeit ist Diagnostik darauf gerichtet, Wissen für die Gestaltung von Lehr-Lern-Arrangements zu generieren; diese sollen die Initiierung von Lern- und Bildungsprozessen aufseiten der Schüler/-innen im Unterricht eröffnen und unterstützen (Schuck 2000, 233).

Das jeweilige Vorwissen der Schüler/-innen über Unterrichtsgegenstände sowie ihre Erfahrungen mit diesen zu erkennen, macht einen Teil jener Überlegungen aus, die für die Initiierung von Lern- und Bildungsprozessen notwendig sind. Sie sind die Grundlage für die Gestaltung eines adaptiven d. h. auf die Lernbedürfnisse der Schüler/-innen zugeschnittenen, Lehrangebotes. Die Lehrkräfte können dieses Wissen generieren, es bleibt aber vage, da Lernen weder eine

adaptives Lernen eröffnen

unmittelbare Folge von Lehren ist noch kann prinzipielle Offenheit ausgeschaltet bzw. kontrolliert werden.

Diagnostisches Vorgehen bezeichnet die Annäherung der Lehrer/-innen an die Wissens- und Erfahrungsstände der Schüler/-innen. In einem milieusensiblen und -reflektierten Ansatz ist das diagnostische Vorgehen herausgefordert, das explizite Wissen und Können in Bezug auf einen Gegenstand mit den konjunktiven Erfahrungen integriert zu betrachten. Der Einbezug der schulischen Vermittlungssituation – also der Erfahrungen in der Schule und im Unterricht – ist dabei von Relevanz; Kinder und Jugendliche, die in der Schule (häufig) die Erfahrung machen, dass ihre Perspektiven nicht anerkannt oder gar sanktioniert werden, dass sie die gestellten Erwartungen nicht erfüllen, inkorporieren diese organisationsbezogene Erfahrung des Scheiterns, die wiederum konstituierend in weitere Lernprozesse einfließt. Ihre Handlungssouveränität im schulischen und unterrichtlichen Kontext verringert sich bzw. kann sich nicht ausbilden und führt zu Unsicherheit und wenig Selbstbewusstsein. Die Schüler/-innen erleben sich als wenig kompetent. Diese Situation stellt eine Bildungs- und Lernvoraussetzung dar, die im schulischen Kontext entsteht (Bittlingmayer 2011, 47).

Gegenstandsstruktur Der sozial-konstruktivistischen und praxeologisch-wissenssoziologischen Perspektive folgend, wird die Gegenstandsstruktur als sogenannte „strukturorientierte Bezugsfolie", als Maßstab für den Vergleich zur Ermittlung von Differenz in diagnostischem Handeln gewählt. Die Sozialisationserfahrungen und die biografisch bedeutsamen Momente einzelner gegenüber spezifischen Lerngegenständen sowie der widersprüchliche Rahmen schulischer Lernprozesse werden in dieser Perspektive aufgegriffen und mit den gegenstandsbezogenen Aspekten verbunden. Die bisher von einer Schülerin/einem Schüler erworbenen und potenziell zu erwerbenden gegenständlichen Bedeutungen werden in den Blick genommen, indem sein/ihr konjunktives Erfahrungswissen auf den zu erlernenden Gegenstand (d.h. seine je spezifische, milieugebundene, Bedeutung für den/die Lernende/n) sowie sein/ihr explizites Wissen in ihrem Zusammenhang in den diagnostischen Prozess einbezogen werden.

Das Einbeziehen der lern- und bildungsrelevanten Umwelt sowie die Lebenssituation und milieugeprägten Erfahrungen von Kindern und Jugendlichen verweisen auf ein komplexes Vorhaben. Diese Komplexität nicht aufzugreifen, würde bedeuten, eine verkürzte Perspektive auf Entwicklung, Lernen und Bildung einzunehmen, in der die Sozialisation und Milieuzugehörigkeit ausgeblendet und eine Homogenität der Lernvoraussetzungen aller Schüler/-innen unterstellt würde. Um dieser Reduktion entgegenzuwirken, soll eine Möglichkeit vorgestellt werden, wie diagnostische Prozesse, deren Vorgehen an der Relation von Gegenstandsstruktur und Aneignungsniveau orientiert ist, gestaltet werden können.

Die differenzierte Betrachtung eines konkreten Auseinandersetzungsniveaus eines Schülers/einer Schülerin mit einem Gegenstand stellt nur einen Teil diagnostischer Prozesse dar, die sogenannte „Mikroanalyse" (Knebel 2010, 239). Sie ist zu ergänzen um eine gegenstandsbezogene Handlungsanalyse und eine biografische Analyse (siehe Abbildung 14).

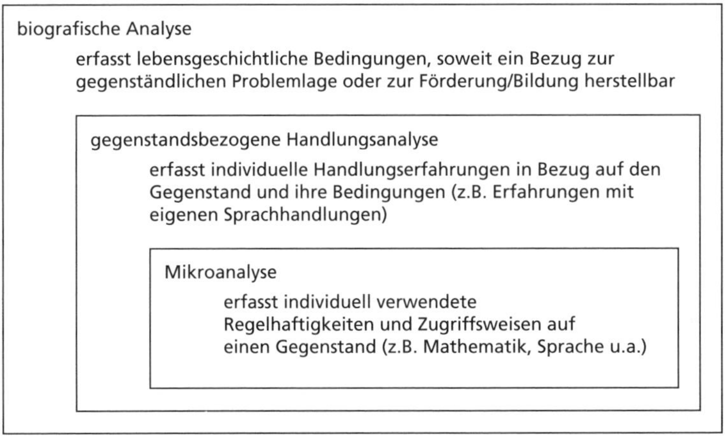

> biografische Analyse
> > erfasst lebensgeschichtliche Bedingungen, soweit ein Bezug zur gegenständlichen Problemlage oder zur Förderung/Bildung herstellbar
> >
> > > gegenstandsbezogene Handlungsanalyse
> > > > erfasst individuelle Handlungserfahrungen in Bezug auf den Gegenstand und ihre Bedingungen (z.B. Erfahrungen mit eigenen Sprachhandlungen)
> > > >
> > > > > Mikroanalyse
> > > > > > erfasst individuell verwendete Regelhaftigkeiten und Zugriffsweisen auf einen Gegenstand (z.B. Mathematik, Sprache u.a.)

Abb. 14: Dimensionen diagnostischer Prozesse (nach Knebel 2007, 1091)

In der Mikroanalyse wird das Aneignungsniveau, das ein Schüler/eine Schülerin in Bezug auf einen konkreten Lehrgegenstand erreicht hat, genau ermittelt und beschrieben. Das kann beispielsweise das Aneignungsniveau der Rechtschreibung in der deutschen Schriftsprache sein. Für mikroanalytische diagnostische Fragestellungen ist es notwendig, ein theoretisches Konzept zu haben, das beschreibt, wie die Aneignung, die lernende Auseinandersetzung mit dem Gegenstand erfolgt. Im Bereich der Rechtschreibung kann dies z.B. entlang des Rechtschreiberwerbsmodells von Günther (1995) erfolgen.

Wenn das Erkenntnisziel diagnostischen Handelns demnach in der Ermittlung eines erreichten Aneignungsniveaus besteht, spielt das fachdidaktische Wissen von Lehrkräften eine wichtige Rolle.

Mikroanalyse

> **Das Stufenmodell von Günther (1995)**
> Für den Erwerb von Schriftsprache sei hier beispielsweise auf das Stufenmodell von Günther (1995) verwiesen. In diesem werden für die Teilbereiche Lesen und Schreiben unterschiedliche Strategien des Zugriffs auf die Schriftsprache erläutert. Zudem werden der Zusammenhang von Lesen und Schreiben verdeutlicht und notwendige „Vorläuferfähigkeiten" formuliert. Mithilfe des Modells lässt sich die Frage beantworten, welche Strategie in der jeweils aktuellen Lernsituation eines Kindes oder Jugendlichen die dominierende im Zugriff auf die Schriftsprache ist. Diese Frage kann diagnostisch beantwortet werden, indem z. B. ein frei geschriebener Text des Kindes / Jugendlichen analysiert wird.

Auch ein Rückgriff auf Testmaterial, wie z. B. die „Hamburger Schreibprobe" (May 2002), wäre möglich. Das Ergebnis eines solchen Tests kann – je nach didaktisch-diagnostischer Zielsetzung – herangezogen werden, um Selektionsentscheidungen zu begründen, d. h. summativ, oder um nächste Lehrschritte und -arrangements zu konkretisieren, also als formativ. Letzteres geschieht, wenn die leitende Frage sich auf die Systematik und Zugriffsweise des Lernenden bezieht. Denkbar sind auch beide Bezüge.

Die Ergebnisse eines Tests, der ein Hilfsmittel oder Werkzeug darstellt, sind gebunden an die theoretischen Vorstellungen, die ihm zugrunde liegen. Bei der Auswahl diagnostischer Instrumente ist mithin zu prüfen, ob und inwiefern sie Aufschluss über die interessierenden Aspekte geben können und den eigenen theoretischen Vorstellungen nicht zuwiderlaufen. Im Fall der Rechtschreibung stellen freie Schreibproduktionen von Schüler / -innen eine Alternative oder Ergänzungen zum Einsatz von Tests dar. Aktuelle Zugriffsweisen auf die Rechtschreibung zu ermitteln und sie so genau wie möglich zu beschreiben, ist das Ziel dieses mikroanalytischen Erkenntnisschrittes.

individuelle Bezugsnorm Die Orientierung an der Struktur des Gegenstandes als Vergleichsfolie zur Betrachtung der Entwicklung des / der Lernenden verweist auf eine individuelle Bezugsnorm. Differenzen werden als Relationen zwischen dem aktuellen Aneignungsniveau eines Schülers / einer Schülerin einerseits und einem konkreten kulturellen und gesellschaftlichen Gegenstand andererseits beschrieben. Diese Position geht von verschiedenen Niveaustufen der Aneignung kultureller und gesellschaftlicher Sachverhalte aus. Die jeweilige Qualität der Auseinandersetzung des/der Lernenden mit einem Lerngegenstand, „die Zone der aktuellen Entwicklung", wird ebenso wie „die Zone der nächsten Entwicklung" (Vygotzkij 2002, 326) in diagnostischen Prozessen ermittelt. Durch den Vergleich der Komplexität eines Lerngegenstandes mit dem erreichten Repräsentationsniveau bei den Schüler/-innen wird eine Aussage darüber möglich, wo jede und jeder Lernende aktuell steht, was wiederum die Planung zukünftiger Lehrprozesse anleitet.

Die lebensweltlichen Bezüge, in denen die Lernprozesse stattfinden, sind integrativer Bestandteil diagnostischer Betrachtung. Ziel ist es, dabei die Ermöglichung und Verhinderung von Lernen in und durch die gestaltete, v. a. bildungsrelevante Umwelt des Lernenden zu erkennen. Die erklärenden Betrachtungen gehen bei diesem Vorgehen also über das einzelne Kind hinaus (Schuck 2008, 110). Diese lebensweltlichen Bezüge werden in der *Handlungsanalyse* ermittelt. Sie bezieht sich auf die gegenstandsbezogenen Erfahrungen und damit auf die entwickelten persönlichen Bedeutungen des jeweiligen kulturellen Gegenstandes, mit dem eine Auseinandersetzung stattfinden soll. Diese orientiert sich an der Zielesetzung, vorhandenes Wissen und Können in ihrer jeweils erfahrungsgebundenen Einbettung zu betrachten. Diese Lernausgangslage in den Blick zu nehmen, ermöglicht Lehrpersonen sowohl eine reflektierte Gestaltung zukünftiger Lehr-Lernarrangements als auch die Rekonstruktion jener Aspekte, die verhindert haben, dass die von der Lehrperson erwartete Erweiterung des Wissens in der unterrichtlichen Gestaltung nicht gelungen ist.

Handlungsanalyse

Bei einer Sprachhandlungsanalyse in Bezug auf den Lehrgegenstand „Schriftsprache" wäre z. B. zu fragen, welche gegenständlichen und/oder sozialen Erfahrungen ein Kind mit dem Gegenstand bisher gemacht hat und welche Bedeutung es dem Gegenstand aktuell zumisst. Die Bedeutung der Rechtschreibung, die eingebettet ist in die kommunikative, die bewahrende und die gedächtnisstützende Funktion der Schriftsprache, umfasst die Frage, inwiefern das Kind sie für sich nutzt bzw. welche der kulturellen Möglichkeiten es kennt und nutzen kann. Zusätzlich zu diesen eher positiv konnotierten Elementen ist zu betrachten, welche negativen Erfahrungen der Schüler/die Schülerin mit dem Gegenstand gemacht hat – wenn z. B. in der Schule fokussiert wurde, was er/sie falsch anstatt was er/sie bereits richtig geschrieben hat. Vielleicht wurde sogar ohne Berücksichtigung der kommunikativen Absicht einer Schreibleistung nur die formale, insbesondere die Rechtschreibung, betrachtet und negativ bewertet.

biografische Analyse Der dritte Aspekt der Diagnostik richtet sich auf die Biografie. In der biografischen Analyse werden lebensgeschichtliche Erfahrungen und Bedingungen von Schüler/-innen erfasst, soweit sie eine Bedeutung für den Erwerb des jeweiligen Gegenstandes haben, der in der Mikroanalyse betrachtet wird. In Bezug auf die Schriftsprache kann dies z. B. die Frage sein, ob der Schüler/die Schülerin in der Familie eine positive Beziehung zur Schriftsprache entwickeln konnte bzw. kann. Dies wäre dann der Fall, wenn Vorlesesituationen bestehen, die von Kindern und Eltern als positiv und beziehungsstiftend erlebt werden; oder wenn aktive und positiv erfahrene Schreibprozesse beobachtet und/oder die Kinder hierin einbezogen werden (wie z. B. Postkarten oder E-Mails an Freunde/Familie schreiben). In diesen Bereich gehören auch die schulischen Erfahrungen, die mit dem Unterrichtsgegenstand gemacht wurden.

Eine Gruppe von Schülerinnen ist der Überzeugung, Physik nicht zu können, *weil* sie *Mädchen* sind. Dann ist im diagnostischen Vorgehen die Frage zu stellen – und im Lehrprozess zu berücksichtigen –, welche milieuprägenden Sozialisationserfahrungen in Gesellschaft und Schule diese Überzeugung begünstigt haben und wie diese im Unterricht reflektiert werden können, um nicht als Barriere das Lernen zu behindern. Es kann dann bzw. sollte die unterrichtliche Aufgabe sein, diese geschlechterstereotypen Vorstellungen der Schülerinnen in Bezug auf das Schulfach Physik zu hinterfragen, zu problematisieren und zu überwinden, da die von den Mädchen entwickelte Orientierung eine Behinderung für ihre fachliche Auseinandersetzung und Aneignung der Inhalte darstellt.

Die drei Teilschritte Mikroanalyse, gegenstandsbezogene Handlungsanalyse und Biografieanalyse werden in der Interpretation und bei der Beschreibung von Lern- und Bildungszielen miteinander verbunden.

Prinzipien diagnostischen Vorgehens Diagnostisches Vorgehen, das diese drei Analyseebenen unterscheidet und zugleich integriert, ist prozesshaft aufgebaut, da sich Kinder/Jugendliche kontinuierlich lernend entwickeln. Vergleiche des Aneignungsniveaus zu unterschiedlichen Zeitpunkten erlauben es auch, die Wirkung dazwischen vorgenommener pädagogischer Bemühungen zu evaluieren und kritisch zu hinterfragen. Die Lehrperson kann darüber die Qualität und den Erfolg ihrer unterrichtlichen Handlungen ebenso überprüfen wie den Lernstand der Schüler/-innen.

5.4 Unterricht: Anforderungen an die Initiierung von Lern- und Bildungsprozessen

Dieser Abschnitt widmet sich einer Zusammenführung der vorgestellten lerntheoretischen und diagnostischen Bezüge, die in der Darstellung wesentlich auf Individuen bezogen wurden, für das kollektiv organisierte Geschehen inklusiven Unterrichts.

Im Unterricht Lern- und Bildungsprozesse aufseiten der Schüler/-innen zu initiieren und zu unterstützen, ist Aufgabe der Lehrer/-innen. Dies ist eine komplexe Anforderung, da im Unterricht zwischen zweierlei zu vermitteln ist: den mehrdimensionalen Milieuerfahrungen der Schüler/-innen in ihrem sozialen und fachlichen Miteinander sowie zwischen ihnen und dem jeweils zu vermittelnden Fachgegenstand. Im organisatorischen Rahmen erfolgt dies zusätzlich entlang widersprüchlicher Erwartungen, namentlich der Selektions- und Enkulturationsfunktion sowie der Qualifikationsfunktion *(siehe Kapitel 3.1)*. In ihrem Vorhaben zu lehren, sind die Lehrkräfte auf die Kooperation der Schüler/-innen angewiesen, da Lernen durch die Lernenden selbst erfolgt – wenn auch in intersubjektiver Auseinandersetzung – und keine logische Konsequenz von Lehren darstellt.

Dieser Abschnitt widmet sich u. a. den theoretisch gestützten Möglichkeiten, die zur reflexiven Auseinandersetzung mit dieser Komplexität herangezogen werden können. Unterricht wird dabei in seiner Widersprüchlichkeit betrachtet und entlang seiner Potenziale, systematische Benachteiligung sozialer Gruppen hervorzubringen sowie diese zu erkennen und zu überwinden. Letzteres orientiert sich an den Möglichkeiten für Lern- und Bildungsprozesse, die über soziale und fachliche Milieugrenzen hinweggehen und am Primat der Inklusion ausgerichtet sind.

5.4.1 Didaktik – eine Definition

Der erziehungswissenschaftliche Diskursstrang, der sich mit Unterricht befasst, ist die Didaktik. Die Bezeichnung kommt ursprünglich aus dem Griechischen und bedeutet so viel wie lehren, unterweisen, klar auseinandersetzen und belehrt werden (Lehner 2009, 10). Das im 17. Jahrhundert entwickelte Verständnis von Didaktik als planvolles Lehren und Lernen hat sich bis heute in der schulpädagogischen Diskussion gehalten und lässt sich mit der folgenden Definition Wiaters (2010) zuspitzen:

Definition:

Didaktik ist als eine Wissenschaft zu verstehen, die „sich mit Situationen, Prozessen und Phänomenen des Unterrichtens und Lernens in der Schule befasst, um sie „auf den Begriff" zu bringen, zu beschreiben, zu strukturieren, und ihre zentralen Faktoren zu bestimmen, um sie erklärbar und möglichst prognostizierbar zu machen, um aus ihnen Handlungs- und Orientierungswissen für die Unterrichtspraxis zu gewinnen, um an ihnen zu erkennen, wie sich theoretisch/wissenschaftlich gesichertes Wissen über Lehr-Lern-Prozesse unter konkreten Unterrichtsbedingungen nutzbringend aktivieren lässt" (Wiater 2010, 9).

Die Definition verweist darauf, dass in didaktischen Überlegungen präskriptive und legitimierende Aspekte fokussiert werden (Breidenstein 2008). Aus diesem Selbstverständnis heraus setzt sich die Didaktik mit Fragen auseinander, wie unterrichtliche Prozesse zu gestalten sind, und orientiert sich an normativen Vorstellungen und Erwartungen (Proske 2011, 10). Eine empirische Betrachtung, die bereits stattgefundenen Unterricht in den Blick nimmt, etabliert sich zunehmend. Im Gegensatz zu präskriptiven und legitimierenden Zielen stehen hier deskriptive im Vordergrund (Breidenstein 2008).

Entlang dieser Prämissen setzt sich Didaktik mit den Zielen und Wertvorstellungen auseinander, die in Bildungs-, Lern- und Erziehungsprozessen gelten, und stellt Ideen für deren Umsetzung in der Praxis bereit. Deren inhaltliche Füllung und Ausgestaltung ist gebunden an die in der schulischen Organisation formalisierten Verständnisse und deren pädagogische Interpretation durch die Beteiligten.

Bezugspunkte   Neben den Inhalten, über die Bildung realisiert werden soll, sind die methodischen Formen ihrer Aufbereitung für den Unterricht Gegenstand der Didaktik. Die schulorganisatorischen und gesamtgesellschaftlichen Rahmenbedingungen, in die der Unterricht eingebettet ist, stellen einen weiteren Bezugspunkt didaktischer Überlegungen dar und sind zugleich die deutlichste theoretische Brücke zu einer sozialwissenschaftlichen Perspektive, die Unterricht nicht als rein pädagogische Angelegenheit, losgelöst von gesellschaftlichen Prozessen versteht. Abbildung 15 verdeutlicht die Zusammenhänge und zeigt zugleich potenzielle Ebenen auf, entlang derer systematische Benachteiligung ursächlich sein kann.

Unterricht als dialektisches Geschehen   Unterricht ist vor dem Hintergrund didaktischer Überlegungen und Definitionen sowie der Ausführungen zum Lernen als ein nicht vorhersagbares Interaktionsgeschehen zu verstehen. Aus der Perspektive unterrichtender Lehrer/-innen verweist dies auf das

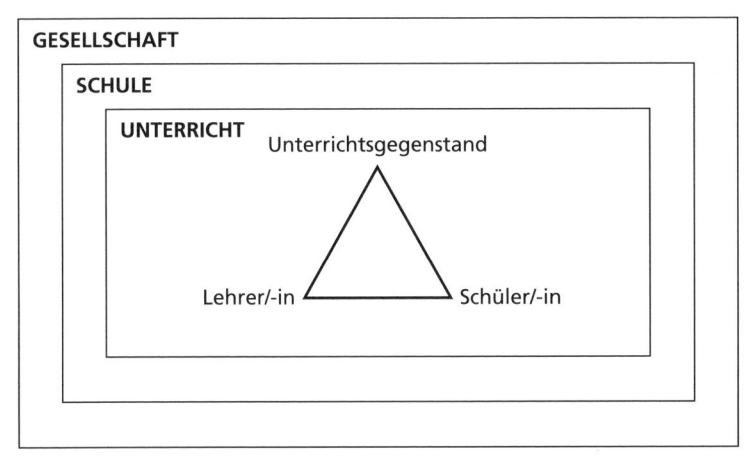

```
GESELLSCHAFT
  SCHULE
    UNTERRICHT
                    Unterrichtsgegenstand
                           △
              Lehrer/-in       Schüler/-in
```

Abb. 15: Bezugspunkte didaktischer Überlegungen (in Anlehnung an Wiater 2010, 11)

Spannungsverhältnis zwischen dem, *was im und durch Unterricht wie erreicht werden soll* – die präskriptive und legitimierende Seite – und der tatsächlichen Realisierung. Der Unterricht stellt sich als ein dialektisches Geschehen dar, in dem die Lehrperson die rollengebundene Intention verfolgt, einen bestimmten Sachverhalt zu vermitteln, hierbei jedoch darauf angewiesen ist, dass sich die adressierten Schüler/-innen auf diesen Gegenstand einlassen und ihn „erlernen" bzw. sich lernend mit ihm auseinandersetzen (Wiater 2010, 18). Mit Mannheim (1980, 207) kann dies so verstanden werden, dass Lehrer/-innen Beziehungen zwischen dem Gegenstand und denjenigen entstehen lassen, die Wissen über ihn erwerben sollen. Die Schüler/-innen können dies nur zulassen bzw. für sich als bedeutsam erkennen, wenn Anknüpfungsmöglichkeiten an vorherige Erfahrungen und Wissensbestände und gleichzeitig etwas potenziell zu Lernendes gegeben sind. Ist dies nicht der Fall, so dominiert vermutlich die schulische Situation, zum Lernen des Gegenstandes „gezwungen" zu werden.

5.4.2 *Unterricht als Milieu*

In diesem Abschnitt wird, anknüpfend an die bisherigen Ausführungen, ein Verständnis von Unterrichtsmilieu entwickelt. Es dient als Grundlage für die weiteren Betrachtungen. Fokussiert wird die Milieudimension des Unterrichtsmilieus von Lehrkräften.

Unterrichtsmilieus   Der fachliche Gegenstand, über den Wissen und Können erweitert und durch den Bildung erfolgen soll, erweitert und differenziert die Dimensionen des Organisationsmilieus zu Unterrichtsmilieus. Pädagogisches Wissen und Können beschreibt eine weitere Dimension, die für das Unterrichtsmilieu von Lehrpersonen prägend ist, da ihre unterrichtliche Intentionen auf eine pädagogisch-professionelle Beziehungsgestaltung angewiesen sind. Um diese zwei unterrichtstypischen Dimensionen sollen die bisherigen Überlegungen zur Schule und ihrem Organisationsmilieu ergänzt und erweitert werden. In der Organisation der Schule kann dieses Zusammenspiel als ein spezifischer Teil des Organisationsmilieus, als „Unterrichtsmilieu" (Wagner-Willi/Sturm 2012), bezeichnet werden.

Definition:

Das *Unterrichtsmilieu* stellt eine spezifische Kultur der Interaktion dar, in der vonseiten der Lehrpersonen Bildungs- und Lernprozesse entlang ausgewählter Fachgegenstände aufseiten der Schüler/-innen initiiert und unterstützt werden. Unterrichtsmilieus werden in interaktiven Praktiken hervorgebracht, in welchen die unterschiedlichen sozialen Milieus der Beteiligten und ihre rollen- und organisationsbezogene Mitgliedschaft der Schule einfließen.

unterrichtliche Gegenstände   Unterricht stellt jenen Interaktionsraum dar, in dem Schüler/-innen und Lehrpersonen sich in der Organisation Schule begegnen. Anders und abstrakter formuliert treffen hier – mit der Zielsetzung pädagogisch unterstützter und initiierter Bildungs-, Erziehungs- und Lernprozesse – unterschiedliche Milieus und Erfahrungen aufeinander. Neben den spezifischen sozialen Milieus, denen die Beteiligten angehören, zählen aufseiten der Lehrer/-innen hierzu eine *pädagogisch-professionelle* Dimension, die auch eine fachliche enthält, sowie eine *organisationsbezogene Dimension*. Aufseiten der Schüler/-innen sind diese ebenfalls vorhanden, ohne jedoch identisch mit denen der Lehrperson zu sein.

Die Beteiligten begegnen sich im Unterricht in Form sozialer Rollen, die mit Verhaltenserwartungen verbunden sind. Im Kontext von Unterricht kommt zudem der Unterrichtsgegenstand, in materieller oder sozialer Form hinzu. Er stellt das jeweilige unterrichtliche Medium dar, durch das Lernen und Bildung realisiert werden sollen (Hopmann 2007b, 115), und ist, mittels seiner curricularen Vorgaben, zugleich Produkt sozialer Auseinandersetzungen und gesellschaftlicher Machtverhältnisse. Letztere betreffen den Unterrichtsgegenstand in doppelter Hinsicht: zum einen in seiner kulturellen Bedeutung, in der spezifische Interpretationen und Perspektiven auf den Gegenstand enthalten sind, und zum anderen in der Tatsache, Teil des Curriculums zu sein – also zu jenen sozialen oder materialen Gegenständen und Errungenschaften zu zählen, die intendiert an die nächste Generation weitergegeben werden sollen. Durch diese fachwissenschaftliche Komponente erhöht sich das Risiko systematischer Benachteiligung sozialer Gruppen, und zwar insbesondere für jene, die sich in der Auseinandersetzung mit den Gegenständen nicht auf milieuspezifisches Verstehen verlassen können und auf einen interpretativen Zugang angewiesen sind.

Die fachlichen Milieus oder Fachkulturen finden sich in der Schule als Unterrichtsfachkulturen – die Schulfächer werden im Sinne der hier erfolgten Definition als eine eigene Kultur verstanden, die Bedeutungen und Werte enthält. Hierzu zählt beispielsweise die Klärung, welche Gegenstände in der Mathematik als bedeutend gelten, die an die nachwachsende Generation vermittelt werden sollen. Lehrer/-innen werden im Studium an der Universität in den wissenschaftlichen Fachkulturen und deren Fachdidaktiken sozialisiert und erwerben im jeweiligen Fachgebiet in explizit-kommunikativer Hinsicht Wissen und Können. Das Selbstverständnis des Faches und seine Bedeutung im schulischen Fächerkanon, also v. a. auch in Relation zu anderen Fächern, ist Teil des Fachmilieus.

Fachkultur

Ein derartiges Fachmilieu ist, neben den pädagogischen und organisatorischen Bezügen ein Teil des professionellen Milieus der Lehrer/-innen. Die fachkulturellen Milieus gehen über die Gegenstände und typischen Vermittlungsformen hinaus und finden ihren Ausdruck in den Unterrichtsmedien und den Interaktionsformen, die ihrerseits Vorstellungen von Differenz enthalten und spezifisch aufgreifen, wie z.B. das Geschlecht (Willems 2007, 253 ff). Die Lehrpersonen einer Schule gehören unterschiedlichen Fachmilieus an. Die sozialen Felder der Wissenschaftsdisziplinen stehen in Relationen zueinander, die sich über fachliche Aspekte hinaus auch in Macht- und Herrschaftsverhältnissen zeigen. Innerhalb fachwissenschaftlicher Felder bestehen Argumentationen und Verständnisse, die legitim sind. Zugleich werden die Felder von Akteuren und Akteurinnen gestaltet und beherrscht, die selbst sozialen Milieus angehören und aus diesen jeweiligen Perspektiven heraus Gegenstände betrachten und verstehen.

Für die Ebene formaler Regeln in der Schule verweist dies darauf, dass sowohl in der vorgegebenen schulischen Fächerkombination innerhalb eines Bildungsgangs als auch in den spezifischen Unterrichts- und Lerngegenständen, die als Bildungs-, Rahmen- und Lehrpläne in der Schule präsent sind, soziale Geschichte eingebunden ist und zwar in Form (fach-)milieuspezifischer Bedeutungen. Dies kann über die Verhaltensebenen hinaus die Schlechterstellung sozialer Gruppen begünstigen. Die milieugeprägte Interpretation von Regeln erfolgt dort, wo Milieus dominieren und ihren Umgang mit einer Regel, einer Interpretation, durchsetzen.

> **Mathematische Sprache und mathematischer Habitus**
> So argumentiert Zevenbergen (2001) auf der Grundlage Bourdieus für den Mathematikunterricht, dass dieser zum Ziel habe, in die mathematische Sprache und einen mathematischen Habitus einzuführen. Die Schüler/-innen sollen mathematisch sprechen können und so Teil des mathematischen Milieus werden. Sprache wird dabei von ihr über die linguistische Ebene hinaus als Habitus verstanden (*Zevenbergen 2001, 209*).

fachliche Ziele Im Unterricht sind die formalen Regeln der Schule nicht nur in Form sozialer Rollen vorgegeben. Es sind auch die inhaltlich-fachlichen Ziele enthalten, die von den Lehrpersonen zu vermitteln sind. Im Vergleich zu pädagogischen Praktiken außerhalb von Schule sind die materialen oder sozialen Gegenstände, mittels derer die Schüler/-innen gebildet werden sollen, explizit formuliert. Die fachlichen Ziele sind den übergeordneten Bildungs- und Erziehungszielen einer freiheitlich-demokratischen Grundordnung sowie den orientierenden Zielen von Mündigkeit und Emanzipation zwar nachgeordnet. Sie stellen aber die Gegenstände und Inhalte in Form von Schulfächern und Curricula dar, mittels derer diese als erreichbar erachtet werden. Die Mitgliedschaft in der Organisation Schule findet im Unterricht insofern eine Konkretisierung, als die Erwartungen, die an die sozialen Rollen gestellt werden, neben Verhaltenserwartungen (wie beispielsweise der Bereitschaft zur unterrichtlichen Mitarbeit) mit der Vermittlung/dem Erwerb von Können und Wissen einhergehen.

pädagogische Beziehung Vor diesem Hintergrund eines Verständnisses von Unterrichtsmilieu sind Lehrer/-innen auf pädagogisches Wissen und Können angewiesen, um Lern- und Bildungsprozesse aufseiten der Schüler/-innen zu initiieren. Das eröffnet ihnen die Gestaltung und/oder Herstellung einer pädagogisch-professionellen Beziehung zu den Schüler/-innen. Hierzu bedarf es Gemeinsamkeiten, an die angeknüpft werden kann, wie sie beispielsweise aus Übereinstimmungen von Milieudimensionen resultieren. Diese liegen entweder tatsächlich vor oder sind durch rekonstruktiven Nachvollzug vonseiten der Lehrpersonen herzustellen. Entlang der hier leitenden theoretischen Annahmen besteht diese darin, an das *konjunktive Erfahrungswissen* und *an* das *explizite Wissen* der Schüler/-innen anzuknüpfen, um ihr Interesse an einer lernenden Auseinandersetzung zu wecken und zugleich Differenzen gegenüber diesen zu provozieren – und damit Diskrepanzerfahrungen als Lernanlass zu ermöglichen. Beide Aspekte können nicht losgelöst voneinander betrachtet werden, da sie einander wechselseitig bedingen (Mannheim 1980, 217). Auf expliziter Ebene Gebotenes kann *verstanden* oder muss *interpretiert* werden. Um Lern-, Bildungs- und Erziehungsprozesse zu initiieren und zu unterstützen, sind beide Bezüge, sowohl die zwischen der Lehrperson und den Schüler/-innen als auch zwischen den Schüler/-innen untereinander eine Voraussetzung.

In der Didaktik wird zwischen *Bildungsinhalt*, dem potenziellen Wissen und Können, und dem *Bildungsgehalt* unterschieden. Der Bildungsgehalt ist individuell zu betrachten, aus der jeweiligen Perspektive der Lernenden. Aus je individueller Sicht entscheidet sich, ob etwas einen Bildungsgehalt hat, also zur Erweiterung der bisherigen Perspektiven, zu ihrer Transformation beiträgt. Fehlt eine solche Erkenntnis aufseiten der Schüler/-innen, so ist deren Entwicklung zu unterstützen, d. h. der Unterrichtsgegenstand ist so aufzubereiten, dass Bedeutung erkannt werden kann. So der Unterricht nicht ausschließlich über die Zentrierung auf die Lehrperson ohne das gegenseitige Miteinander der Schüler/-innen erfolgen soll, ist zwischen ihnen ebenfalls konjunktive Gemeinsamkeit notwendig. In einem demokratischen Zusammenhang von Schule – und in dem ist die Organisation angesiedelt – stellen Kooperation und Miteinander der Peers eine wichtige Komponente dar (Prengel 2012, 177).

Durch die gruppenförmige Organisation von Lernprozessen in der Schule ist davon auszugehen, dass die Lerngruppe sowohl hinsichtlich ihres konjunktiven Erfahrungswissens als auch ihres explizit kommunikativ-generalisierten Wissens heterogen ist und dass es zugleich Gemeinsamkeiten gibt. Die Aspekte können sich auf Teilgruppen oder die Klasse insgesamt beziehen. Die Lehrintentionen sind gleichzeitig auf mehrere Individuen gerichtet und somit deutlich mehrdimensionaler und vielschichtiger, als dies in der Adressierung einzelner Schüler/-innen der Fall ist. Die Anordnung von Unterricht im organisatorischen Rahmen der Schule steigert diese Komplexität noch weiter, ermöglicht aber auch erst das Zusammenkommen und

Unterrichten von Gruppen

den Austausch von Kindern und Jugendlichen mit unterschiedlichen milieugebundenen Erfahrungen.

Lehren und Lernen in Schulklassen erweitert gegenüber dem Einzelunterricht von Schüler/-innen die Optionen der Diskrepanzerfahrung, die für eine lernende Auseinandersetzung mit der sozialen und materialen Welt eine Voraussetzung darstellt. Unterrichtliche Lehrziele, die daran ausgerichtet sind, milieuübergreifende Lernerfahrungen zu schaffen und zugleich die individuellen Lernprozesse einzelner Schüler/-innen zu unterstützen, sind aufgrund ihrer Vielschichtigkeit komplex und herausgefordert, unterschiedlich(st)e Perspektiven auf Unterrichtsgegenstände aufzugreifen und wertzuschätzen.

Gemeinsamkeiten und Differenzen erkennen

Die pädagogisch-unterrichtliche Herausforderung besteht darin, die milieugeprägten Erfahrungen und das gegenstandsbezogene Wissen und Können der Schüler/-innen hinsichtlich ihrer Gemeinsamkeiten und ihrer Unterschiede zu erkennen. Diese so aufzugreifen, um Lern- und Bildungsprozesse zu initiieren, macht den Kern didaktischen Handelns in gruppenförmig organisierten Lehr-Lern-Konstellationen aus. Gemeinsamkeiten und Unterschiede, Heterogenität und Homogenität bestehen aufseiten der Schüler/-innen zwischen den sozialen wie auch materiell vorliegenden Unterrichtsgegenständen, die als Bildungsmedien fungieren und im Unterricht verhandelt werden. Je nachdem, welche konkreten Schüler/-innen mit welcher didaktischen Intention im Unterricht gruppiert und adressiert werden, sind ihre Differenzen und Gemeinsamkeiten neu zu betrachten. Es sind die Fragen zu klären, ob und wie die Schüler/-innen voneinander und/oder von der Lehrperson und ihrem Fachwissen lernen sollen. Je nach spezifischer Zielsetzung bestehen unterschiedliche Möglichkeiten, die Gemeinsamkeiten und Differenzen zu berücksichtigen und aufzugreifen. Wird die gesamte Klasse adressiert, stellt sich die Gemeinsamkeit anders dar, als wenn mit einem einzelnen Schüler/einer einzelnen Schülerin gearbeitet wird.

Bei der pädagogischen Adressierung einer Gruppe, die mit einer Vermittlungsintention einhergeht, ist es notwendig, bestehende Gemeinsamkeiten und zugleich Differenzen heranzuziehen, um Diskrepanzerfahrungen als potenzielle Lernanlässe zu schaffen. Fehlt einzelnen Schüler/-innen der Lerngruppe die Möglichkeit bzw. gelingt es ihnen nicht, an Vertrautes anzuknüpfen, so sind sie aus dem Interaktionszusammenhang ausgeschlossen. Eine solche Situation kann zum Anlass genommen werden, um die Diskrepanz zu thematisieren oder das Arrangement zu verändern, sodass gemeinsame Erfahrungen möglich werden. Bleibt dies aus, machen die Schüler/-innen die Erfahrung, in diesem unterrichtlichen Setting nicht lernend partizipieren zu können.

5.4.3 Unterrichtliche Herausforderung: Vermittlung zwischen widersprüchlichen Erwartungen

Die vorangegangenen Ausführungen verdeutlichen, dass das Unterrichten ein hochkomplexes Vorhaben ist, da in der vermittelnden Tätigkeit diverse Anforderungen zusammenlaufen, die in der praktischen Ausführung miteinander zu integrieren sind: die formalen Regeln der Organisation Schule inklusive ihrer (schul-)fachdisziplinären Vorgaben, die informellen Regeln der Organisation im Modus eines organisationsspezifischen Milieus, die sozialen Milieus der Schüler/-innen sowie die eigenen, sozialen und organisationsbezogenen mit ihrer fachlichen und pädagogisch-professionellen Dimension. Diese vielschichtigen Bezüge fließen zusammen in der pädagogischen Vermittlungsintention, also der Initiierung und Unterstützung von Lern- und Bildungsprozessen aufseiten der Schüler/-innen, durch die Lehrperson aufeinander zu beziehen.

widersprüchlicher Handlungsrahmen

Die Komplexität steigert sich weiter dadurch, dass Unterrichten in der Organisation Schule stattfindet, die ihrerseits durch im Widerspruch zueinander stehende schulische Funktionen gekennzeichnet ist. Insbesondere die Bildungs- und Selektionsfunktionen stehen, wie in *Kapitel drei* ausgeführt, in einem konstitutiven Spannungsverhältnis zueinander. Die Lehrer/-innen positionieren sich mittels ihrer Praktiken immer wieder neu in diesem Spannungsfeld. Die vielschichtigen widersprüchlichen Rahmenbedingungen und die ihnen innewohnenden Potenziale sowie die Restriktionen einer milieureflektierten und zugleich Diskriminierung überwindenden inklusiven Pädagogik sollen hier in den Blick genommen werden, indem der schulische Grundkonflikt in seiner rollenbezogenen Zuspitzung der Lehrkräfte betrachtet wird. Ihre unterrichtlichen Handlungen entfalten sich um den Grundkonflikt, den Schüler/-innen die Mitgliedschaft in der Organisation, dem Bildungsgang, der Lerngruppe *zu ermöglichen* und *zu verschließen,* also deren Rechtmäßigkeit wiederholt zu prüfen, sowie diese als besser/schlechter zu bewerten. Der zentrale Widerspruch der unterrichtlichen Lehrtätigkeit, der nicht allein durch Entwicklungen innerhalb des Unterrichts und/oder der Schule zu überwinden ist, ist konstitutiv für die Ausübung der pädagogischen Profession. Er fordert die Lehrer/-innen je nach Handlungszusammenhang und Intention unterschiedlich heraus und bietet ihnen Anlass zur Reflexion ihrer Tätigkeit. Im Anschluss an eine allgemeine Beschreibung des Grundkonfliktes wird dieser für die fachliche Auseinandersetzung mit Lerngegenständen spezifiziert.

Mitgliedschaft der Schüler/-innen eröffnen und in Frage stellen: Der zentrale Widerspruch, in dem die Lehrtätigkeit angesiedelt ist, entfaltet sich zwischen den Orientierungen, die Mitgliedschaft der Schüler/-innen in der Organisation – der Schulklasse und der Schulform – durch unterrichtliche Auseinandersetzung erst *herzustellen,* sie ihnen zu *ermöglichen,* und sie zugleich *infrage zu stellen* bzw. im Modus von besser/schlechter zu bewerten. Die individuell erfolgenden Bewertungen werden dabei den Schüler/-innen zugeschrieben, sie können jedoch nicht ohne die jeweilige Lehrtätigkeit und den spezifischen schulischen Rahmen gedacht werden.

Von einem sozialen Verständnis von Lernen ausgehend, in dem die Lehrer/-innen durch Arrangements die Lern- und Bildungsbiografien der Schüler/-innen mitgestalten und prägen, stellt sich dieser Widerspruch mithin auch theoretisch. Die de-kontextualisierte Betrachtung von Lernergebnissen als ausschließliche Produkte der Schüler/-innen erfordert eine unterrichtliche Gestaltung, die individuelle Bewertungen legitimiert und zwar unmittelbar gegenüber den Schüler/-innen sowie mittelbar gegenüber Eltern und Dritten, die die Zeugnisse lesen. Von der Lehrperson wird also gefordert, unterrichtliche Situationen zu gestalten, die zugleich Lern- und Selektionsgelegenheiten eröffnen.

Grundwiderspruch der Lehrtätigkeit   Der Grundwiderspruch der Lehrtätigkeit konkretisiert sich in Vermittlungssituationen, deren Ziel es ist, Schüler/-innen mit unterschiedlichen Erfahrungen in ein gemeinsames Unterrichtsgeschehen einzubinden. Die Überlegung, alle am unterrichtlichen Geschehen partizipieren zu lassen, ein inklusives Setting zu gestalten, liegt konträr zu der schulischen Regel, Situationen zu schaffen, an denen nicht alle vergleichbar partizipieren können, um eine Bewertung im Modus besser/schlechter (nachträglich) legitimieren zu können. Es wird also Marginalisierung durch Nicht-lernen-Können provoziert. Letzteres muss nicht unmittelbar in der Situation deutlich werden, sondern kann auch bei der späteren Bewertung stattfinden – also in Situationen, in denen ein gemeinsamer Bezugs- und Vergleichspunkt für alle herangezogen wird. Die egalitäre Differenz zwischen unterschiedlichen Positionen oder Lernständen wird durch die formale Vorgabe von Zielen, die als erreicht/nicht erreicht bewertet werden, in hierarchische Relationen überführt. Diese Form der Bewertung erfolgt mithilfe von

Skalen, und sie hat im schulischen Kontext eine enorme Bedeutung, da insbesondere Nichtkönnen die Mitgliedschaft in der jeweiligen Schulform oder Lerngruppe nicht mehr legitim ist.

Die Lehrerin Frau Blanck muss ihre Schüler/-innen am Ende der 3. Klasse bewerten. Aus ihren Beobachtungen im Unterricht, die sie in einzelnen Bereichen mittels diagnostischer Verfahren abgestützt hat, weiß sie, dass Laura im letzten halben Jahr eine positive Beziehung zur Schriftsprache entwickelt und begonnen hat, mithilfe der alphabetischen Strategie zu schreiben. In der Hamburger Schreibprobe erreicht die Schülerin mit ihren Kenntnissen den Prozentrang 3. Frau Blanck weiß, wie sie Laura, die große Fortschritte gemacht hat, weiter unterstützen kann, um mittelfristig eine orthografische Strategie anzubahnen. Konträr zu ihren fördernden Gedanken stehen Versetzungsregeln, die einen Übertritt Lauras in die vierte Klasse nur dann vorsehen, wenn Rechtschreibregeln umfangreicher beherrscht werden. Frau Blanck ist hier in dem Dilemma, zum einen in Form von Zeugnissen und Zensuren Lauras aktuellen Lernstand entlang einer objektiven und/oder sozialen Bezugsnorm belegen zu können und auf der anderen Seite, sie im Lernen zu unterstützen und durch ihre Angebote einen Erhalt Lauras in der Lerngruppe bzw. Schulform zu ermöglichen.

In der Gestaltung didaktischer Arrangements spitzt sich dieser Widerspruch zu: Hier ist einerseits an die individuellen Lernausgangslagen der Schüler/-innen anzuknüpfen, die gleichberechtigt nebeneinanderstehen, und diese dann zum Ausgangspunkt unterrichtlicher Überlegungen gemacht; andererseits wird auch an von außen gesetzte Ziele herangeführt, um mittels des Erreichens belegen zu können, dass die Mitgliedschaft legitim bleibt. Die Mitgliedschaft im Unterricht ist an konkrete Leistungs- und Verhaltenserwartungen gebunden, die in formalen Regeln festgehalten sind. Sowohl Bildung als auch Lernen werden hier neben ihrer Handlungsmöglichkeiten erweiternden und in einer distinktiven (abgrenzenden) Perspektive verstanden. Sie steht im Widerspruch zu der ebenfalls explizit formulierten Berücksichtigung individueller Lernvoraussetzungen; letztere werden allerdings nicht in vergleichbarer Weise eingefordert und/oder kontrolliert. Eine egalitäre Perspektive auf Differenz zwischen Lern- und Entwicklungsprozessen von Schüler/-innen steht in Konkurrenz zu dieser hierarchisierenden.

Das Ziel der Konzeption eines inklusiven Unterrichts im Kontext der aufgezeigten Widersprüchlichkeit liegt darin, dass die Individuen die unterrichtlichen Inhalte und Gegenstände als für sich bedeutsam und relevant erleben, um Diskrepanzen gegenüber ihren aktuellen Vorstellungen erfahren zu können, die in Lern- und Entwicklungspro-

„Kooperation am Gemeinsamen Gegenstand"

zesse münden. Mit anderen Worten, eine Auseinandersetzung muss sich für sie lohnen. Ein didaktischer Ansatz, der dies aufgreift, ist Feusers Theorie der „Kooperation am Gemeinsamen Gegenstand" (Feuser 1995, 178 ff).

Die Gemeinsamkeit sieht Feuser (1995) in einem kulturellen Gegenstand oder einer kulturellen Tätigkeit, die vermittelt werden soll, da sie gesellschaftlich bedeutsam ist. Der Gemeinsame Gegenstand ist nicht das konkrete Material, das im Unterricht erarbeitet und bearbeitet wird, sondern die *kulturelle Tätigkeit* bzw. der *kulturelle Gegenstand* in seiner gesellschaftlichen Bedeutung; diese sogenannte „Sachstruktur" eines Gegenstandes ist aufzuschlüsseln, um die ihr innewohnenden Lerngelegenheiten zu erkennen. Letztere bestehen in allen denkbaren gesamtgesellschaftlichen Auseinandersetzungsformen, die insofern in hierarchischer Beziehung zueinander stehen, als komplexere und differenziertere Formen im Auseinandersetzungsprozess mit einem Gegenstand bestehen.

Neben der vertikalen gibt es eine horizontale Dimension, die durch die Integration neuer Information in die vorhandenen Erfahrungen gekennzeichnet ist (Feuser 1995, 175 f). Ein kultureller Gegenstand ist z. B. die Kommunikation, der Austausch zwischen Menschen, die mittels Zeichen und Symbolen verläuft; diese finden in Mimik, Gestik, Bildern, Piktogrammen, Lautsprache oder Gebärdensprache unterschiedliche Ausprägungen. Ist es die unterrichtliche Vermittlungsintention, den Gebrauch von Symbolen mit dem Ziel zwischenmenschlicher Kommunikation im Unterricht zu differenzieren und zu erweitern, kann dies beispielsweise am „Gemeinsamen Gegenstand" realisiert werden, Geschichten zu erfinden. Unterschiedliche Schüler/-innen können die Aufgabe – mit verschiedenen pädagogischen Begleitformen – verschieden bewältigen. So kann eine Geschichte geschrieben, es können Bilder gezeichnet werden oder eine Geschichte kann von einem nichtschriftkundigen Kind einer schriftkundigen Person diktiert werden. Bilder zu einer vorgelesenen Geschichte können in die richtige Reihenfolge sortiert werden. Kooperation an einem solchen „Gemeinsamen Gegenstand" wird durch den interaktiven Austausch der Schüler/-innen realisiert, in der Bearbeitung der Aufgaben und dem Austausch hierüber beim Erzählen ihrer Geschichten.

Kritik und Differenzierung

Die entwicklungslogisch fundierten Überlegungen Feusers (1995) können um die Reflexion milieugebundener kultureller Bedeutungen von Gegenständen ebenso erweitert werden wie um die Notwendigkeit, in Kooperationssituationen in doppelter Hinsicht Gemeinsamkeit zu eröffnen: konjunktive Erfahrungen und/oder geteilte Wissensbestände. Dies bezieht sich gleichermaßen auf das soziale Miteinander und den unterrichtlichen Gegenstand. Im schulischen Kontext wird ein solches unterrichtliches Vorgehen herausgefordert: einerseits durch Differenzen und andererseits durch die Notwendigkeit, auf Gemeinsamkeit zurückgreifen zu können. Die erste Herausforderung konkretisiert sich darin, dass in der Schule unterschiedliche *entwicklungslogisch begründete* Bearbeitungsformen in hierarchische Relation zueinander gestellt werden, z. B. wird Schreiben höher bewertet als Bilder zu malen – ohne zu fragen, unter welchen Bedingungen der/die Lernende, sein/ihr Verständnis entwickelt hat; eine inklusive unterrichtliche Gestaltung erfordert, dies unter den Beteiligten zu problematisieren und zu reflektieren. Die zweite Herausforderung besteht dort, wo Schüler/-innen keine Gemeinsamkeiten mehr erfahren bzw. die gegebenen für sie nicht bedeutsam sind (Werning/Lütje-Klose 2012, 155 f). Hier ist es die Aufgabe des Unterrichts, Gemeinsamkeit und Verständnis zwischen einander fremden Milieus konjunktiv erfahren zu lassen und/oder Wissen über sie bereitzustellen, welches zur Reflexion und Verständigung herangezogen werden kann (Nohl 2010, 248). Die unterrichtlichen Lehrsituationen sollen die Schüler/-innen darin unterstützen, ihre individuellen Zugänge weiterzuentwickeln und bestehende Wissensbestände herauszufordern.

Vorgabe legitimer, spezifischer Bedeutungen und Wertschätzung differenter, milieuspezifischer Perspektiven: Die widersprüchlichen Anforderungen an die Lehrtätigkeit, die zahlreiche Risiken systematischer Benachteiligung bergen, zeigen sich im unterrichtlichen Bezug der Fachlichkeit auf spezifische Art und Weise. Fachliche Systematiken stellen geteiltes Wissen über einen kulturell bedeutsamen Gegenstand dar und sind zugleich von jenen Milieus geprägt, die ihn in den jeweiligen sozialen Feldern – hier v. a. den wissenschaftlichen – produzieren und seine Legitimität sichern. Fächer können als besondere Perspektiven, die in einer Fachsprache zum Ausdruck kommen, verstanden werden, mit deren Hilfe die Welt beschrieben und erklärt wird, wie z. B. mithilfe der Sprache der Mathematik. Es ist die Aufgabe von Unterricht, in diese Sinn- und Symbolsysteme, die sich in historischen Auseinandersetzungen herausgebildet haben, einzuführen und die Schüler/-innen mit ihnen zu konfrontieren. Dies verweist auf die Enkulturationsfunktion, die neue Perspektiven und vielfältige milieugeprägte Sichtweisen erfahrbar machen kann. Diese bildungsorientierte Perspektive wird durch die fachlichen Systematiken und den ihnen inhärenten (milieugeprägten) Vorstellungen begrenzt.

Fachsystematik [margin note]

Fachliche Systematiken strukturieren den Unterricht, da in sie eingeführt werden soll. Ihnen gegenüber stehen *individuelle Lernzugänge*, die auf der Grundlage konkreter biografischer und milieugeprägter Erfahrungen Perspektiven auf die Gegenstände einnehmen. Die Schüler/-innen bringen ebenfalls Perspektiven auf die sozialen und materiellen Gegenstände mit und verfügen über Erfahrungswissen mit ihnen. Zwischen diesen zu vermitteln und eine Beziehung zwischen ihnen zu initiieren, ein „Kontagion", um es mit Mannheim (1980, 208) zu beschreiben, stellt die unterrichtliche Lehrtätigkeit dar. Die vermittelnde Position zwischen den Milieus, die immer eine legitimierte und in historischen Auseinandersetzungen generierte ist, und den Schüler/-innen beschreibt die pädagogischen Handlungen der Lehrpersonen.

legitime Perspektive Die Unterrichtsinhalte stellen die in demokratischen Prozessen der Auseinandersetzung legitimierten Kulturgüter dar, die der nächsten Generation vermittelt werden sollen; diese Inhalte sind jedoch unweigerlich mit jenen Milieus verknüpft, die Interesse an ihnen haben und sie curricular verankert haben. An derartigen Entscheidungsprozessen sind nicht alle Gesellschaftsmitglieder respektive sozialen Milieus gleichermaßen beteiligt. Die inhärente Milieuprägung unterrichtlicher Gegenstände und Bildungsziele werden durch formale Regeln der Schule bzw. der Bildungspolitik gestützt und forciert. Als solche können sie *konträr* zu milieuspezifischen Vorstellungen und Erwartungen stehen, die den „legitimen" zuwiderlaufen. Folglich konkretisiert sich die Frage nach legitimen Perspektiven auf materiale und soziale Gegenstände der Gesellschaft, die in der Schule vermittelt und über den Modus richtig/falsch den Schüler/-innen zugeschrieben werden.

Lernen und Bildung ermöglichen und behindern Der Grundwiderspruch der Lehrtätigkeit korrespondiert auf der Ebene der Organisation Schule, formuliert in ihrem Erziehungs- und Bildungsauftrag: eine ermöglichende sowie eine behindernde Perspektive auf Lernen und Bildung. So können Schule und Unterricht ermöglichen, dass unterschiedliche Perspektiven kennengelernt und ausprobiert werden können. Zugleich stellen diese Perspektiven aber eine Auswahl und damit eine Einschränkung dar (Gellert 2013). Die Legitimation stellt also auch immer eine Form der Limitierung dar. Die letztgenannte Seite der Schule irritiert die gleichberechtigte Anerkennung verschiedener Lebenspraxen und damit verbundener gesellschaftlicher Perspektiven. Eine gleichberechtige Betrachtung der unterschiedlichen Perspektiven ist insofern als eingeschränkt zu bezeichnen, da bereits legitime Interpretationen und Vorgaben bestehen, die Ausdruck milieugeprägter Interpretationen sind.

Die pädagogische Zielsetzung, den Schüler/-innen das Kennenlernen unterschiedlicher Perspektiven zu ermöglichen, ohne eine assimilative (angleichende) Übernahme dieser Perspektiven zu erwarten, steht im Widerspruch zu einer schulisch legitimierten Perspektive egalitärer Differenz. Das betrifft die didaktische Theorie in besonderem Maße, da sie sowohl präskriptiv als auch legitimierend eingesetzt wird und so Perspektiven transportiert, zugleich aber offen für Lernprozesse bleiben muss. Die Grenzen einer unterrichtlichen wie auch diagnostisch gestützten Planbarkeit werden hier unmittelbar berührt. Didaktische Konzeptionen können so strukturiert sein, dass sie den Schüler/-innen Hilfestellung geben, um möglichst viele und unterschiedliche Milieudimensionen kennenzulernen und sich Wissen über sie anzueignen. Und zwar gleichermaßen für die materiale wie für die soziale Seite der zu vermittelnden Gegenstände.

Vielfalt an Milieudimensionen kennenlernen

Durch den Vergleich unterschiedlicher Perspektiven, d. h. zunächst ihrer eigenen mit denen anderer, können die Schüler/-innen ihre Wissensbestände über unterschiedliche fachliche und soziale Milieus erweitern. Wenn diese Kontrastierungen den Schüler/-innen die Möglichkeiten eröffnen, ihre eigenen Handlungsorientierungen zu erweitern, indem Aspekte des fremden Milieus im eigenen übernommen bzw. eingebunden werden, kann dies als Bildungs- und Lernprozess verstanden werden (Nohl 2010, 245 ff). Pädagogische und didaktische Überlegungen sind herausgefordert, diese interkulturellen bzw. milieuübergreifenden Bildungs- und Lernprozesse in einer pluralen, nichtdiskriminierenden Gesellschaft zu eröffnen, so Schule und Unterricht Inklusion über ein explizit-generalisiertes Verständnis einer Schule hinaus praktizieren wollen. Ein solcher Umgang ist zugleich Sozialisationskontext der Schüler/-innen, der auf konjunktiver Ebene Umgang mit egalitärer Differenz eröffnet.

Bearbeitung der Spannungsfelder: Die Vermeidung systematischer Benachteiligungen sozialer Gruppen und einzelner Schüler/-innen erfordert, gleichberechtigte Perspektiven auf Gegenstände zu eröffnen und/oder die hierarchisierende und distinktive Funktion der Schulfächer zu problematisieren und in ihrem Kontext zu betrachten. Die pädagogische Gestaltung von Unterricht in einer stark heterogenen Gruppe, die mit dem Ziel unterrichtet wird, nicht nur Individuen anzusprechen, ist kontinuierlich herausgefordert, Gemeinsamkeiten und Unterschiede zwischen der gesamten Klasse und einzelnen Schüler/-innen zu erkennen, um, hierauf aufbauend, Gelegenheiten und Arrangements zu gestalten, die die Möglichkeit für Lernen und Bildung enthalten.

Hierarchien reflektieren

Um einer systematischen Schlechterstellung sozialer Gruppen zu entgehen bzw. diese gering zu halten, bedarf es grundlegender Veränderungen der organisatorischen, formalen Rahmenbedingungen der Schule. Ein solcher Bruch kann auf der Reflexion der Praktiken innerhalb des Organisationsmilieus der Schule im Allgemeinen und des Unterrichtsmilieus im Besonderen aufbauen. Ein Ansatzpunkt hierfür ist die Betrachtung von Lernergebnissen, die aktuell wesentlich einzelnen Schüler/-innen zugeschrieben werden, in ihrer Relation zu Lehrprozessen; d.h., die soziale Seite der Vermittlung von Wissen/Können als Teil der Lernresultate zu begreifen. Eine Balance zwischen den widersprüchlichen Anforderungen zu halten, kann, so eine weitere Möglichkeit, durch Priorisierung von Differenz und Gemeinsamkeit in unterschiedlichen Situationen des Unterrichts erfolgen. Je andere Verhältnisse von Gemeinsamkeit und Differenz, von Konjunktion und Distinktion würden hergestellt und thematisiert werden, wie z.B. in situationsbezogenen unterrichtlichen Lern- und Kooperationszusammenhängen. Langfeldt und Hörmann schlagen ein Ausbalancieren zwischen der Qualifikationsfunktion vor, die Differenzen stützt, die mittels der Enkulturationsaufgabe der Schule relativiert werden, indem an die Prämissen der Egalität angeknüpft wird (Langfeldt/Hörmann 2011, 285).

Offener Unterricht

Um einen situativen Wechsel zwischen Differenzbezügen zu eröffnen, bieten sich einige Unterrichtsformen eher an als andere. Hierzu zählt der „Offene Unterricht". Er knüpft an reformpädagogische Traditionen an und umfasst Varianten wie Projektunterricht, Freiarbeit und Stationslernen (Werning/Lütje-Klose 2012, 157f). Formale Vorgaben stehen oft im Gegensatz dazu, indem sie den zeitlichen, räumlich-materiellen und kommunikativen Formen zuwiderlaufen. Dass Schüler/-innen je unterschiedliche Formen der Auseinandersetzung benötigen, um beispielsweise die Praxis der Auswahl kennenzulernen, ist eine Notwendigkeit im Unterricht und kann sich milieuspezifisch unterscheiden, wie die Untersuchungsergebnisse von Jünger (2008) zeigen. Mit anderen Worten, die jeweiligen Verhaltensweisen, die eine Unterrichtsform und -gestaltung an die Schüler/-innen stellt, müssen von ihnen zunächst erworben werden. Dies gilt gleichermaßen für den sogenannten „Frontalunterricht" wie für andere Formen auch.

Hervorzuheben ist jedoch, dass nicht die Unterrichtsmethode allein einen Unterricht inklusiv werden lässt; das dahinterliegende pädagogische Konzept in seiner meta-theoretischen Fundierung, in seiner Explikation und als praktische Orientierung ist entscheidend.

Reflexion durch Kooperation: Die kooperative Gestaltung von **kooperatives** Unterricht ist ein schulstrukturell-pädagogisches Element, um hete- **Arbeiten** rogenen Lernvoraussetzungen von Schüler/-innen zu begegnen. Die Kooperation von Sonderpädagog/-innen mit Regelschullehrkräften ist in inklusiven Schulformen fester Bestandteil der Gestaltung von Unterricht. Die Praxis der Kooperation, die über die Abstimmung, wann welche Schüler/-innen mit einem bestimmten Lernziel aus dem Unterricht herausgenommen werden, hinausgeht und gemeinsames Unterrichten zum Ziel hat, ist in Kooperationsbeziehungen herausgefordert und eröffnet zahlreiche Möglichkeiten der Ausschöpfung und Weiterentwicklung pädagogischer Professionalität in Richtung einer inklusiven Pädagogik.

Kooperation, die nicht ausschließlich im gemeinsamen Unterrichten **reflexive** aufgeht, verweist in professionellen Kontexten darauf, sich eigene Vor- **Betrachtung** stellungen über Bildungs-, Erziehungs-, Lern- und Sozialisationsprozesse im organisatorischen Kontext der Schule reflexiv zu vergegenwärtigen, um sie der Kooperationspartnerin/dem Kooperationspartner kommunikativ zugänglich zu machen. So auf dieser Ebene Übereinstimmungen bestehen und/oder es Überschneidungen oder Überlappungen in einzelnen dieser Bereiche gibt, wird es möglich, gemeinsam miteinander Unterricht zu gestalten. „Gemeinsam" verweist hier nicht unbedingt darauf, unmittelbar gemeinsam tätig zu werden, aber Entscheidungen und Praktiken des Teampartners/der Teampartnerin mitzutragen und gegenüber den zu Unterrichtenden zu vertreten.

Arbeiten Lehrpersonen mit unterschiedlichen professionellen Selbstverständnissen zusammen (wie es häufig bei Sonderpädagog/-innen und Regelschullehrpersonen der Fall ist, wenn erstere sich stärker an einzelnen Schüler/-innen und ihren Lernprozessen orientieren, während die zweite Gruppe eher die gesamte Klasse im Blick hat), stellt dies einen Anlass dar, den Nohl (2010 189 ff) mit „interkulturellem Lernen" voneinander als den Idealtyp der Kooperation beschreibt. In Anlehnung an die Überlegungen zum interkulturellen Lernen bedeutet dies, nachzuvollziehen, wie die Perspektive der je anderen Lehrperson begründet ist und wie aus ihr heraus unterrichtliche Handlungen vorgenommen werden.

Teamarbeit kann dabei ein positives Vorbild für Schüler/-innen **Vorbild für die** dafür sein, wie Erwachsene mit Heterogenität und Differenzen um- **Schüler/-innen** gehen, wie sie Konflikte bearbeiten und welche (grundlegenden) Vorstellungen des Zusammenlebens sie teilen. Dies kann gegenüber den Schüler/-innen konjunktiv vermittelt werden, ebenso wie in expliziter und kommunikativer Hinsicht.

reflexive Annäherung an eigene Milieuzugehörigkeit im Studium

Die Möglichkeiten, welche die Kooperation zur Reflexion eigener Vorstellungen und Praktiken bietet, können im Studium angehender Lehrpersonen ebenfalls angeregt werden. Die eigene Einbindung in Milieus und kulturelle Praktiken, die – ohne dass dies intendiert sein muss – diskriminierende und benachteiligende Situationen für einzelne und/oder Gruppen hervorrufen (können), stellt hierfür Anknüpfungspunkte dar. Pädagogische Professionalität orientiert sich dann an der Option einer *reflexiven Distanzierung*, die die eigene Einbindung in die gesellschaftlichen und schulischen Prozessstrukturen und formalen Regelungen nicht ausblendet. Vielmehr werden diese genutzt, um auf ihrer Grundlage Marginalisierungen und Exklusionen zu erkennen und zu ihrer Überwindung beitragen zu können.

Reflexionen mit Schüler/-innen

Derartige Reflexionen können auch über die Ebene der Lehrpersonen hinausgehen und mit den Schüler/-innen praktiziert werden (z. B. mithilfe des Index für Inklusion (EENET 2012)). Die kommunikative Bearbeitung schulischer und gesellschaftlicher Widersprüche kann ein Unterrichtsthema sein, und zugleich Thema bei der Auseinandersetzung mit unterschiedlichen Inhalten. Die Schule als Organisation bietet Möglichkeiten einer derartigen Bearbeitung und die Chance Lern-, Bildungs- und Sozialisationsprozesse, die über die milieugebundenen Vorerfahrungen hinausgehen, zu eröffnen und praktisch zu erfahren, indem Differenz thematisiert wird.

Die aufgezeigte pädagogische Perspektive darf aktuelle gesellschaftliche und schulpolitische Entwicklungen nicht ausblenden, welche die Realisierung von Inklusion erschweren und/oder behindern und parallel zur Stärkung des Abbaus von Diskriminierung durch die Politik der UN-BRK stattfinden (Slee 2006, 160). So hat schulische Inklusion als Orientierung derzeit keine vergleichbare legitime Basis wie sie beispielsweise Bildungsstandards haben, die sich an kognitivem und explizitem Wissen sowie Kompetenzen orientieren und zunehmend als bildungspolitische Steuerungsinstrumente Verwendung finden. Die Steuerungsformen sind wesentlich an marktwirtschaftlichen Prinzipien ausgerichtet (Gomolla 2010, 265 ff; Herz 2010a, 31; Moser 2011, 363 f; Werning 2012, 49). Zudem werden die regulierenden Möglichkeiten des Staates, Ausgleich und Integration zu unterstützen, durch globale und ökonomische Entwicklungen zunehmend eingeschränkt. Die Schule als pädagogische Organisation innerhalb der Gesellschaft, von der eben diese Aufgaben erwartet werden, ist hiervon ebenso betroffen wie jene Bildungsorganisationen, die mit der Lehrerbildung betraut sind (Sturm 2012a, 297 f).

Zusammenfassung

Inklusion stellt ein pädagogisches Konzept dar, das an dem Ziel orientiert ist, exkludierende und marginalisierende Praktiken und Strukturen in Schule und Unterricht zu erkennen und zugunsten egalitärer Praktiken und Strukturen zu überwinden. Im gegenwärtigen Schulsystem und Unterrichtswesen bestehen diverse, miteinander verbundene Strukturen und Praktiken, die zu Behinderungen von Lernprozessen führen und soziale Gruppen benachteiligen. Sie stehen jenen gegenüber, die an egalitärer Differenz orientiert sind. Die Problematisierung und das Hinterfragen der Strukturen und Praktiken, welche die Benachteiligungen hervorrufen, die ihren Ausdruck in schulspezifischer Heterogenität – auf Schulleistungen bezogene Differenzen – finden, stellen einen ersten Schritt ihrer Bearbeitung dar, die in den gegebenen gesellschaftlichen Rahmenbedingungen zu finden ist. Inklusion ist die geteilte Erfahrung in Verbindung mit dem Wissen über ein reflektiertes und egalitäres Miteinander von Differenz und Gemeinsamkeit.

5.5 Übungsaufgaben

Aufgabe 1 Definieren Sie, was unter „Inklusion" im schulischen und unterrichtlichen Zusammenhang zu verstehen ist.

Aufgabe 2 Erläutern Sie mindestens je einen Aspekt, der eine Verwirklichung von Inklusion in a) struktureller und b) praktischer Hinsicht im aktuellen Schulsystem erschwert und je einen, der bereits zu realisieren ist.

Aufgabe 3 Diskutieren Sie, inwiefern die Aufhebung der äußeren Differenzierung in der Sekundarstufe I einen Beitrag zur Gestaltung einer inklusiven Schule leisten kann und welche weiteren Veränderungen ggf. notwendig wären.

5.6 Literatur- und Websiteempfehlungen

Allan, J., Slee, R. (2008): Doing Inclusive Education Research. Sense Publishers, Rotterdam

Boban, I., Hinz, A. (2004): Der Index für Inklusion – ein Katalysator für demokratische Entwicklung in der „Schule für alle". In: Heinzel, F., Geiling,

U. (Hrsg.): Demokratische Perspektiven in der Pädagogik. VS Verlag für Sozialwissenschaften, Wiesbaden, 37–48

Bönsch, M. (2012): Gemeinsam verschieden lernen. Cornelsen Scriptor, Berlin

Boller, S., Lau, R. (Hrsg.) (2010): Innere Differenzierung in der Sekundarstufe II. Ein Praxishandbuch für Lehrer/innen. Beltz Verlag, Weinheim/Basel

Dehn, M. (2006): Zeit für die Schrift I. Lesen lernen und Schreiben können. Lernprozesse, Unterrichtssituationen, Praxishilfen. Cornelsen Scriptor, Berlin

Dehn, M., Hüttis-Graff, P. (2006): Zeit für die Schrift II. Beobachtung und Diagnose. Schulanfangsbeobachtung, Lernbeobachtung Schreiben und Lesen. Lernhilfen. Cornelsen Scriptor, Berlin

Groeben, A. v. d. (2008): Verschiedenheit nutzen. Besser lernen in heterogenen Lerngruppen. Cornelsen Scriptor, Berlin

Günther, K. B. (1995): Ein Stufenmodell der Entwicklung kindlicher Lese- und Schreibstrategien. In: Balhorn, H., Brügelmann, H. (Hrsg.): Rätsel des Schriftspracherwerbs. Neue Sichtweisen aus der Forschung. Libelle. 98–121

Labudde, P. (Hrsg.) (2010): Fachdidaktik Naturwissenschaft. 1.–9. Schuljahr. Haupt Verlag, Bern/Stuttgart/Wien

Lehner, M. (2009): Allgemeine Didaktik. Haupt Verlag, Bern/Stuttgart/Wien

Moser, V. (Hrsg.) (2012): Die inklusive Schule. Standards für die Umsetzung. Kohlhammer, Stuttgart

Paradies, L. (2003): Leistungsheterogenität in der Sekundarstufe I. Anregungen zur Differenzierung im Unterricht. Pädagogik 9. 20–23

Reich, K. (2012): Inklusion und Bildungsgerechtigkeit. Standards und Regeln zur Umsetzung einer inklusiven Schule. Beltz Verlag, Weinheim/Basel

Schwohl, J., Sturm, T. (Hrsg) (2010): Inklusion als Herausforderung schulischer Entwicklung. Widersprüche und Perspektiven eines erziehungswissenschaftlichen Diskurses. transcript, Bielefeld

Wiater, W. (2010): Unterrichten und Lernen in der Schule. Eine Einführung in die Didaktik. 2. Aufl. Auer Verlag, Donauwörth

Index für Inklusion
www.eenet.org.uk/resources/resource_search.php?theme (18.01.2016)
UN-BRK
www.un.org/disabilities/convention/conventionfull.shtml (18.01.2016)
www.institut-fuer-menschenrechte.de/fileadmin/user_upload/PDF-Dateien/
  Pakte_Konventionen/CRPD_behindertenrechtskonvention/crpd_b_de.pdf
  (18.01.2016)
http://bidok.uibk.ac.at (06.03.2016)
www.inklusion-online.net/index.php/inklusion (06.03.2016)

Deutsches Institut für Menschenrechte
http://bidok.uibk.ac.at (18.01.2016)
Zeitschrift für Inklusion-Online.net
www.inklusion-online.net/index.php/inklusion-online (06.03.2016)

Hier gelangen Sie in der Lern-App zum Buch zu weiteren Fragen zu Kapitel 5:

Hex-Code: E C

Literatur

Ackeren, I. v., Klemm, K. (2009): Entstehung, Struktur und Steuerung des deutschen Schulsystems. Eine Einführung. VS Verlag für Sozialwissenschaften, Wiesbaden

Ainscow, M. (2008): Teaching for Diversity. The Next Big Challange. In: Connelly, F. M., Fang He, M., Phillion, J. (Hrsg.): The Sage Handbook of Curriculum and Instruction. SAGE Publications, Los Angeles/London/New Delhi/Singapore, 240–258

Ainscow, M. (2006): From Special Education to Effective Schools for all: a Review of Progress so Far. In: Florian, L. (Hrsg.): The Sage Handbook of Special Education. Sage, Los Angeles/London/New Delhi/Singapore/Washington D.C., 146–159

Allan, J. (2012): Inclusion: Patterns and Possibilities. Zeitschrift für Inklusion 4. In: www.inklusion-online.net/index.php/inklusion/article/view/183/171, 18.01.2016

Angermuller, J., Maeße, J. (2015): Regieren durch Leistung. Zur Verschleierung des Sozialen in der Numerokratie. In: Schäfer, A., Thompson, C. (Hrsg.): Leistung. Ferdinand Schöningh, Paderborn, 61–108

Artelt, C., Baumert, J., Klieme, E., Neubrand, M., Prenzel, M., Schiefele, U., Schneider, W., Schümer, G., Stanat, P., Tillmann, K.-J., Weiß, M. (2001): PISA 2000. Zusammenfassung zentraler Befunde. Berlin. In: www.mpib-berlin.mpg.de/Pisa/ergebnisse.pdf, 18.01.2016

Bathe, S., Boller, S., Kemper, A. (2010): Innere Differenzierung – auch in der Sekundarstufe II. In: Boller, S., Lau, R. (Hrsg.): Innere Differenzierung in der Sekundarstufe II. Ein Praxishandbuch für Lehrer/innen. Beltz Verlag, Weinheim/Basel, 14–24

Becker, R., Lauterbach, W. (Hrsg.) (2008): Bildung als Privileg. Erklärungen und Befunde zu den Ursachen der Bildungsungleichheit. 3. Aufl. VS Verlag für Sozialwissenschaften, Wiesbaden

Becker, U. (2015): Die Inklusionslüge. Behinderung im flexiblen Kapitalismus. transcript, Bielefeld

Bellenberg, G., Reintjes, C. (2014): Studie zur nordrhein-westfälischen Bildungspolitik 2010-2015. In: GEW NRW (Hrsg.): Bildungspolitik in NRW. Bochumer Memorandum 2010-2015. Eine Zwischenbilanz. Gewerkschaft Erziehung und Wissenschaft Nordrhein-Westfalen, Essen, 1–38

Bielefeldt, H. (2010): Menschenrecht auf inklusive Bildung. Der Anspruch der UN-Behindertenrechtskonvention. Vierteljahreszeitschrift für Heilpädagogik und ihre Nachbargebiete 79 (1), 66–69

Biermann, J., Powell, J. J. W. (2014): Institutionelle Dimensionen inklusiver Schulbildung – Herausforderungen der UN-Behindertenrechtskonvention für Deutschland, Island und Schweden im Vergleich. Zeitschrift für Erziehungswissenschaft 17, 679–700

bifos e. V. (2012): Disability Studies in Deutschland. In: www.disability-studies-deutschland.de, 18.01.2016

Bittlingmayer, U. H. (2011): Die Diskussion um funktionalen Anlaphabetismus aus der Perspetive der Bildungs- und Herrschaftssoziologie Pierre Bourdieus. Schulheft 36 (142), 37–54

Bleidick, U. (1999): Behinderung als pädagogische Aufgabe. Behinderungsbegriff und behindertenpädagogische Theorie. Kohlhammer, Stuttgart/Berlin/Köln

Bleidick, U., Rath, W., Schuck, K. D. (1995): Die Empfehlungen der Kultusministerkonferenz zur sonderpädagogischen Förderung in den Schulen der Bundesrepublik Deutschland. Zeitschrift für Pädagogik 41 (2), 247–264

Bless, G., Kronig, W. (1999): Wie integrationsfähig ist die Schweizer Schule geworden? Eine bildungspolitische Analyse über schulorganisatorische Massnahmen bei Normabweichungen. Vierteljahreszeitschrift für Heilpädagogik und ihre Nachbargebiete 68 (4), 414–426

Bohnsack, R. (2010): Rekonstruktive Sozialforschung. Einführung in qualitative Methoden. 8. Aufl. Verlag Barbara Budrich, Opladen/Farmington Hills

Bohnsack, R., Loos, P., Schäffer, B., Städtler, K., Wild, B. (1995): Die Suche nach Gemeinsamkeit und die Gewalt der Gruppe. Hooligans, Musikgruppen und andere Jugendcliquen. Verlag für Sozialwissenschaften, Wiesbaden

Bourdieu, P. (2009): Entwurf einer Theorie der Praxis. 2. Aufl. Suhrkamp, Frankfurt a. M.

Bourdieu, P. (2005): Die männliche Herrschaft. Suhrkamp, Frankfurt a. M.

Bourdieu, P. (2001): Wie die Kultur zum Bauern kommt. Über Bildung, Schule und Politik. VSA-Verlag, Hamburg

Bourdieu, P. (1998): Praktische Vernunft. Zur Theorie des Handelns. Suhrkamp, Frankfurt a. M.

Bourdieu, P. (1993): Soziologische Fragen. Suhrkamp, Frankfurt a. M.

Bourdieu, P. (1992): Die verborgenen Mechanismen der Macht. Schriften zu Politik und Kultur 1. Herausgegeben von Margareta Steinrücke. VSA-Verlag, Hamburg

Bourdieu, P. (1987): Sozialer Sinn. Kritik der theoretischen Vernunft. Suhrkamp, Frankfurt a. M.

Bourdieu, P. (1982): Die feinen Unterschiede. Kritik der gesellschaftlichen Urteilskraft. Suhrkamp, Frankfurt a. M.

Brake, A., Büchner, P. (2012): Bildung und soziale Ungleichheit. Eine Einführung. Kohlhammer, Stuttgart

Braun, K.-H., Wetzel, K. (2001): Schule. In: Bernhard, A., Rothermel, L. (Hrsg.): Handbuch kritische Pädagogik. Eine Einführung in die Erziehungs- und Bildungswissenschaft. 2. Aufl. Deutscher Studien-Verlag, Weinheim, 371–383

Breidenstein, G. (2008): Allgemeine Didaktik und praxeologische Unterrichtsforschung. Zeitschrift für Erziehungswissenschaft 10, 201–215

Büchner, P. (2003): Stichwort: Bildung und soziale Ungleichheit. Zeitschrift für Erziehungswissenschaft 6 (1), 5–24

Budde, J., Hummrich, M. (2013): Reflexive Inklusion. Zeitschrift für Inklusion 4. In: www.inklusion-online.net/index.php/inklusion-online/article/view/193/199, 18.01.2016

Budde, J. (2012): Die Rede von der Heterogenität in der Schulpädagogik. Diskursanalytische Perspektiven [63 Absätze]. Forum Qualitative Sozialforschung / Forum Qualitative Social Research 13 (2), Art. 16. In: http://nbn-resolving.de/urn:nbn:de:0114-fqs1202160, 18.01.2016

Budde, J. (2011): Heterogenität und Homogenität aus der Perspektive von Lehrkräften. In: Krüger, D. (Hrsg.): Genderkompetenzen und Schulwelten. VS Verlag für Sozialwissenschaften, Wiesbaden, 111–127

Budde, J. (2006a): Jungen als Verlierer? Anmerkungen zum Topos der „Feminisierung von Schule". Die Deutsche Schule 98 (4), 488–500

Budde, J. (2006b): Wie Lehrkräfte Geschlecht (mit) machen – doing gender als schulischer Aushandlungsprozess. In: Jösting, S., Seemann, M. (Hrsg.): Gender und Schule. Geschlechterverhältnisse in Theorie und Praxis. BIS Verlag der Carl von Ossietzky Universität Oldenburg, Oldenburg, 45–60

Budde, J., Scholand, B., Faulstich-Wieland, H. (2008): Geschlechtergerechtigkeit in der Schule. Eine Studie zu Chancen, Blockaden und Perspektiven einer gender-sensiblen Schulkultur. Juventa, Weinheim / München

Bundesrepublik Deutschland (2016): Sozialgesetzbuch (SGB) Neuntes Buch (IX). Rehabilitation und Teilhabe behinderter Menschen (letzte Änderung: 31.08.2015). In: www.sozialgesetzbuch-sgb.de/sgbix/1.html, 18.01.2016

Butterwegge, C. (2010): Kinderarmut und sozialer Ausschluss. Zeitschrift für Inklusion 4. In: www.inklusion-online.net/index.php/inklusion/article/viewArticle/90/93 18.01.2016

Chassé, K. A., Zander, M., Rasch, K. (2007): Meine Familie ist arm. Wie Kinder im Grundschulalter Armut erleben und bewältigen. 3. Aufl. VS Verlag für Sozialwissenschaften, Wiesbaden

Cloerkes, G. (2007): Soziologie der Behinderten. Eine Einführung. 3. Aufl. Universitätsverlag Winter, Heidelberg

Dahrendorf, R. (1965): Bildung und Bürgerrecht. Nannen-Verlag, Hamburg

Deutsches Institut für Menschenrechte (2011): Stellungnahme der Monitoring-Stelle (31. März 2011). Eckpunkte zur Verwirklichung eines inklusiven Bildungssystems (Primarstufe und Sekundarstufen I und II). In: www.institut-fuer-menschenrechte.de/uploads/tx_commerce/stellungnahme_der_monitoring_stelle_eckpunkte_z_verwirklichung_eines_inklusiven_bildungssystems_31_03_2011.pdf, 18.01.2016

Diehm, I., Radtke, F.-O. (1999): Erziehung und Migration. Eine Einführung. Kohlhammer, Stuttgart / Berlin / Köln

Dirim, İ., Mecheril, P. (2010): Die Schlechterstellung Migrationsanderer. Schule in der Migrationsgesellschaft. In: Mecheril, P., Mar Castro Varela, M. d., Dirim, İ., Kalpaka, A., Melter, C. (Hrsg.): Migrationspädagogik. Beltz Verlag, Weinheim/Basel, 121–149

Eberwein, H. (1998): Sonder- und Rehabilitationspädagogik – eine Pädagogik für „Behinderte" oder gegen Behinderungen? Sind Sonderschulen verfassungswidrig? In: Eberwein, H., Sasse, A. (Hrsg.): Behindert sein oder behindert werden? Interdisziplinäre Analysen zum Behinderungsbegriff. Luchterhand, Neuwied, Kriftel, Berlin, 66–95

Eckhart, M., Haeberlin, U., Sahli Lozano, C., Blanc, P. (2011): Langzeitwirkungen der schulischen Integration. Haupt Verlag, Bern

Edelstein, W. (2006): Bildung und Armut. Der Beitrag des Bildungssystems zur Vererbung und zur Bekämpfung von Armut. Zeitschrift für Soziologie der Erziehung und Sozialsation 26 (2), 120–134

EENET. Educational Support and Inclusion (2012): Index for Inclusion. In: www.eenet.org.uk/resources/resource_search.php?theme=indx&date=0&author=0&publisher=0&type=0&country=0, 18.01.2016

Ellger-Rüttgardt, S. L. (2008): Geschichte der Sonderpädagogik. Eine Einführung. Ernst Reinhardt Verlag, München/Basel

Faulstich-Wieland, H. (2010): Mädchen und Jungen im Unterricht. In: Buholzer, A., Kummer Wyss, A. (Hrsg.): Alle gleich – alle unterschiedlich! Zum Umgang mit Heterogenität in Schule und Unterricht. Klett und Balmer Verlag, Zug, 16–27

Faulstich-Wieland, H. (2008): Sozialisation und Geschlecht. In: Hurrelmann, K., Grundmann, M., Walper, S. (Hrsg.): Handbuch Sozialisationsforschung. 7. Aufl. Beltz Verlag, Weinheim/Basel, 240–253

Faulstich-Wieland, H. (2004a): Doing Gender: Konstruktivistische Beiträge. In: Glaser, E., Klika, D., Prengel, A. (Hrsg.): Handbuch Gender und Erziehungswissenschaft. Julius Klinkhardt Verlag, Bad Heilbrunn/Obb., 175–191

Faulstich-Wieland, H. (2004b): Geschlechteraspekte in der Bildung. In: www.ew.uni-hamburg.de/ueber-die-fakultaet/personen/faulstich-wieland/files/bpb-2004-pdf.pdf, 18.01.2016

Faulstich-Wieland, H. (2002): Welche Rolle spielen die Lehrenden und ihr Unterricht bei der Förderung von Schülerinnen in Mathematik? In: Kampshoff, M., Lumer, B. (Hrsg.): Chancengleichheit im Bildungswesen. Leske + Budrich, Opladen, 233–249

Faulstich-Wieland, H. (1991): Koedukation – Enttäuschte Hoffnungen? Wissenschaftliche Buchgesellschaft Darmstadt, Darmstadt

Faulstich-Wieland, H., Scholand, B. (2010): Eine Schule für alle – aber getrennte Bereiche für Jungen und Mädchen? In: Schwohl, J., Sturm, T. (Hrsg.): Inklusion als Herausforderung schulischer Entwicklung. Widersprüche und Perspektiven eines erziehungswissenschaftlichen Diskurses. transcript, Bielefeld, 159–177

Fend, H. (2008): Neue Theorie der Schule. Einführung in das Verstehen von Bildungssystemen. 2. Aufl. VS Verlag für Sozialwissenschaften, Wiesbaden

Feuser, G. (1995): Integration: „Allgemeine Pädagogik" und „Entwicklungsdiagnostik". In: Feuser, G. (Hrsg.): Behinderte Kinder und Jugendliche. Zwischen Integration und Aussonderung. Wissenschaftliche Buchgesellschaft, Darmstadt, 168–213

Feyerer, E. (2009): Ist Integration „normal" geworden? Zeitschrift für Inklusion 2, 1–11. In: www.inklusion-online.net/index.php/inklusion-online/article/view/162/162, 18.01.2016

Feyerer, E. (1998): Behindern Behinderte? Integrativer Unterricht auf der Sekundarstufe 1. StudienVerlag, Innsbruck, Wien

Florian, L., Rouse, M. (2010): Teachers' Professional Learning and Inclusive Practice. In: Rose, R. (Hrsg.): Confronting Obstacles to Inclusion. Routledge, Milton Park, 185–199

Fürstenau, S. (2012): Einführung. In: Fürstenau, S., Gomolla, M. (Hrsg.): Migration und schulischer Wandel: Leistungsbeurteilung. Springer VS, Wiesbaden, 13–24

Galic, B. (2005): Gehörlosigkeit: Stigma oder Lebenserfahrung? – eine Frage der Perspektive! Zeitschrift für Heilpädagogik 56, 154–160

Geiling, U., Theunissen, G. (2007): Begriffsdiskussion, Erscheinungsformen, Prävalenz. In: Opp, G., Theunissen, G. (Hrsg.): Handbuch schulische Heilpädagogik. Klinkhardt, Bad Heilbrunn, 339–343

Gellert, U. (2013): Heterogen oder hierarchisch? Zur Konstruktion von Leitung im Unterricht. In: Budde, J. (Hrsg.): Unscharfe Einsätze. (Re-) Produktion von Heterogenität im schulischen Feld. Springer VS, Wiesbaden, 211–227

Goffman, E. (2001): Interaktion und Geschlecht. 2. Aufl. campus, Frankfurt/New York

Gogolin, I. (2011): Multikulturalität als Herausforderung. In: Faulstich-Wieland, H. (Hrsg.): Umgang mit Heterogenität und Differenz. Schneider Verlag Hohengehren/Verlag Pestalozzianum, Baltmannsweiler/Zürich, 49–72

Gogolin, I. (2010): Auf dem Weg zu einer neuen Sprachbildung für alle – Das Modellprogramm FörMig. In: Schwohl, J., Sturm, T. (Hrsg.): Inklusion als Herausforderung schulischer Entwicklung. Widersprüche und Perspektiven eines erziehungswissenschaftlichen Diskurses. transcript, Bielefeld, 211–227

Gogolin, I. (2008): Der monolinguale Habitus der multilingualen Schule. 2. Aufl. Waxmann, Münster

Gogolin, I., Krüger-Potratz, M. (2006): Einführung in die Interkulturelle Pädagogik. Verlag Barbara Budrich, Opladen/Farmington Hills

Gomolla, M. (2012): Leistungsbeurteilung in der Schule: Zwischen Selektion und Förderung, Gerechtigkeitsanspruch und Diskriminierung. In: Fürstenau, S., Gomolla, M. (Hrsg.): Migration und schulischer Wandel: Leistungsbeurteilung. Springer VS, Wiesbaden, 25–50

Gomolla, M. (2010): Schuleffektivität, Pluralität und soziale Gerechtigkeit. Spannungen und Widersprüche gegenwärtiger Qualitätsstrategien im Bildungssystem. In: Schwohl, J., Sturm, T. (Hrsg.): Inklusion als Herausforderung schulischer Entwicklung. Widersprüche und Perspektiven eines erziehungswissenschaftlichen Diskurses. transcript, Bielefeld, 243–275

Gomolla, M. (2009): Heterogenität, Unterrichtsqualität und Inklusion. In: Fürstenau, S., Gomolla, M. (Hrsg.): Migration und schulischer Wandel: Unterricht. VS Verlag für Sozialwissenschaften, Wiesbaden, 21–43

Gomolla, M., Radtke, F.-O. (2009): Institutionelle Diskriminierung. Die Herstellung ethnischer Differenz in der Schule. 3. Aufl. VS Verlag für Sozialwissenschaften, Wiesbaden

Günther, K. B. (1995): Ein Stufenmodell der Entwicklung kindlicher Lese- und Schreibstrategien. In: Balhorn, H., Brügelmann, H. (Hrsg.): Rätsel des Schriftspracherwerbs. Neue Sichtweisen aus der Forschung. Libelle, 98–121

Hawighorst, B. (2007): Mathematische Bildung im Kontext der Familie. Zeitschrift für Erziehungswissenschaft 10 (1), 31–48

Henn, H.-W., Kaiser, G. (2001): Mathematik – ein polarisierendes Schulfach. Zeitschrift für Erziehungswissenschaft 4 (3), 359–380

Herrlitz, H.-G., Hopf, W., Titze, H., Cloer, E. (2009): Deutsche Schulgeschichte von 1800 bis zur Gegenwart. Eine Einführung. 5. Aufl. Juventa, Weinheim/München

Herz, B. (2010a): „Inclusive Education". Desiderata in der deutschen Fachdiskussion. In: Schwohl, J., Sturm, T. (Hrsg.): Inklusion als Herausforderung schulischer Entwicklung. Widersprüche und Perspektiven eines erziehungswissenschaftlichen Diskurses. transcript, Bielefeld, 29–44

Herz, B. (2010b): Neoliberaler Zeitgeist in der Pädagogik: Zur aktuellen Disziplinarkultur. In: Dörr, M., Herz, B. (Hrsg.): „Unkulturen" in Bildung und Erziehung. VS Verlag für Sozialwissenschaften, Wiesbaden, 171–189

Hirschauer, S. (1999): Die soziale Konstruktion von Transsexualität. 2. Aufl. Suhrkamp, Frankfurt a. M.

Hirschberg, M. (2003): Ambivalenzen in der Klassifizierung von Behinderung. Anmerkungen zur Internationalen Klassifikation der Funktionsfähigkeit, Behinderung und Gesundheit der Weltgesundheits-Organisation. Ethik in der Medizin 15 (3), 171–179

Hopmann, S. T. (2007a): Epilogue: No Child, No School, No State Left Behind: Comparative Research in the Age of Accountability. In: Hopmann, S. T., Brinek, G., Retzl, M. (Hrsg.): PISA zufolge PISA – PISA According to PISA. Hält PISA, was es verspricht? – Does PISA Keep What It Promises? LIT Verlag, Wien/Berlin, 363–415

Hopmann, S. T. (2007b): Restrained Teaching: the Common Core of Didaktik. European Educational Research Journal 6 (2), 109–124

Hradil, S. (2005): Soziale Ungleichheit in Deutschland. 8. Aufl. VS Verlag für Sozialwissenschaften, Wiesbaden

Huinink, J., Schröder, T. (2008): Sozialstruktur Deutschlands. UVK Verlagsgesellschaft, Konstanz

Jünger, R. (2010): Schule aus der Sicht von Kindern. Zur Bedeutung der schulischen Logiken von Kindern mit priviligerter und nicht-privilegierter Herkunft. In: Brake, A., Bremer, H. (Hrsg.): Alltagswelt Schule. Die soziale Herstellung schulischer Wirklichkeiten. Juventa, Weinheim/München, 159–183

Jünger, R. (2008): Bildung für alle?: Die schulischen Logiken von ressourcenprivilegierten und -nichtprivilegierten Kindern als Ursache der bestehenden Bildungsungleichheit. VS Verlag für Sozialwissenschaften, Wiesbaden

Kanton Graubünden (2010): Sporterziehung. In: www.gr.ch/DE/institutionen/verwaltung/ekud/avs/Volksschule/Lehrplan_OS_12_Sporterziehung.pdf, 18.01.2016

Kastl, J. M. (2010): Einführung in die Soziologie der Behinderung. VS Verlag für Sozialwissenschaften, Wiesbaden

Katzenbach, D., Schnell, I. (2012): Strukturelle Voraussetzungen inklusiver Bildung. In: Moser, V. (Hrsg.): Die inklusive Schule. Standards für die Umsetzung. Kohlhammer, Stuttgart, 21–39

Klafki, W., Stöcker, H. (1976): Innere Differenzierung des Unterrichts. Zeitschrift für Pädagogik 22 (4), 497–523

Klieme, E., Artelt, C., Hartig, J., Jude, N., Köller, O., Prenzel, M., Schneider, W., Stanat, P. (2010): PISA 2009. Bilanz nach einem Jahrzehnt. Waxmann, Münster/New York/München/Berlin

Klieme, E., Sälzer, C., Köller, O., Prenzel, M. (2013): PISA 2012. Fortschritte und Herausforderungen in Deutschland. Waxmann, Münster, New York, München, Berlin

Konferenz der Kultusminister der Länder der Bundesrepublik Deutschland (KMK) (2015): Statistische Veröffentlichung der Kultusministerkonferenz. Dokumentation Nr. 206 – Januar 2015. Schüler, Klassen, Lehrer und Absolventen der Schulen 2004 bis 2013, In: www.kmk.org/fileadmin/pdf/Statistik/Dokumentationen/Dok_206_SKL_2013.pdf, 18.01.2016

Konferenz der Kultusminister der Länder der Bundesrepublik Deutschland (KMK) (2014): Statistische Veröffentlichung der Kultusministerkonferenz. Dokumentation Nr. 202 – Februar 2014. Sonderpädagogische Förderung in Schulen 2003 bis 2012. In: www.kmk.org/fileadmin/pdf/Statistik/Dokumentationen/Dokumentation_SoPaeFoe_2012.pdf, 18.01.2016

Konferenz der Kultusminister der Länder in der Bundesrepublik Deutschland (KMK) (2012a): Bildungsstandards. In: www.kmk.org/bildungschule/qualitaetssicherung-in-schulen/bildungsstandards/dokumente.html, 18.01.2016

Konferenz der Kultusminister der Länder in der Bundesrepublik Deutschland (KMK) (2012b): Statistische Veröffentlichungen der Kultusministerkonferenz. Dokument Nr. 196 – Februar 2012. Sonderpädagogische Förderung in Schulen 2001 bis 2010. In: www.kmk.org/fileadmin/pdf/Statistik/Dokumentationen/Dokumentation_SoPaeFoe_2010.pdf, 18.01.2016

Konferenz der Kultusminister der Länder in der Bundesrepublik Deutschland (KMK) (2011): Inklusive Bildung von Kindern und Jugendlichen mit Behinderungen in Schulen. In: www.kmk.org/fileadmin/veroeffentlichungen_beschluesse/2011/2011_10_20-Inklusive-Bildung.pdf, 18.01.2016

Konferenz der Kultusminister der Länder in der Bundesrepublik Deutschland (KMK) (1996): Empfehlung „Interkulturelle Bildung und Erziehung in der Schule". In: www.kmk.org/fileadmin/veroeffentlichungen_beschluesse/1996/1996_10_25-Interkulturelle-Bildung.pdf, 18.01.2016

Konferenz der Kultusminister der Länder in der Bundesrepublik Deutschland (KMK) (1994): Empfehlungen zur sonderpädagogischen Förderung in den Schulen der Bundesrepublik Deutschland. In: www.kmk.org/fileadmin/veroeffentlichungen_beschluesse/1994/1994_05_06-Empfehl-Sonderpaedagogische-Foerderung.pdf, 18.01.2016

Konferenz der Kultusminister der Länder in der Bundesrepublik Deutschland (KMK) (1972): Empfehlung zur Ordnung des Sonderschulwesens

Konferenz der Kultusminister der Länder in der Bundesrepublik Deutschland (KMK) (1970): Empfehlungen für die Arbeit in der Grundschule. In: www.kmk.org/fileadmin/veroeffentlichungen_beschluesse/1970/1970_07_02_Empfehlungen_Grundschule.pdf, 18.01.2016

KMK (1960): Gutachten zur Ordnung des Sonderschulwesens

Knebel, U. v. (2010): Auf dem Weg zu einer inklusionstauglichen Diagnostik. Entwicklungsnotwendigkeiten und Orientierungsgrundlage – exemplarisch konkretisiert für den Förderschwerpunkt Sprache. Sonderpädagogische Förderung heute 55 (3), 231–521

Knebel, U. v. (2007): Sprachförderung im Unterricht als diagnosegeleiteter Prozess. In: Schöler, H., Welling, A. (Hrsg.): Sonderpädagogik der Sprache. Hogrefe, Göttingen/Bern/Wien/Paris u. a., 1082–1103

König, J. (2012): Wandel der Beurteilungspraxis hin zur Arbeit mit Zielen und festgelegten Kompetenzen. In: Fürstenau, S., Gomolla, M. (Hrsg.): Migration und schulischer Wandel: Leistungsbeurteilung. VS Verlag für Sozialwissenschaften, Wiesbaden, 107–122

Krais, B., Gebauer, G. (2002): Habitus. transcript, Bielefeld

Kron, M. (2005): „Behinderung" – notwendiger Begriff in der inklusiven Pädagogik? In: Geiling, U., Hinz, A. (Hrsg.): Integrationspädagogik im Diskurs. Auf dem Weg zu einer inklusiven Pädagogik? Verlag Julius Klinkhardt, Bad Heilbrunn, 82–86

Kronauer, M. (2010): Exklusion. Die Gefährdung des Sozialen im hoch entwickelten Kapitalismus. 2. Aufl. Campus, Frankfurt a. M./New York

Krüger-Potratz, M. (2005): Interkulturelle Bildung. Eine Einführung. Waxmann, Münster/New York/München/Berlin

Krüger, H.-H., Rabe-Kleberg, U., Kramer, R.-T., Budde, J. (Hrsg.) (2010): Bildungsungleichheit revisited. Bildung und soziale Ungleichheit vom Kindergarten bis zur Hochschule. VS Verlag für Sozialwissenschaften, Wiesbaden

Lang, E., Grittner, F., Rehle, C., Hartinger, A. (2010): Das Heterogenitätsverständnis von Lehrkräf- ten im jahrgangsgemischten Unterricht der Grundschule. In: Hagedorn, J., Schurt, V., Steber, C., Waburg, W. (Hrsg.): Ethnizität, Geschlecht, Familie und Schule. Heterogenität als erziehungswissenschaftliche Herausforderung. VS Verlag für Sozialwissenschaften, Wiesbaden, 315–331

Lange-Vester, A., Redlich, M. (2010): Soziale Milieus und Schule. Milieuspezifische Bildungsstrategien und Lebensperspektiven bei SchülerInnen der Hauptschule und des Gymnasiums. In: Brake, A., Bremer, H. (Hrsg.): Alltagswelt Schule. Die soziale Herstellung schulischer Wirklichkeiten. Juventa Verlag, Weinheim/München, 185–209

Langfeldt, G., Hörmann, B. (2011): Didaktik und Inklusion – eine skandinavische Perspektive. Sonderpädagogische Förderung heute 56 (3), 278–293

Lehner, M. (2009): Allgemeine Didaktik. Haupt Verlag, Bern/Stuttgart/Wien

Lindmeier, C. (2012): Heilpädagogik als Pädagogik der Teilhabe und Inklusion. Sonderpädagogische Förderung heute 57 (1), 25–45

Luhmann, N. (2002): Das Erziehungssystem der Gesellschaft. Suhrkamp, Frankfurt a. M.

Lutz, H., Wenning, N. (2001): Differenzen über Differenz – Einführung in die Debatten. In: Lutz, H., Wenning, N. (Hrsg.): Unterschiedlich verschieden. Differenz in der Erziehungswissenschaft. Leske + Budrich, Opladen, 11–24

Lütje-Klose, B., Urban, M. (2014): Professionelle Kooperation als wesentliche Bedingung inklusiver Schul- und Unterrichtsentwicklung. Teil 1: Grundlagen und Modelle inklusiver Kooperation. Vierteljahreszeitschrift für Heilpädagogik und ihre Nachbargebiete 83 (2), 112–123

Mangelsdorff, U. (2008): Armut macht krank. In: Herz, B., Becher, U., Kurz, I., Mettlau, C., Treeß, H., Werdermann, M. (Hrsg.): Kinderarmut und Bildung. Armutslagen in Hamburg. VS Verlag für Sozialwissenshaften, Wiesbaden, 111–124

Mannheim, K. (1980): Strukturen des Denkens. Suhrkamp, Frankfurt a. M.

Mar Castro Varela, M. d., Mecheril, P. (2010): Grenze und Bewegung. Migrationswissenschaftliche Klärungen. In: Mecheril, P., Mar Castro Varela, M. d., Dirim, İ., Kalpaka, A., Melter, C. (Hrsg.): Migrationspädagogik. Beltz Verlag, Weinheim/Basel, 54–76

Marotzki, W., Nohl, A.-M., Ortlepp, W. (2006): Einführung in die Erziehungswissenschaft. 2. Aufl. Verlag Barbara Budrich, Opladen/Farmington Hills

May, P. (2002): HSP 1–9. Diagnose orthographischer Kompetenz. Zur Erfassung der grundlegenden Rechtschreibstrategien mit der Hamburger Schreibprobe. 6. Aufl. Verlag für pädagogische Medien, Hamburg

Mecheril, P. (2010a): Die Ordnung des erziehungswissenschaftlichen Diskurses in der Migrationsgesellschaft. In: Mecheril, P., Mar Castro

Varela, M. d., Dirim, İ., Kalpaka, A., Melter, C. (Hrsg.): Migrationspädagogik. Beltz Verlag, Weinheim/Basel, 77–98

Mecheril, P. (2010b): Migrationspädagogik. Hinführung zu einer Perspektive. In: Mecheril, P., Mar Castro Varela, M. d., Dirim, İ., Kalpaka, A., Melter, C. (Hrsg.): Migrationspädagogik. Beltz Verlag, Weinheim/Basel, 7–53

Mecheril, P. (2002): „Kompetenzlosigkeitskompetenz".Pädagogisches Handeln unter Einwanderungsbedingungen. In: Auernheimer, G. (Hrsg.): Interkulturelle Kompetenz und pädagogische Professionalität. Leske + Budrich, Opladen, 15–34

Mecheril, P., Melter, C. (2010): Gewöhnliche Unterscheidungen. Wege aus dem Rassismus. In: Mecheril, P., Mar Castro Varela, M. d., Dirim, İ., Kalpaka, A., Melter, C. (Hrsg.): Migrationspädagogik. Beltz Verlag, Weinheim/Basel, 150–178

Moore, M., Slee, R. (2012): Disability Studies, Inclusive Education and Exclusion. In: Watson, N., Roulstone, A., Thomas, C. (Hrsg.): Routledge Handbook of Disability Studies. Routledge/Taylor & Friends, London/New York, 225–239

Moser, V. (2011): Schulentwicklung und Inklusion: Steuerungspolitische Kontexte und Konzepte. Sonderpädagogische Förderung heute 56 (4), 361–377

Moser, V., Sasse, A. (2008): Theorien der Behindertenpädagogik. Ernst Reinhardt Verlag UTB, München/Basel

Motakef, M. (2006). Das Menschenrecht auf Bildung und der Schutz vor Diskriminierung. Eine Studie über Exklusionsrisiken und Inklusionschancen im deutschen Bildungssystem. In: www.institut-fuer-menschenrechte.de/uploads/tx_commerce/studie_das_menschenrecht_auf_bildung_u_der_schutz_vor_diskriminierung.pdf, 18.01.2016

Neumann, U., Karakaşoğlu, Y. (2011): Anforderungen an die Schule in der Einwanderungsgesellschaft: Integration durch Bildung, Schaffung von Bildungsgerechtigkeit und interkulturelle Öffnung. In: Neumann, U., Schneider, J. (Hrsg.): Schule mit Migrationshintergrund. Waxmann, Münster/New York/München/Berlin, 47–59

Nickel, S. (2002): Funktionaler Analphabetismus – Ursachen und Lösungsansätze hier und anderswo. In: www.ewi-psy.fu-berlin.de/einrichtungen/arbeitsbereiche/grundschulpaed/2_deutsch/publikationen/snickel/media/elibd890_nickel_analphabetismus.pdf, 18.01.2016

Nohl, A.-M. (2013): Relationale Typenbildung und Mehrebenenvergleich. Neue Wege der dokumentarischen Methode. Springer VS, Wiesbaden

Nohl, A.-M. (2010): Konzepte interkultureller Pädagogik. Eine systematische Einführung. 2. Aufl. Verlag Julius Klinkhardt, Bad Heilbrunn

Nohl, A.-M. (2007): Kulturelle Vielfalt als Herausforderung für pädagogische Organisationen. Zeitschrift für Erziehungswissenschaft 10 (1), 61–74

Picht, G. (1965): Die deutsche Bildungskatastrophe. deutscher taschenbuch verlag, Freiburg i. B.

PISA-Konsortium (2001): PISA 2000. Basiskompetenzen von Schülerinnen und Schülern im internationalen Vergleich. Leske + Budrich, Opladen

Praschak, W. (2010): Kooperative Bildung im Schulalltag – Zur Notwendigkeit von heterogenen Unterrichtsformen für Schülerinnen und Schüler mit einer schwersten Behinderung. In: Schwohl, J., Sturm, T. (Hrsg.): Inklusion als Herausforderung schulischer Entwicklung. Widersprüche und Perspektiven eines erziehungswissenschaftlichen Diskurses. transcript, Bielefeld, 179–192

Prengel, A. (2012): Humane entwicklungs- und leistungsförderliche Strukturen im inklusiven Unterricht. In: Moser, V. (Hrsg.): Die inklusive Schule. Standards für die Umsetzung. Kohlhammer, Stuttgart, 175–183

Prengel, A. (2009): Zur Dialektik von Gleichheit und Differenz in der Bildung. Impulse der Integrationspädagogik. In: Eberwein, H., Knauer, S. (Hrsg.): Handbuch Integrationspädagogik. Kinder mit und ohne Beeinträchtigung lernen gemeinsam. 7. Aufl. Beltz Verlag, Weinheim/Basel, 140–147

Prengel, A. (2006): Pädagogik der Vielfalt. Verschiedenheit und Gleichberechtigung in Interkultureller, Feministischer und Integrativer Pädagogik. 3. Aufl. VS Verlag für Sozialwissenschaften, Wiesbaden

Preuss-Lausitz, U. (2001): Gemeinsamer Unterricht Behinderter und Nichtbehinderter. Ein Weg für Sonderpädagogik und allgemeine Schulpädagogik zu einer gemeinsamen integrativen Pädagogik? Zeitschrift für Erziehungswissenschaft 4 (2), 209–224

Proske, M. (2011): Wozu Unterrichtstheorie? In: Meseth, W., Proske, M., Radtke, F.-O. (Hrsg.):

Unterrichtstheorien in Forschung und Lehre. Verlag Julius Klinkhardt, Bad Heilbrunn, 9–22

Rabenstein, K., Reh, S., Ricken, N., Idel, T.-S. (2013): Ethnographie pädagogischer Differenzordnungen. Zeitschrift für Pädagogik 59 (5), 668–690

Rauer, W. (2010): Eine Schule für alle in der deutschen Großstadt mit der schärfsten Polarisierung von Reichtum und Armut. In: Schwohl, J., Sturm, T. (Hrsg.): Inklusion als Herausforderung schulischer Entwicklung. Widersprüche und Perspektiven eines erziehungswissenschaftlichen Diskurses. transcript, Bielefeld, 103–118

Reh, S., Berdelmann, K., Schulz, J. (2015): Der Ehrtriebe und unterrichtliche Honorierungspraktiken im Schulwesen um 1800. Die Entstehung des Leistungs-Dispositivs. In: Schäfer, A., Thompson, C. (Hrsg.): Leistung. Ferdinand Schöningh, Paderborn, 37-60

Reich, K. (2014): Inklusive Didaktik: Bausteine für eine inklusive Schule. Beltz, Juventa, Weinheim

Reich, K. (2012): Inklusion und Bildungsgerechtigkeit. Standards und Regeln zur Umsetzung einer inklusiven Schule. Beltz Verlag, Weinheim/Basel

Reiser, H. (2003): Vom Begriff Integration zum Begriff Inklusion – Was kann mit dem Begriffswechsel angestoßen werden? Sonderpädagogische Förderung 48 (4), 305–312

Republik Österreich (2012): Schulorganisationsgesetz. Fassung vom 17.8.2012. In: www.ris.bka.gv.at/GeltendeFassung/Bundesnormen/10009265/SchOG%2c%20Fassung%20vom%2017.08.2012.pdf, 18.01.2016

Rihm, T. (2006): Schule als Ort kooperativer Selbstverständigung entwickeln... In: Rihm, T. (Hrsg.): Schulentwicklung. Vom Subjektstandpunkt ausgehen.... 2. Aufl. VS Verlag für Sozialwissenschaften, Wiesbaden, 393–428

Rosenberg, F. v. (2011): Bildung und Habitustransformation. Empirische Rekonstruktionen und bildungstheoretische Reflexionen. transcript, Bielefeld

Sacher, W. (2004): Leistungen entwickeln, überprüfen und beurteilen. Bewährte und neue Wege für die Primar- und Sekundarstufe. 4. Aufl. Julius Klinkhardt, Bad Heilbrunn

Saldern, M. v. (2007): Heterogenität und Schulstruktur. Ein Blick auf Restriktionen und Selbstrestriktionen des deutschen Schulsystems. In: Boller, S., Rosowski, E., Stroot, T. (Hrsg.): Heterogenität in Schule und Unterricht. Handlungsansätze zum pädagogischen Umgang mit Vielfalt. Beltz Verlag, Weinheim/Basel, 42–51

Sandring, S. (2009): Bildungsmisserfolge durch mangelnde Anerkennung? Ein Problem nicht nur für Jungen. Peter Lang, Frankfurt a. M./Berlin

Schäfer, A., Thompson, C. (2015): Leistung – eine Einleitung. In: Schäfer, A., Thompson, C. (Hrsg.): Leistung. Ferdinand Schöningh, Paderborn, 7–35

Schildmann, U. (2012): Verhältnisse zwischen Inklusiver Pädagogik und Intersektionalitätsforschung: sieben Thesen. In: Seitz, S., Finnern, N.-K., Korff, N., Scheidt, K. (Hrsg.): Inklusiv gleich gerecht? Inklusion und Bildungsgerechtigkeit. Verlag Julius Klinkhardt, Bad Heilbrunn, 93–99

Schittenhelm, K. (2005): Soziale Lagen im Übergang. Junge Migrantinnen und Einheimische zwischen Schule und Berufsausbildung. VS Verlag für Sozialwissenschaften, Wiesbaden

Schmotz, C., Felbrich, A., Kaiser, G. (2010): Überzeugungen angehender Mathematiklehrkräfte für die Sekundarstufe I im internationalen Vergleich. In: Blömeke, S., Kaiser, G., Lehmann, R. (Hrsg.): TEDS-M 2008. Professionelle Kompetenz und Lerngelegenheiten angehender Mathematiklehrkräfte für die Sekundarstufe I im internationalen Vergleich. Waxmann, Münster/München/Berlin, 279–305

Schnell, I. (2003): Geschichte schulischer Integration. Gemeinsames Lernen von SchülerInnen mit und ohne Behinderung in der BRD seit 1970. Juventa, Weinheim/München

Schroeder, J. (2010): Die Schule für alle – überall? Rückfragen zum Hamburger Schulversuch „Integrative Grundschule im sozialen Brennpunkt". In: Schwohl, J., Sturm, T. (Hrsg.): Inklusion als Herausforderung schulischer Entwicklung. Widersprüche und Perspektiven eines erziehungswissenschaftlichen Diskurses. transcript, Bielefeld, 119–138

Schroeder, J. (2007): Heterogenität – Überlegungen zu einer pädagogischen Leitkategorie. In: Katzenbach, D. (Hrsg.): Vielfalt braucht Struktur. Heterogenität als Herausforderung für die Unterrichts- und Schulentwicklung. Johann-Wolfgang-Goethe-Universität, Frankfurt a. M., 33–55

Schuck, K. D. (2008): Konzeptuelle Grundlagen der Förderdiagnostik. In: Arnold, K.-H., Graumann, O., Rakhkochkine, A. (Hrsg.): Handbuch Förderung. Grundlagen, Bereiche und Methoden der individuellen Förderung von Schülern. Beltz Verlag, Weinheim/Basel, 106–115

Schuck, K. D. (2007): Wegmarken der Entwicklung diagnostischer Konzepte. In: Walter, J., Wember, F. B. (Hrsg.): Handbuch Sonderpädagogik: Sonderpädagogik des Lernens. Bd. 2. Hogrefe-Verlag, Göttingen/Bern 147–166

Schuck, K. D. (2004): Zur Bedeutung der Diagnostik bei der Begleitung von Lern- und Entwicklungsprozessen. Zeitschrift für Heilpädagogik 55 (8), 350–360

Schuck, K. D. (2000): Diagnostik. In: Borchert, J. (Hrsg.): Handbuch der Psychologie der Behinderten. Hogrefe-Verlag, Göttingen/Bern/Toronto/Seattle, 233–249

Schumann, B. (2007): „Ich schäme mich ja so!" Die Sonderschule für Lernbehinderte als „Schonraumfalle". Verlag Julius Klinkhardt, Bad Heilbrunn

Schütte, M. (2009): Sprache und Interaktion im Mathematikunterricht der Grundschule: Zur Problematik einer Impliziten Pädagogik für schulisches Lernen im Kontext sprachlich-kultureller Pluralität. Waxmann, Münster

Schütte, M., Kaiser, G. (2011): Equity an the Quality of Language Used in Mathematics Education. In: Atweh, B., Graven, M., Secada, W., Valero, P. (Hrsg.): Mapping Equity and Quality in Mathematics Education. Springer Science + Business B.V., 237–251

Schwantner, U., Schreiner, C. (2010): PISA 2009. Internationaler Vergleich von Schülerleistungen. Erste Ergebnisse Lesen, Mathematik, Naturwissenschaften. In: www.bifie.at/buch/1249, 18.01.2016

Schwohl, J., Sturm, T. (Hrsg.) (2010): Inklusion als Herausforderung schulischer Entwicklung. Widersprüche und Perspektiven eines erziehungswissenschaftlichen Diskurses. transcript, Bielefeld

Seitz, S. (2008): Leitlinien didaktischen Handelns. Zeitschrift für Heilpädagogik 6, 226–233

Slee, R. (2006): Inclusive Schooling as a Means and End of Education. In: Florian, L. (Hrsg.): The Sage Handbook of Special Education. Sage, Los Angeles/London/New Delhi/Singapore/Washington D.C., 160–170

Sporterziehung (2012): Sporttheoretische und sportdidaktische Grundlagen. Lehrmittel Sporterziehung. In: www.zebis.ch/Unterricht/schublade/XTCvUNpDr8fXpXG65JGdcVHuuYnp9f/docs/Grundlagen%20Brosch%FCre%201.pdf, 18.01.2016

Stamm, M. (2008): Underachievement von Jungen: Perspektiven eines internationalen Diskurses. Zeitschrift für Erziehungswissenschaft 11 (1), 106–124

Statistisches Bundesamt (2015): Wirtschaftsrechnungen. Leben in Europa (EU-SILC). Einkommen und Lebensbedingungen in Deutschland und der Europäischen Union im Jahr 2013. In: www.destatis.de/DE/Publikationen/Thematisch/EinkommenKonsumLebensbedingungen/LebeninEuropa/EinkommenLebensbedingungen2150300137004.pdf?__blob=publicationFile, 18.01.2016

Statistisches Bundesamt (2012a): Statistik der allgemeinbildenden Schulen. Schüler: Bundesländer, Schuljahr, Geschlecht, Schulart. In: www.genesis.destatis.de/genesis/online/data;jsessionid=F9F7EE74D3905DDBBB7968B5FB9A3D3B.tomcat_GO_2_2?operation=abruftabelleBearbeiten&levelindex=2&levelid=1347289819045&auswahloperation=abruftabelleAuspraegungAuswaehlen&auswahlverzeichnis=ordnungsstruktur&auswahlziel=werteabruf&selectionname=21111-0003&auswahltext=%23Z-01.01.2011%23SDLAND-02&werteabruf=Werteabrufn, 18.01.2016

Statisches Bundesamt (2012b): Wirtschaftsrechnungen. Leben in Europa (EU-SILC) Einkommen und Lebensbedingungen in Deutschland und der Europäischen Union. In: www.destatis.de/DE/Publikationen/Thematisch/EinkommenKonsumLebensbedingungen/LebeninEuropa/EinkommenLebensbedingungen2150300107004.pdf?__blob=publicationFile, 18.01.2016

Stojanov, K. M. (2015): Leistung – ein irreführender Begriff im Diskurs über Bildungsgerechtigkeit. In: Schäfer, A., Thompson, C. (Hrsg.): Leistung. Ferdinand Schöningh, Paderborn, 135–150

Stojanov, K. M. (2007): Bildungsgerechtigkeit im Spannungsfeld zwischen Verteilungs-, Teilhabe- und Anerkennungsgerechtigkeit. In: Wimmer,

M., Reichenbach, R., Pongratz, L. (Hrsg.): Gerechtigkeit und Bildung. Ferdinand Schöningh, Paderborn/München/Wien/Zürich, 29–48

Sturm, T. (2016a): Konstruktion von Leistung und Ergebnissen im Deutschunterricht einer inklusiven Sekundarschulklasse. ZISU Zeitschrift für interpretative Schul- und Unterrichtsforschung 5 (im Druck)

Sturm, T. (2015): Herstellung und Bearbeitung von Differenz im inklusiven Unterricht. In: Bräu, K., Schlickum, C. (Hrsg.): Soziale Konstruktionen im Kontext von Schule und Unterricht. Verlag Barbara Budrich, Opladen/Farmington Hills, 213–224

Sturm, T. (2016b): Von der Sonderpädagogik zur Inklusiven Pädagogik – Phasen der Entwicklung Inklusiver Bildung. In: Hedderich, I., Biewer, G., Hollenweger, J., Markowetz, R. (Hrsg.): Handbuch Inklusion und Sonderpädagogik. Klinkhardt, Bad Heilbrunn, 179–183

Sturm, T. (2012): Praxeologische Unterrichtsforschung und ihr Beitrag zu inklusivem Unterricht. Inklusion online (1–2). In: www.inklusion-online.net/index.php/inklusion/article/view/151/143, 18.01.2016

Sturm, T., Wagner-Willi, M. (2015a): „Leistungsdifferenzen" im Unterrichtsmilieu einer inklusiven Schule der Sekundarstufe I in der Schweiz. Zeitschrift für Qualitative Forschung 16 (2), (im Druck)

Sturm, T., Wagner-Willi, M. (2015b): Praktiken der Differenzbearbeitung im Fachunterricht einer integrativen Schule der Sekundarstufe – zur Überlagerung von Schulleistung, Peerkultur und Geschlecht. Gender. Zeitschrift für Geschlecht, Kultur und Gesellschaft 7 (1), 64–78

Sturm, T. (2013): (Re-)Produktion von Differenzen in unterrichtlichen Praktiken. Schweizerische Zeitschrift für Bildungswissenschaften 35 (1), 131–146

Sturm, T. (2012a): Meilensteine der Inklusionsforschung: Schulpädagogik und Hochschulentwicklung. In: Seitz, S., Finnern, N.-K., Korff, N., Scheidt, K. (Hrsg.): Inklusiv gleich gerecht? Inklusion und Bildungsgerechtigkeit. Klinkhardt, Bad Heilbrunn, 295–299

Sturm, T. (2012b): Praxeologische Unterrichtsforschung und ihr Beitrag zu inklusivem Unterricht. Inklusion online 1

Sturm, T. (2012c): Reflexionen schulischer Kategorien – als Perspektive pädagogischer Bearbeitung von Differenz. gemeinsam leben 20 (1), 4–11

Sturm, T. (2013): Orientierungen unterrichtlicher Praktiken: lerntheoretische Vorstellungen und schulischer Kontext. In: Budde, J. (Hrsg.): Unscharfe Einsätze. (Re-)Produktion von Heterogenität im schulischen Feld. VS Verlag für Sozialwissenschaften, Wiesbaden (im Erscheinen)

Tervooren, A. (2000): Differenz anders gesehen: Studien zu Behinderung. Vierteljahreszeitschrift für Heilpädagogik und ihre Nachbargebiete 69 (3), 316–319

Thies, W., Röhner, C. (2000): Erziehungsziel Geschlechterdemokratie. Interaktionsstudie über Reformansätze im Unterricht. Juventa Verlag, Weinheim/München

Trautmann, M., Wischer, B. (2011): Heterogenität in der Schule. Eine kritische Einführung. VS Verlag für Sozialwissenschaften, Wiesbaden

Vereinte Nationen (UN) (2015). Concluding observations on the initial report of Germany. In: http://daccess-ods.un.org/TMP/902209.430932999.html, 18.01.2016

Vereinte Nationen (UN) (2006; 2008): Übereinkommen über die Rechte von Menschen mit Behinderungen. (dreisprachige Fassung im Bundesgesetzblatt Teil II Nr. 35 vom 31.12.2008). (Manuskriptdruck). In: www.bgbl.de/xaver/bgbl/start.xav?startbk=Bundesanzeiger_BGBl&bk=Bundesanzeiger_BGBl&start=//*%255B@attr_id=%2527bgbl208s1419.pdf%2527%255D#__bgbl__%2F%2F%5B%40attr_id%3D%27bgbl208s1419.pdf%27%5D__1436680810555, 18.01.2016

UNESCO (1994): Die Salamanca Erklärung und der Aktionsrahmen zur Pädagogik für besondere Bedürfnisse. In: www.unesco.at/bildung/basisdokumente/salamanca_erklaerung.pdf, 18.01.2016

Vernooij, M. A. (2007): Einführung in die Heil- und Sonderpädagogik. Theoretische und praktische Grundlagen der Arbeit mit beeinträchtigten Menschen. 8. Aufl. Quelle & Meyer, Wiebelsheim

Vygotzkij, L. S. (2002): Denken und Sprechen. Beltz Verlag, Weinheim/Basel

Wagner-Willi, M., Sturm, T. (2012): Inklusion und Milieus in schulischen Organisationen. Zeitschrift für Inklusion 4. In: www.inklusion-online.net/index.php/inklusion-online/article/view/32/32, 18.01.2016

Walgenbach, K., Dietze, G., Hornscheidt, A., Palm, K. (Hrsg.) (2007): Gender als interdependente Kategorie. Neue Perspektiven auf Intersektionalität, Diversität und Heterogenität. Verlag Barbara Budrich, Opladen/Farmington Hills

Weber, M. (2003): Heterogenität im Schulalltag. Konstruktion ethnischer und geschlechtlicher Unterschiede. Leske + Budrich, Opladen

Weishaupt, H., Baethge, M., Füssel, H.-P., Hartmeiner, H.-W., Rauschenbach, T., Rockmann, U. et al. (2012): Bildung in Deutschland 2012. Ein indikatorengestützter Bericht mit einer Analyse zur kulturellen Bildung im Lebenslauf. Bundesministerium für Bildung und Forschung, Berlin

Weiße, W. (2010): Religionsunterricht für alle in einer Schule für alle. Inklusion statt Separation. In: Schwohl, J., Sturm, T. (Hrsg.): Inklusion als Herausforderung schulischer Entwicklung. Widersprüche und Perspektiven eines erziehungswissenschaftlichen Diskurses. transcript, Bielefeld, 193–210

Weisser, J. (2005): Behinderung, Ungleichheit und Bildung. Eine Theorie der Behinderung. transcript, Bielefeld

Wenning, N. (2008): Gleichheit und Ungleichheit. Möglichkeiten eines anderen Umgangs in Schule und Unterricht. Schulmagazin 5 bis 10 (1), 5–8

Wenning, N. (2007): Heterogenität als Dilemma für Bildungseinrichtungen. In: Boller, S., Rosowski, E., Stroot, T. (Hrsg.): Heterogenität in Schule und Unterricht. Handlungsansätze zum pädagogischen Umgang mit Vielfalt. Beltz Verlag, Weinheim/Basel, 21–31

Wenning, N. (1999): Vereinheitlichung und Differenzierung. Zu den „wirklichen" gesellschaftlichen Funktionen des Bildungswesens im Umgang mit Gleichheit und Verschiedenheit. Leske + Budrich, Opladen

Werning, R. (2012): Inklusive Schulentwicklung. In: Moser, V. (Hrsg.): Die inklusive Schule. Standards für die Umsetzung. Kohlhammer, Stuttgart, 62–70

Werning, R., Lütje-Klose, B. (2012): Einführung in die Pädagogik bei Lernbeeinträchtigungen. 3. Aufl. Ernst Reinhardt Verlag, München/Basel

West, C., Fenstermaker, S. (1995): Doing Difference. Gender & Society 9 (1), 8–37

West, C., Zimmerman, D. H. (1987): Doing gender. Gender & Society 1 (2), 125–151

Weltgesundheitsorganisation (WHO) (2005): ICF – Internationale Klassifikation der Funktionsfähigkeit, Behinderung und Gesundheit. In: www.bkz.ch/beitrag/630_PDF1_ICFEndfassung2005.pdf, 18.01.2016

Wiater, W. (2010): Unterrichten und Lernen in der Schule. Eine Einführung in die Didaktik. 2. Aufl. Auer Verlag, Donauwörth

Willems, K. (2007): Schulische Fachkulturen und Geschlecht. Physik und Deutsch – natürliche Gegenpole? transcript, Bielefeld

Wilmes, M., Schneider, J., Cerul, M. (2011): Sind die Kinder türkischer Einwanderer in anderen Ländern klüger als in Deutschland? Bildungsverläufe in Deutschland und im europäischen Vergleich: Ergebnisse der TIES-Studie. In: Neumann, U., Schneider, J. (Hrsg.): Schule mit Migrationshintergrund. Waxmann, Münster/New York/München/Berlin, 30–46

Wocken, H. (2005): Andere Länder, andere Schüler? Vergleichende Untersuchungen von Förderschülern in den Bundesländern Brandenburg, Hamburg und Niedersachsen (Forschungsbericht). In: http://bidok.uibk.ac.at/download/wocken-forschungsbericht.pdf, 18.01.2016

Wocken, H. (2000): Leistung, Intelligenz und Soziallage von Schülern mit Lernbehinderungen. Vergleichende Untersuchungen an Förderschulen in Hamburg. Zeitschrift für Heilpädagogik 51, 492–503

Zaborowski, K. U., Meier, M., Breidenstein, G. (2011): Leistungsbewertung und Unterricht. Ethnographische Studien zur Bewertungspraxis in Gymnasien und Sekundarschulen. VS Verlag für Sozialwissenschaften, Wiesbaden

Zahner Rossier, C., Holzer, T. (2007): PISA 2006: Kompetenzen für das Leben – Schwerpunkt Naturwissenschaften. Nationaler Bericht. Bundesamt für Statistik, Neuchâtel

Zevenbergen, R. (2001): Mathematics, Social Class, and Linguistic Capital: An Analysis of Mathematics Classroom Interactions. In: Atweh, B., Forgasz, H., Nebres, B. (Hrsg.): Sociocultural Research on Mathematics Education. Lawrence Erlbaum Associates, Mahwah, NJ, 201–215

Sachregister

(diagnostische) Analyse 149, 151
–, biografische 149, 151
–, gegenstandsbezogene Handlungs- 149
–, Mikro- 149, 152
Ability (siehe auch Disability) 110–111, 136, 176
ADS (Aufmerksamkeitsdefizitsyndrom) 113
Aneignungsniveau 149 f., 152
Anomalie 109
Armut, absolute 69
–, Kinder- 70 ff., 175, 176
–, primäre 70
–, relative 70

Begabungskonzept 93
Behinderung (en), medizinisches Modell 108 ff.
–, Menschen mit 133, 183
–, soziales Modell von 110
Benachteiligung, in der Schule 125, 128
–, systematische 136, 153 f.
Bildung (s), höhere 46 ff., 67, 87, 94
–, niedere 45–47, 54
–, abschlüsse 29, 69, 94
–, benachteiligung 87, 118
–, bereich 45, 133
–, expansion 51 ff.
–, erfolg 69
–, gänge 9, 38, 45, 50 ff., 72, 74, 76, 86 f., 102 f, 119, 136, 137
–, gehalt 145, 159
–, gerechtigkeit (bildungsgerecht) 172, 180 ff.
–, inhalt 45, 145, 159
–, möglichkeiten 46–49, 101, 124, 132
–, prozesse 12, 48, 56, 60, 76, 90, 102, 107, 121, 127, 132, 139–145, 147, 153, 158
–, standards 15, 59 f., 62, 170

–, sprache 79, 106, 138
–, ungleichheit 10, 66 f., 125, 128, 178 f.
–, ziele 45, 48, 141, 152, 166
–, Volks- 46 ff.

Curriculum, Curricula 90, 137, 141, 157 ff., 174

defizitorientiert 98, 101
Demokratie 68
„deutsche Bildungskatastrophe" 180
Diagnostik 6, 58, 146 f., 152, 176, 179
–, pädagogische 147
Didaktik 6, 52, 153 f., 157, 159, 172, 175, 177, 179
Differenz (en) (siehe auch Heterogenität),
Bearbeitung von 5, 44, 183
–, dimension 12, 24, 47, 49, 67, 80, 83 f., 90 f., 104, 108, 118, 125
–, egalitär 162
–, herstellung 5, 11, 57, 132
–, konstruktion 18
–, spektrum 134
–, Umgang mit 132
Disability (siehe auch Behinderung) 110 f.
– Studies 110 f., 174
Diskrepanzerfahrung 141–145, 159 f..
Diskriminierung (siehe auch Benachteiligung, -systematische)
–, total identifizierte 38
distinktiv 18, 34, 50, 163, 167
doing gender 81 f., 175 f., 184

Egalität, egalitär 126, 131, 138 f., 138 f., 162 f., 167 f., 171
Entwicklung (s), alternativer Praktiken 132
–, schulische 170, 172, 176 f., 180
–, soziale 116 f., 120, 122, 133
–, prozesse 163, 182

Sachregister

Erfahrung (en)swissen 20–23, 26, 35, 84, 142 ff., 148, 166
–, Diskrepanz- 141 ff., 145, 159 f.
–, kollektive 21
–, konjunktive 20 f., 23, 26, 137, 140, 141–145, 148, 159, 164
Etikettierungs-Ressourcen-Dilemma 115
Exklusionsrisiko 67

Fach, gegenstand 153, 156
–, kultur 92, 105, 157, 184
Feld (er) der Macht 30 f., 33
–, soziale 30 f.
Förderbedarf, sonderpädagogischer 65, 108, 115 f., 118 f., 125, 135 f., 139
Förderschwerpunkte 116–118, 120, 122
Funktion (en) der Schule
–, Allokations- und Selektions- 43
–, Enkulturations- oder Bildungs- 42 f., 140, 153, 165, 168
–, Innovations- 42, 62, 140
–, Legitimations- oder Integrations- 44, 49
–, Qualifikations- 43, 49
–, Reproduktions- 9, 12, 18, 42 f., 52, 62 f., 67 ff., 90, 126
Geschlecht (s), zweigeschlechtlich 83 f.
–, sensibilität 94
–, stereotyp 94
Gleichheit (siehe auch Homogenität), formale 54
Grenzen, symbolische 95
Gruppen, soziale 9, 37, 39, 63, 94, 171

Habitus 22, 26 f., 30, 40, 79, 105, 158, 177, 179, 181
Heterogenität, heterogen (siehe auch Differenz) 9–19, 39 f., 65 ff., 80 f., 90, 94 f., 97 f., 101, 106, 108 f., 124, 131, 134, 106, 196, 171 f., 175–178, 179, 181, 183 f.
Hierarchie (hierarchisch) 17, 71, 133, 158, 161
Homogenität, homogen 14, 16, 18 f., 39, 55, 160,

ICF 111 ff., 184
Illusio 32
Individuelle Unterstützungsmaßnahmen 133
Inklusion (s), schulische 170
–, pädagogik 66, 132, 134 f.
Integrationspädagogik 121, 124, 135, 179 f.
Interaktion (en), unterrichtliche 65, 72, 93, 134, 138

Kapitalismus 48, 68, 174
KMK-Empfehlungen 52 f., 115, 121 f.
Koedukation 47, 52, 86, 89, 129, 170
Kompetenzen, Lese- 74, 104
konjunktiv 18, 19–21, 26, 23, 33, 35, 137–145, 147 f., 159, 164 f., 167, 169
Kooperation, „am gemeinsamen Gegenstand" 163 f.
Kultur, Fach- 92, 105, 157, 184
kulturelle Repräsentation (en) 23 f., 142
kulturelle Sinnsysteme /Symbolsysteme 16, 43, 145, 165
Leistung (s), Lese- 74
–, hierarchie 50
–, niveau 55, 60
–, orientierung 45, 57
–, prinzip 43, 45 f., 56, 125
Lern (en), adaptiv 123, 147
–, angebot 108
–, gelegenheit 164
–, inhalte 77
–, möglichkeiten 115
–, prozesse 33, 36, 46, 48, 58–61, 101, 115, 133, 142 f., 145 f., 148 f., 151, 156, 159–161, 167, 169, 171 f.
–, ziele 57, 125, 137

Machtverhältnisse, gesellschaftliche 10, 131
Marginalisierung 10, 38, 65, 67, 134 f., 138, 162, 170
Migration (s), gründe 95
–, pädagogik 94, 129, 176, 179
Milieu (s), benachteiligte 67
–, eindimensionale 22, 65, 136
–, Fach- 146, 157

Sachregister 187

–, geprägte Umgangsweisen 35, 38
–, mehrdimensional 22, 25
–, milieuübergreifende Verständigung 37, 146, 167
–, Organisations- 35–39, 66, 77, 128, 134–138, 156, 168
–, privilegiert 77 ff.
–, schwach heterogen 24
–, spezifische Repräsentationen 23
–, stark heterogen 24
–, überkonjunktive Verständigung 23
–, Überlappungen 22
Mitgliedschaft, Mitglieder 13, 24, 26, 28, 34, 36 ff., 38, 56 f., 72, 106, 136 f., 156, 158, 161 ff.
monoedukativ 90

Normen 126
Noten, verbale Beurteilung 57 f.
–, Ziffernzensuren 58

Organisation, pädagogische 32, 42, 138, 140 f., 170, 180

Pädagogik, Ausländer- 98 f., 128
–, Behinderten- 110, 121, 130, 180
–, Inklusions- 66, 132, 134, 135
–, Integrations- 121, 124, 135, 179, 180
–, Interkulturelle 40, 94, 99 ff., 128, 177
–, Migrations- 94, 129, 176, 179 f.
–, pädagogische Diagnostik 147
–, Sonder- 129, 135, 176, 179 f., 182 f.
Partizipation (s, siehe auch Teilhabe),
–, möglichkeit 44, 65, 68, 112, 131, 135
Pathologisierung 48
PISA 51, 53 f., 72–74, 76, 86 f., 89 f., 95, 101 f., 129 f., 174, 177 f., 180, 187, 189
Position, Positionierung 14, 18 f., 26 f., 30–33, 38, 43, 45, 47, 57, 68, 72, 78, 92, 99, 109 f., 126 ff., 146, 150, 161 f., 166
Praktiken, benachteiligende 132
–, diskriminierende 38

–, unterrichtliche 86, 91, 94, 103 ff., 134 f., 183
praxeologische Wissenssoziologie 11, 19
Praxis, Praktiken, Praxen 11 f., 20 f., 26, 34, 36, 44, 61, 81 f., 84 f., 97 f., 114, 131 f., 134 f., 138, 154, 169, 172, 174 f.
Privilegien, Abbau von 44, 63
–, Bildungs- 46, 51
Profession der Lehrer/-innen 132

Reflexion, reflexive Distanzierung 170
Regeln, formale 35, 38, 80, 166
–, informelle 35, 38
–, schulische 77, 131
Reichtum 49, 67 ff. 181
Reifizierungsproblem 37
Reproduktion (siehe auch Ungleichheit, soziale) 9, 12, 18, 42 f., 52, 62 f., 67 ff., 90, 126, 131

Schädigung 109
Schul, effektivität 53, 177
–, formen 9, 38, 50–56, 63, 74, 74–77, 102 f., 119, 122, 169
–, pflicht 34, 45, 49, 97, 121 f.
–, qualität 53
–, typen (Volks-, Real,- Hilfs-, Grund-, Gesamt-, integrierte Gesamtschule, Gymnasium) 51, 54, 76 f., 86, 102
Schule, demokratische 133
–, diskriminierungsfreie 133, 137
–, Funktionen der (siehe auch Funktionen der) 42
–, inklusive 12, 132, 137, 171 f., 181, 183
Schüler/-innen 9, 12, 15–17, 19, 26, 34–38, 44 f., 47–62, 65 f., 69, 71–74, 76–80, 86 f., 90–94, 98, 100, 102–108, 114–129, 132–135, 137–143, 145–153, 155 f., 158–170, 176, 178–182, 184
Selektion 42 ff., 55 f., 58, 60, 62, 177
Separation (separativ) 47, 54, 119 f., 124, 177

Sitzenbleiben 56
Sonderschulbedürftigkeit, sonderpädagogischer Unterstützungsbedarf, sonderpädagogischer Förderbedarf 48, 53, 65, 108,114–125, 129, 135 f., 139
Sozialisation 9, 14, 24, 33, 37, 78, 84 f., 102, 105, 116, 138, 141, 147 f., 152, 167, 169 f.
sozial-konstruktivistisch 14, 39, 65, 148
Sozialstruktur 43, 177
Sphären, Trennung der 25
Ständeprinzip 5, 45
Stigmatisierung 71 f.
Strukturen, ausgrenzende 131
–, horizontale 30, 69, 80, 95, 100 f., 108
–, marginalisierende 131
–, schulische 51, 54, 63, 133, 137
–, unterrichtliche 134
–, vertikale 30, 51, 67 ff., 95, 101, 164
systematische Schlechterstellung (siehe auch Diskriminierung) 104, 131

Teilhabe (siehe auch Partizipation) 16, 26, 33, 39, 65 f., 71 f., 95 f., 110 ff., 121 f., 131, 134 f., 138 f., 141, 175, 179, 183

UN-BRK 122, 133 f., 170, 173
Ungleichheit, soziale 66, 128 f., 175, 177, 179
–, sozio-ökonomische 66
Unterleben 35, 38, 136
Unterricht (s), gemeinsamer 124, 180
–, inklusiver 131–135, 153, 183
–, Offener 168
–, gegenstand 146 f., 152, 155, 159, 160
–, milieu 155, 168, 189

Verschiedenheit (siehe Heterogenität) 16, 41, 54, 139, 172, 180, 184

Wissen, Erfahrungs- 20 f. 23, 26, 35, 84,142 ff., 148, 159,166
–, handlungspraktisches 20, 24
–, kommunikativ-generalisiertes 20, 23, 142,159
–, konjunktives Erfahrungs- 23, 26, 148
–, Orientierungs- 21, 154
Ziele, Bildungs- 45, 48, 141, 152, 166
–, Lern- 59, 125, 137
Zone der aktuellen Entwicklung 151
Zone der nächsten Entwicklung 151
Zugehörigkeit, natio-ethno-kulturelle 97
Zuschreibungen, Fremd- 23, 82
–, Selbst- 23, 82

Fokus Sprachpädagogik und Sprachtherapie

Ulrike M. Lüdtke / Ulrich Stitzinger
Pädagogik bei Beeinträchtigungen der Sprache
2015. 236 Seiten. 41 Abb. 22 Tab.
Mit Onlinematerial
utb-L (978-3-8252-8599-9) kt

Das Buch begleitet Studierende der Sprachtherapie/Sprachheilpädagogik durch das ganze Studium. Grundwissen und vertiefende, prüfungsrelevante Informationen sind leicht zugänglich dargestellt. Die Kapitel beinhalten Begriffsklärung und Klassifikation, Diagnostik, Intervention, Didaktik und Förderung sowie Grundlagen der Bezugsdisziplinen und Forschungsmethoden. Besonders in den Blick genommen werden Themen wie Mehrsprachigkeit, Prävention, frühe Sprachentwicklung (0 – 3 Jahre) und die Zukunftsperspektiven des Fachs im Kontext von Inklusion.

Online gibt es für Studierende Lösungen zu den Übungsfragen und für DozentInnen Powerpoint-Präsentationen zum Einsatz in der Lehre.

reinhardt
www.reinhardt-verlag.de

Gute Bildung für alle

Karin Terfloth / Sören Bauersfeld
Schüler mit geistiger Behinderung unterrichten
Didaktik für Förder- und Regelschule
2., überarb. Auflage 2015.
270 Seiten. 22 Abb. 31 Tab.
utb-M (978-3-8252-4359-3) kt

Unterrichtsplanung gehört zum Kerngeschäft aller LehrerInnen in Sonder- und Regelschulen. Am Beispiel eines Unterrichtsprojekts wird die Didaktik in Lerngruppen mit Schüler-Innen mit geistiger Behinderung dargestellt: Auswahl von Inhalten, Zielformulierung, Methoden, Kommunikation im und Analyse von Unterricht.

ℛ reinhardt
www.reinhardt-verlag.de

Basiswissen: Förderschwerpunkt Sehen

Renate Walthes
Einführung in die Pädagogik bei Blindheit und Sehbeeinträchtigung
3., überarbeitete Auflage 2014.
256 Seiten. 31 Abb. 11 Tab.
22 Übungsaufgaben
utb-M (978-3-8252-3929-9) kt

Wie verändert sich die Wahrnehmung von Menschen, deren Sehvermögen beeinträchtigt ist und wie können diese Menschen am besten gefördert werden?
Dieses Lehrbuch führt systematisch und anschaulich in die Pädagogik bei Blindheit und Sehbeeinträchtigung ein. Die Autorin gibt einen Überblick über physiologische, neurowissenschaftliche und kognitive Grundlagen des Sehens und schildert Ursachen, Entstehung, Formen und Epidemiologie von Sehbeeinträchtigungen.
Für die 3. Auflage wurde das Lehrbuch vor allem im Hinblick auf die neuen Entwicklungen zur Inklusion sowie auf neue Erkenntnisse zur Diagnostik und zu Hilfsmitteln deutlich überarbeitet.

ℝ reinhardt
www.reinhardt-verlag.de

Pädagogik intradisziplinär verstehen

Anke Spies / Gerd Stecklina
Pädagogik
Studienbuch für pädagogische
und soziale Berufe
(Studienbücher für soziale Berufe; 12)
2015. 165 Seiten. 4 Abb. 2 Tab.
utb-L (978-3-8252-8644-6) kt

Das Studienbuch führt ein in zentrale Themen und Bereiche der Pädagogik. Schlüsselbegriffe werden grundlegend erklärt. Handlungsfelder einer kommunalen Bildungslandschaft, wie Elementarbildung, Schule, Jugendhilfe und Erwachsenenbildung, werden dargestellt und aus der Perspektive verschiedener pädagogischer Teildisziplinen, insbesondere der Sozialpädagogik und Schulpädagogik, betrachtet. Der intradisziplinäre Blick richtet sich v. a. auf die sich verändernden Beziehungen erziehungswissenschaftlicher Disziplinen zueinander sowie auch auf praktische Gestaltungsfragen, bspw. bei der Zusammenarbeit von Schule und begleitendem Hilfesystem.

ℝ/ reinhardt
www.reinhardt-verlag.de